OS CÂNTICOS DE JESUS

Dados Internacionais de Catalogação na Publicação (CIP)
Angélica Ilacqua CRB-8/7057

Keller, Timothy
　　Os cânticos de Jesus : um ano de devocionais diários nos Salmos / Timothy Keller & Kathy Keller ; tradução de Jurandy Bravo. - São Paulo: Vida Nova, 2017.

ISBN 978-85-275-0770-7
Título original: *The songs of Jesus: a year of daily devotions in the Psalms*

1. Devoções diárias 2. Bíblia – Salmos – Uso devocional I. Título II. Keller, Kathy III. Bravo, Jurandy

17-0885　　　　　　　　　　　　　　　　　　　　　　　　　　CDD 242.2

Índices para catálogo sistemático:

1. Devoções diárias

TIMOTHY KELLER
& KATHY KELLER

OS CÂNTICOS DE JESUS

Um ano de **devocionais diários** nos **Salmos**

Tradução
Jurandy Bravo

©2015, de Timothy Keller e Kathy Keller
Título do original: *The songs of Jesus: a year of daily devotions in the Psalms*,
edição publicada pela Viking,
uma divisão da Penguin Random House LCC (New York, New York, EUA).

Todos os direitos em língua portuguesa reservados por
Sociedade Religiosa Edições Vida Nova
Rua Antônio Carlos Tacconi, 63, São Paulo, SP, 04810-020
vidanova.com.br | vidanova@vidanova.com.br

1.ª edição: 2017
Reimpressões: 2019, 2022, 2025

Proibida a reprodução por quaisquer meios,
salvo em citações breves, com indicação de fonte.

Impresso no Brasil / *Printed in Brazil*

Todas as citações bíblicas sem indicação da versão foram extraídas da Almeida Século 21.
As citações com indicação da versão *in loco* foram extraídas da Nova Versão Internacional (NVI)
ou traduzidas diretamente da New International Version (NIV).

Direção executiva
Kenneth Lee Davis

Gerência editorial
Fabiano Silveira Medeiros

Edição de texto
Marcia B. Medeiros
Rosa Maria Ferreira

Preparação de texto
Tânia S. de Medeiros

Revisão de provas
Abner Arrais
Caio Medeiros
Guilherme Lorenzetti
Ubevaldo Sampaio

Gerência de produção
Sérgio Siqueira Moura

Diagramação
Sandra Oliveira

Capa
Souto Crescimento de Marca

Para a família Midwood,

LOUISE
JESSE, MEG E ABBY,

e em honra de nosso querido amigo

DAVID (1949-2014),

*marido, pai, avô, amigo, mentor
e ministro do evangelho
que está entoando cânticos com Jesus com todo o vigor.*

AGRADECIMENTOS

Quando nos pediram que preparássemos um livro de devocionais, na mesma hora Tim e eu pensamos em Salmos; afinal de contas, ele dispunha de décadas de material, portanto, seria muito fácil, certo? Nunca diga isso!

Em um ano difícil para mim por questões de saúde, cheio de compromissos ministeriais no caso de Tim e com a morte de nosso querido amigo David, a quem este livro pretende homenagear, Tim começou a trabalhar atrasado. O primeiro manuscrito, infelizmente, ficou horrível, como lamentei dizer a meu esposo. Parecia um haicai, abarrotado de informações e ideias em cada página.

Bem, aquele manuscrito foi deixado de lado e outro surgiu, mas nosso editor, Brian Tart, sábia e acertadamente o rejeitou dado o formato, complexo demais e não acessível o suficiente.

A essa altura, estávamos desesperados (juntei-me à empreitada para ajudar), mas por fim simplificamos tudo na versão que você tem em mãos. Em certo sentido, foi o livro mais difícil de escrever, e, no entanto, o mais doce — e, por fim, o mais pessoal e íntimo de todos os livros de Tim.

Quando o trabalho acabou, olhamos um para o outro e dissemos: "O que faremos agora que não temos mais de passar quinze horas por dia nos salmos?". A resposta, imagino eu, é voltar e passar cada dia com um salmo ou parte de um salmo, como todas as outras pessoas devem fazer.

Para aqueles que nos apoiaram de tantas maneiras enquanto escrevíamos (e escrevíamos e escrevíamos) este livro, muito obrigada. A Ray e Gill Lane, por nos hospedarem no The Fisherbeck, o hotel com cama e café da manhã de que são proprietários no Lake District, na Inglaterra; a Lynn Land e Jane e Brian McGreevy, de Charleston; a Janice Worth, da Flórida; e a Louise Midwood.

Tim em particular deseja expressar sua profunda gratidão a Derek Kidner, já falecido, cujo comentário sobre os salmos tem sido sua principal fonte de entendimento do Saltério ao longo das últimas quatro décadas. Esse comentário é insuperável em sabedoria e eloquência espiritual. A sensibilidade de Kidner às nuances da poesia é maravilhosa, e ele tem sido uma ajuda enorme para nós, leitores menos habilidosos. Tim também quer recomendar os comentários aos salmos tanto de Alec Motyer (em *The new Bible commentary: 21st-century edition* [Novo comentário bíblico: edição do século 21]) quanto de Tremper Longman (na *Tyndale Series* [Série Tyndale]). O livro de Tremper ajuda muito a ler os salmos a partir da perspectiva do Novo Testamento e do evangelho de Cristo. O comentário de Motyer é mais curto e incisivo, e está recheado de pepitas em forma de insights. O coração de pastor e a perspectiva cristocêntrica desses três autores os tornam leitura essencial para qualquer pessoa que deseje obter o máximo dos salmos.

Agradecemos também a nossos filhos e netos, que nos mantiveram envolvidos com a vida real: nosso carinho para David, Jen e Charlotte; Michael, Sara, Lucy e Kate; e Jonathan, Ann-Marie e o bebê Keller, ainda por receber um nome.

Obrigada a nosso agente, David McCormick, que tem o dom do encorajamento e, para este livro, negociou e nos permitiu contornar as dificuldades na permissão do uso da versão NIV em uma enorme quantidade de países. Você é o melhor, David.

Também queremos agradecer a Deus, que, em sua sabedoria, mergulhou a nós dois nos salmos nesses meses todos, a fim de aprofundar nosso amor por ele, um pelo outro, e a fim de nos dar um vislumbre de nossa futura verdadeira pátria.

> Juntos tomaremos a estrada que leva a oeste, e longe daqui encontraremos uma terra onde nosso coração pode descansar.[1]

---

[1] J. R. R. Tolkien, *The two towers* (New York: Del Ray Books, 1986), p. 81 [edição em português: *As duas torres*, tradução de Lenita Maria Rimoli Esteves e Almiro Piseta (São Paulo: Martins Fontes, 1994)].

INTRODUÇÃO

O Livro de Salmos foi o hinário divinamente inspirado para a adoração pública do Israel antigo a Deus (1Cr 16.8-36). Como os salmos não eram simplesmente lidos, mas cantados, penetravam a mente e a imaginação do povo como só a música é capaz de fazer. Saturavam de tal forma o coração e a imaginação do povo que, quando Jesus entrou em Jerusalém, nada mais natural que a multidão o saudasse recitando espontaneamente o trecho de um salmo (Mc 11.9; Sl 118.26).

Os primeiros cristãos também cantavam e oravam os salmos (Cl 3.16; 1Co 14.26). Quando Benedito formou seus mosteiros, ordenou que os salmos fossem cantados, lidos e orados ao menos uma vez por semana. Ao longo do período medieval, os salmos foram a parte mais conhecida da Bíblia para a maioria dos cristãos. O Saltério era, provavelmente, a única parte da Bíblia da qual um cristão leigo tinha posse. No período da Reforma, os salmos desempenharam papel fundamental na renovação da igreja. Martinho Lutero determinou: "... o Saltério inteiro, salmo por salmo, deve permanecer em uso". João Calvino prescreveu os salmos métricos como regime principal de cânticos nas congregações de adoradores.[1] Escreveu ele: "O propósito do Espírito Santo [era] [...] entregar à igreja uma forma comum de oração".[2]

Todos os teólogos e líderes eclesiásticos acreditam que os salmos devam ser utilizados e reutilizados em toda busca diária cristã a Deus em privado e na adoração pública. Não nos limitamos a ler os salmos; devemos mergulhar neles de modo que moldem profundamente a forma de nos relacionarmos com Deus. Eles são o modo divinamente ordenado de aprender a devoção a nosso Deus.

Por quê? Uma razão está no fato de o livro de Salmos ser o que Lutero chamou de "Bíblia em miniatura". Ele dá uma visão geral da história da

---

[1] Gordon Wenham, *The Psalter reclaimed: praying and praising with the Psalms* (Wheaton: Crossway, 2013), p. 16.
[2] J. Calvin, *Commentary on the Psalms* (edição eletrônica) (Albany: Ages Software, 1998), comentário de Salmos 20.1,2.

salvação desde a criação, passando pela entrega da Lei no monte Sinai, o estabelecimento do Tabernáculo e do Templo e o Exílio por causa da infidelidade, e aponta para adiante, para a redenção messiânica vindoura e a renovação de todas as coisas. Trata das doutrinas da revelação (Sl 19), de Deus (Sl 139), da natureza humana (Sl 8) e do pecado (Sl 14).

Todavia, os salmos são mais que mero instrumento de instrução teológica. Atanásio, um dos antigos pais da igreja, escreveu: "Seja qual for sua necessidade ou dificuldade particular, desse mesmo livro [Salmos] você pode escolher um conjunto apropriado de palavras, para [...] aprender a remediar seu mal".[3] Toda situação da vida está representada no livro de Salmos. Os salmos preveem cada condição espiritual, social e emocional possível e o treinam para elas — mostram quais são os perigos, o que você deve ter sempre em mente, qual deve ser sua atitude, como conversar com Deus sobre o assunto e como obter dele a ajuda necessária. "Colocam seu entendimento inarredável da grandeza do Senhor ao lado das situações que vivemos, a fim de que possamos ter uma noção apropriada da correta proporção das coisas." Cada aspecto ou circunstância da vida é "... enviado à presença do Senhor e inserido no contexto do que é verdadeiro acerca de Deus".[4] Portanto, os salmos não são apenas uma cartilha inigualável de ensino, mas um armário de remédios para o coração e o melhor guia possível para a vida prática.

Ao chamar os salmos de "remédio", tento fazer justiça ao que os torna um pouco diferentes das outras partes da Bíblia. São escritos para ser orados, recitados e cantados — para ser *praticados*, não apenas lidos. O teólogo David Wenham conclui que usá-los repetidas vezes é um "ato performativo" que "altera o relacionamento da pessoa [com Deus] de modo tal que o simples ouvir não consegue".[5] Em certo sentido, devemos introduzi-los em nossas próprias orações, ou talvez introduzir nossas orações neles, e assim nos aproximarmos de Deus. Com isso, os salmos envolvem o falante diretamente em novas atitudes, compromissos, promessas e até emoções. Quando, por exemplo, não nos restringimos apenas a ler Salmos 139.23,24

---

[3] Citado em Wenham, *Psalter reclaimed*, p. 15.
[4] Alec Motyer, *A Christian's pocket guide to loving the Old Testament* (Ross-shire: Christian Focus, 2015), p. 97.
[5] Ibidem, p. 34.

— "Sonda-me [...] prova-me [...] vê se há em mim algum caminho mau..." — mas o oramos, convidamos Deus a examinar nossas motivações e damos consentimento ativo ao modo de vida requerido pela Bíblia.[6]

Os salmos nos levam a agir como os salmistas — a nos comprometer com Deus por meio de pactos e promessas, a depender dele por meio de súplica e expressões de aceitação, a buscar consolo em Deus por meio do choro e da lamentação, a encontrar a misericórdia de Deus por meio da confissão e do arrependimento, a adquirir nova sabedoria e perspectiva de Deus por meio da meditação, da lembrança e da reflexão.

Os salmos também nos ajudam a enxergar Deus — não como queremos ou esperamos que ele seja, mas como ele de fato se revela. A riqueza das descrições de Deus no Saltério ultrapassa a inventividade humana. Ele é mais santo, mais sábio, mais temível, mais terno e amoroso do que jamais imaginaríamos que ele fosse. Os salmos incendeiam nossa imaginação e a transportam para novos reinos, mesmo enquanto a conduzem em direção ao Deus que de fato existe. Isso traz uma realidade à nossa vida de oração como nada mais é capaz de fazer. "Entregues a nós mesmos, oraremos a algum deus que fale o que gostamos de ouvir ou à parte de Deus que conseguimos compreender. Crucial, no entanto, é que falemos ao Deus que fala conosco e a tudo o que ele nos diz. [...] Na oração, o essencial não é que aprendamos a nos expressar, mas que aprendamos a responder a Deus."[7]

A maior parte dos salmos, lida à luz da Bíblia inteira, leva-nos a Jesus. Os salmos foram o livro de música de Jesus. O hino que ele cantou no jantar de Páscoa (Mt 26.30; Mc 14.26) seria o Grande Hallel, salmos 113—118. De fato, temos todos os motivos para presumir que Jesus cantou todos os salmos constantemente ao longo de sua vida, de modo que os conhecia de cor. Eles constituem o livro da Bíblia que Jesus cita mais do que qualquer outro. Mas os salmos não eram apenas cantados por Jesus; eles também falam sobre ele, como veremos ao longo deste livro.

Os salmos, portanto, são de fato os cânticos de Jesus.

---

[6]Ibidem, p. 26. Wenham demonstra como a teoria dos "atos de fala" explica por que recitar e orar os salmos são experiências transformadoras.

[7]Eugene Peterson, *Answering God: the Psalms as tools for prayer* (San Francisco: Harper San Francisco, 1989), p. 5,6.

O PLANO DESTE LIVRO

Este livro é um devocional diário que conduz o leitor pelos versículos do livro de Salmos, um a um, em 365 dias. De certa forma, os salmos não precisam ser convertidos em um devocional diário — eles *são* o livro devocional divinamente inspirado.

Muitos consideram os devocionais modernos otimistas demais, ou sentimentais demais, ou doutrinários demais, ou místicos demais por refletirem a perspectiva e a experiência de apenas um autor humano. Os salmos, no entanto, dão-nos um conjunto de vozes divinamente inspiradas de diferentes temperamentos e experiências. Nenhum outro livro, mesmo da Bíblia, é capaz de competir com eles como base para a oração diária. O Novo Testamento, de forma evidente, apresenta Jesus Cristo de formas muito mais explícitas e diretas, mas nenhuma parte do Novo Testamento foi de fato escrita para ser um curso de teologia em forma de oração que o ajude a processar cada situação pessoal possível por meio da verdade sobre Deus.

Assim, os salmos já são o livro devocional de Deus. No entanto, a maioria de nós precisa da ajuda de um guia para nossa primeira de muitas jornadas pelo Saltério. Muitos salmos têm um conteúdo histórico complexo e podem ser difíceis de compreender mesmo depois de múltiplas leituras. Não podemos orar um texto se o achamos totalmente confuso.

Cada devocional lhe fornece um salmo para leitura diária. Em seguida, oferece uma breve meditação sobre o significado do salmo e uma oração para ajudá-lo a utilizar o salmo em seu coração e como modo de se aproximar de Deus. As orações devem ser vistas como "vias de acesso", não como orações completas. O leitor deve acompanhar a trajetória das orações e seguir em frente, preenchendo cada uma delas com particularidades pessoais e orando sempre em nome de Jesus (Jo 14.13).

Estruturamos este devocional diário para que possa ser utilizado de três maneiras diferentes. O modo mais simples é ler o salmo e a meditação devagar, e depois usar a oração para começar a orar o salmo em si. As orações apresentam uma oportunidade de continuar orando a Deus acerca de qualquer coisa que se passe em seu coração e seja qual for a dificuldade que possa estar enfrentando naquele dia. Isso talvez não demore mais do que quinze minutos.

A segunda maneira de usar o devocional é dedicar um tempo para ler as referências bíblicas adicionais inseridas na meditação e às vezes na oração. As declarações na meditação são compreensíveis sem as referências, mas consultá-las e lê-las aumentará muito sua compreensão do sentido e também poderá enriquecer seu período de oração.

A terceira maneira de usar o devocional é começar um diário para acompanhar a leitura. Leia a porção do salmo duas vezes, devagar. Em seguida, faça três perguntas e anote suas respostas:

Adore — O que você aprendeu sobre Deus que o leva a louvá-lo ou agradecer-lhe?

Admita — O que você descobriu sobre si mesmo de que poderia se arrepender?

Aspire — Que aspectos da vida, aprendidos na leitura, você pode almejar, pedir ou aplicar?

Depois de responder a essas três perguntas, você terá sua própria meditação sobre o salmo. Agora leia a meditação no livro e incorpore as percepções que ela traz às notas do seu diário. Por fim, transforme sua meditação — já classificada como adoração, admissão e aspiração — em oração pessoal, usando também a oração de "via de acesso" fornecida. Isso o levará ao nível profundo de sabedoria e discernimento que os salmos podem oferecer.

Você está pronto para começar seu ano devocional. Deus lhe conceda "... o espírito de sabedoria e de revelação no pleno conhecimento dele" (Ef 1.17).

1.º de janeiro

Leia Salmos 1. ¹Bem-aventurado aquele que não anda no conselho dos ímpios, não se detém no caminho dos pecadores, nem se assenta na roda dos zombadores; ²pelo contrário, seu prazer está na lei do Senhor, e na sua lei medita dia e noite. ³Ele será como a árvore plantada junto às correntes de águas, que dá seu fruto no tempo certo e cuja folhagem não murcha. Tudo que ele fizer prosperará. ⁴Não é assim com os ímpios. Eles são como a palha que o vento dispersa. ⁵Por isso, os ímpios não prevalecerão no julgamento, nem os pecadores, na assembleia dos justos; ⁶porque o Senhor recompensa o caminho dos justos, mas o caminho dos ímpios traz destruição.

A palavra que alimenta. O salmo 1 é o portão de entrada para os demais salmos. A "lei" é todas as Escrituras, "meditar" é considerar suas implicações para toda a vida e "ter prazer" nela significa não apenas estar de acordo com o que Deus ordena, mas amar seus mandamentos. Em razão do que Jesus fez por nós na cruz, a atitude do cristão para com Deus deixa de ser uma obrigação e passa a ser uma livre entrega de si mesmo com amor. Portanto, saber meditar e deliciar-se na Bíblia é o segredo para um relacionamento com Deus e para a vida em si. Visões contrárias à Palavra de Deus não servem de âncora em tempos de necessidade. A Palavra de Deus nos fornece a resiliência de uma árvore com uma fonte de água viva que jamais secará.

Oração: **Senhor da Palavra, não me deixes ser seduzido pelo mundo — seguindo a multidão ingenuamente ou tornando-me um cético endurecido. Ajuda-me a meditar em tua Palavra a ponto de nela me deleitar. Dá-me estabilidade e contentamento independentemente das circunstâncias. Como preciso disso! Amém.**

2 de janeiro

LEIA Salmos 2.1-4. ¹Por que as nações se enfurecem, e os povos tramam em vão? ²Os reis da terra se levantam, e os príncipes conspiram unidos contra o SENHOR e seu ungido, dizendo: ³Rompamos suas correntes e livremo-nos de suas algemas. ⁴Aquele que está sentado nos céus se ri; o Senhor zomba deles.

SEM SE DEIXAR INTIMIDAR. A cada dia a mídia destaca novas coisas a se temer. As pessoas que exercem poder e influência na sociedade nos dizem que a obediência a Deus nos acorrenta, limitando nossa liberdade. Na verdade, a libertação só vem ao servirmos àquele que nos criou. Essas pessoas e forças que surgem para governar o mundo estão todas debaixo do seu senhorio, e um dia elas saberão disso. Deus ainda reina, e, diante de todos os nossos temores, podemos nos refugiar nele. Portanto, ser intimidado pelo mundo (Sl 2) é tão fatal, espiritualmente falando, quanto ser excessivamente atraído por ele (Sl 1).

Oração: Senhor do mundo, as pessoas se ressentem de tuas reivindicações sobre a vida humana. Receio falar a teu respeito por medo do ridículo ou da ira. Mas tu não te intimidas pelos "poderes" do mundo, nem eu deveria. Ajuda-me a conhecer o júbilo da obediência e o destemor que o acompanha. Amém.

3 de janeiro

LEIA Salmos 2.5-12. ⁵Então ele os repreende na sua ira e os aterroriza no seu furor, dizendo: ⁶Eu mesmo constituí o meu rei em Sião, meu santo monte. ⁷Proclamarei o decreto do SENHOR; ele me disse: Tu és meu filho, hoje te gerei. ⁸Pede-me, e te darei as nações como herança, e as extremidades da terra como propriedade. ⁹Tu as quebrarás com uma vara de ferro e as despedaçarás como se fossem um vaso de barro. ¹⁰Agora, ó reis, sede prudentes; juízes da terra, acolhei a advertência. ¹¹Cultuai o SENHOR com temor e regozijai-vos com tremor. ¹²Beijai o filho, para que ele não se irrite, e não sejais destruídos no caminho; porque em breve sua ira se acenderá. Bem-aventurados todos os que confiam nele.

REFÚGIO EM DEUS. A resposta de Deus ao orgulho e ao poder humano é constituir seu "filho" em Sião. Isso aponta para além do rei de Israel, ou seja, para Jesus, o verdadeiro Filho de Deus. Um dia ele endireitará tudo; mas fará isso indo primeiro a Sião — a Jerusalém — morrer por nossos pecados. "Beijar o filho" é descansar nele e por ele viver. Se agirmos assim, temos a garantia de que, não importa o que nos aconteça, no fim tudo dará certo. Se não vivemos para ele, acabamos lutando contra o próprio Deus. Portanto, "... não existe refúgio dele — só *nele*".¹

Oração: Senhor, tua resposta ao caos e ao conflito do mundo é teu Filho, Jesus Cristo. Um dia ele despedaçará o que despedaça, matará a morte, destruirá a destruição e tragará toda dor. Ensina-me a refugiar-me em ti — em teu perdão por meio de Jesus, em tua vontade sábia e em meu futuro garantido e glorioso. Amém.

4 de janeiro

Leia Salmos 3. ¹Senhor, como o número dos meus adversários tem crescido! Muitos se levantam contra mim. ²Muitos dizem de mim: Em Deus não há salvação para ele. [Interlúdio] ³Mas tu, Senhor, és o escudo ao meu redor, a minha glória, aquele que levanta a minha cabeça. ⁴Clamo ao Senhor com a minha voz, e ele me responde do seu santo monte. ⁵Eu me deito, durmo e acordo, pois o Senhor me sustenta. [Interlúdio] ⁶Não tenho medo de milhares que me cercam. ⁷Levanta-te, Senhor! Salva-me, meu Deus! Pois atinges no queixo todos os meus inimigos; quebras os dentes dos ímpios. ⁸A salvação vem do Senhor. A tua bênção está sobre o teu povo. [Interlúdio]

PAZ EM MEIO AO PERIGO. Absalão, filho de Davi, estava tentando matá-lo. As sementes das disfunções daquela família eram culpa do próprio Davi. Ele desejara tanto o amor desse filho que nunca o corrigira, mesmo quando Absalão assassinou um dos irmãos. Agora Davi foge para salvar a própria vida. Nessa oração, ele entende que nem o amor de um filho, nem a aclamação das pessoas podem servir como mérito ou segurança para ninguém. Ele então transfere sua glória e esperança para Deus e encontra paz, apesar do perigo. Deus é o único que o sustenta, quer haja um exército a persegui-lo, quer você esteja em casa deitado em sua cama. Deus sustenta cada fôlego seu.

Oração: Senhor e Salvador, estou enfrentando muitos problemas, alguns causados por mim mesmo. Mas posso levantar a cabeça porque sou teu filho e servo. Assim, sê meu escudo — protege-me. E sê minha glória — dá-me a confiança de que tu estás comigo e me conduzirás em meio a tudo isso. Ajuda-me! Amém.

5 de janeiro

LEIA Salmos 4. ¹Ó Deus da minha justiça, responde-me quando clamo! Alivia minha angústia; tem misericórdia de mim e ouve minha oração. ²Ó mortais, até quando convertereis minha glória em vexame? Até quando amareis o que é fútil e buscareis a mentira? [Interlúdio] ³Sabei que o SENHOR distingue para si o piedoso; o SENHOR me ouve quando clamo a ele. ⁴Na vossa ira, não pequeis; consultai o coração no travesseiro e aquietai-vos. [Interlúdio] ⁵Oferecei sacrifícios de justiça e confiai no SENHOR. ⁶Muitos dizem: Quem nos mostrará o bem? SENHOR, faze resplandecer sobre nós a luz do teu rosto. ⁷Encheste meu coração de mais alegria do que sentem os que têm cereal e vinho à vontade. ⁸Em paz me deito e durmo, porque só tu, SENHOR, fazes com que eu viva em segurança.

ALEGRIA A DESPEITO DAS CIRCUNSTÂNCIAS. Como ter um sono tranquilo à noite (v. 8) e alegria — mesmo quando outros prosperam e nós não (v. 7)? Analise seu coração para saber se está dividido — transformando sucesso ou relacionamentos em ídolos — e arrependa-se ("Até quando amareis ilusões e buscareis falsos deuses?" [v. 2, NIV]). Sonde seu coração para saber se está amargurado — e perdoe (v. 4). Por fim, em oração, busque a face de Deus, o senso da sua presença e amor em seu coração (v. 6). Podemos então saber que estamos seguros em Deus, venha o que vier.

Oração: Senhor, outros "deuses" competem contigo pela fidelidade do meu coração. Acalento ressentimento contra pessoas que me prejudicaram, e às vezes contra ti. São essas coisas que me impedem de conhecer a alegria de tua presença e a paz de tua proteção. Ajuda-me a afastá-las e enche meu coração com tua alegria. Amém.

6 de janeiro

Leia Salmos 5.1-6. ¹Ó Senhor, dá ouvidos às minhas palavras; atende aos meus gemidos. ²Rei meu e Deus meu, atende à voz do meu clamor, pois a ti suplico. ³Ó Senhor, de manhã ouves minha voz; de manhã te apresento minha oração e fico aguardando. ⁴Porque tu não és um Deus que tenha prazer na injustiça, nem o mal habita contigo. ⁵Os arrogantes não permanecerão na tua presença; detestas todos os que praticam a maldade. ⁶Destróis os que proferem mentiras; o Senhor repudia o assassino e o fraudulento.

DERRAMANDO NOSSO CORAÇÃO. Muitos salmos começam com "gemidos" desesperados — gritos profundos de socorro. Essa é uma oração inteiramente aberta, direta do coração. Mesmo quando nos faltam palavras para expressar nossa angústia, podemos depositar nossas súplicas diante de Deus. Ele espera que o procuremos em busca de refúgio de nossa mágoa, medo e dor, e que não embotemos essas emoções com passatempos e distrações que prometem bênçãos, mas jamais podem cumpri-las. Precisamos estar confiantes no Deus que disse a Moisés que se comprometeria fielmente a nos amar, em graça, apesar de nossos pecados e defeitos (Êx 6.7).

Oração: Senhor onisciente, tu vês o que está no meu coração. Senhor todo-poderoso, não tenho o poder de realizar o que precisa ser feito, por isso apresento minhas súplicas a ti. Senhor que tudo sabes, sei que ouves e agirás — mas também sei que devo esperar em teu tempo sábio, e o farei. Amém.

7 de janeiro

LEIA Salmos 5.7-12. ⁷Mas eu, pela grandeza do teu amor, entrarei em tua casa; e em temor me inclinarei para o teu santo templo. ⁸SENHOR, guia-me na tua justiça, por causa dos meus inimigos; aplana teu caminho diante de mim. ⁹Porque não há sinceridade nos lábios deles; no íntimo só pensam em destruição, a garganta deles é um túmulo aberto; com a língua criam inimizades. ¹⁰Ó Deus, condena-os; que eles caiam por suas próprias tramas; expulsa-os por causa de suas muitas transgressões, pois revoltaram-se contra ti. ¹¹Mas alegrem-se todos os que confiam em ti! Regozijem-se para sempre, porque tu os defendes! Sim, gloriem-se em ti os que amam o teu nome. ¹²Pois tu, SENHOR, abençoas o justo; com o teu favor tu o proteges como um escudo.

ORANDO POR PROTEÇÃO. Os salmos de Davi com frequência falam de inimigos. Os antigos reis corriam sempre o risco de ter pessoas tentando matá-los. É possível que tenhamos menos inimigos determinados a nos infligir violência física, mas há diversas forças no mundo capazes de nos arruinar econômica, emocional, física e espiritualmente. Devemos agir como Davi agiu. Ele pede a Deus que o proteja ("Estende sobre eles a tua proteção" [v. 11, NVI]). E tem certeza de que Deus o fará porque anseia por seu templo, o lugar onde os pecados são expiados. Os cristãos fazem o mesmo quando se lembram daquele que se declarou o templo final (Jo 2.20,21), o sacrifício definitivo e a prova conclusiva do grande amor de Deus por nós.

Oração: Senhor justo, peço proteção de todas as forças hostis ao meu redor. Mas, quando fico indignado com o mal nos outros, lembro-me do meu próprio pecado e de que só posso me aproximar de ti por causa de tua graça. Como necessito odiar o mal e, no entanto, não me irar e não começar a me sentir superior aos demais! Mantém-me seguro, mas mantém-me humilde. Amém.

8 de janeiro

Leia Salmos 6. ¹Senhor, não me repreendas na tua ira, nem me castigues no teu furor. ²Senhor, tem compaixão de mim, porque sou fraco; cura-me, Senhor, porque meus ossos estão abalados. ³Meu ser está muito perturbado; mas tu, Senhor, até quando? ⁴Volta-te, Senhor, e livra-me; salva-me por tua misericórdia. ⁵Pois na morte não há lembrança de ti; na sepultura, quem te dará louvor? ⁶Estou cansado do meu gemido; toda noite faço nadar em lágrimas a minha cama, inundo com elas o meu leito. ⁷Meus olhos estão consumidos pela mágoa, enfraquecidos por causa de todos os meus inimigos. ⁸Apartai-vos de mim, todos vós que praticais a maldade, porque o Senhor já ouviu a voz do meu pranto. ⁹O Senhor já ouviu a minha súplica, o Senhor acolheu a minha oração. ¹⁰Todos os meus inimigos serão envergonhados e muito perturbados; abruptamente eles se retirarão de vergonha.

ESPERAR É DIFÍCIL. "Senhor, até quando?" é o clamor de alguém que caminha com mais dor e abatimento do que se julgava jamais capaz de suportar. Deus ouve a oração daquele que vacila por causa de seu "amor leal" (v. 4, NVI) (o hebraico *chesedh*, o amor imutável de um Deus de aliança que se importa conosco não por sermos perfeitos, mas porque ele é). Embora Davi mal tivesse vontade de orar, suas lágrimas não foram vãs. Ele recebe um "toque" como resposta (v. 8,9) — uma segurança de que Deus está ouvindo, embora não tenha feito nada — ainda — em relação às circunstâncias (v. 10). Deus caminha conosco e nos ajuda a correr "com perseverança a corrida" (Hb 12.1).

Oração: "Tua promessa é minha única defesa — por ela me aventuro a chegar perto. Chamaste para ti as almas sobrecarregadas, e assim, ó Senhor, estou eu."² Sei que teu amor é infalível mesmo que eu não o sinta. Mas peço que, em tua graça, tu me toques e me faças sentir tua presença ao meu lado. Amém.

9 de janeiro

Leia Salmos 7.1-5. ¹Senhor, meu Deus, em ti me refugio. Salva-me de todos os que me perseguem e livra-me; ²para que não me devorem como um leão e me despedacem, sem que ninguém me socorra. ³Senhor, meu Deus, se eu agi assim, se há injustiça nas minhas mãos, ⁴se paguei com o mal ao que estava em paz comigo, ou se sem razão deixei meu inimigo impune, ⁵que o inimigo me persiga e me alcance; calque minha vida no chão aos seus pés e deite minha honra no pó. [Interlúdio]

CAMPANHA DIFAMATÓRIA. Como lidamos com a fofoca, a calúnia e os danos a nossa reputação? Davi trata disso sem rodeios. Ele não *diz*: "Buscarei refúgio em Deus"; em vez disso, *mostra* que já o fez, que já está seguro. Como ele pode se sentir assim antes de saber se a campanha difamatória será frustrada? Resposta: se confiamos na sabedoria e vontade divinas, então temos paz, independentemente do resultado imediato. Só a opinião de Deus a nosso respeito conta, e ela prevalecerá.

Oração: Senhor, algumas críticas são terrivelmente injustas. Meu consolo mais profundo é saber que tu vês todas as coisas e, no final, ajustarás tudo. Por isso não me defenderei com desespero, nem ameaçarei meus acusadores e quem faz insinuações a meu respeito. Tu conheces a verdade, e isso basta para mim. Deixo tudo em tuas mãos. Amém.

10 de janeiro

Leia Salmos 7.6-11. ⁶Ergue-te, Senhor, na tua ira; levanta-te contra o furor dos meus inimigos. Desperta-te, meu Deus, tu que decretas a justiça. ⁷Reúnam-se as nações ao teu redor, assenta-te acima delas nas alturas. ⁸O Senhor julga os povos. Julga-me, Senhor, de acordo com a minha justiça e conforme a integridade que há em mim. ⁹Que a maldade dos ímpios cesse, mas que o justo se estabeleça; pois tu, ó Deus justo, provas o coração e os pensamentos. ¹⁰Deus é o meu escudo, ele salva os retos de coração. ¹¹Deus é um juiz justo, um Deus que manifesta indignação todos os dias.

DEUS NAS ALTURAS. Davi não fez as coisas das quais é acusado (v. 8). Ele deseja que Deus tome seu trono nas alturas (v. 7) e corrija todas as injustiças. Ele deixa acertadamente a retribuição a cargo de Deus, pois somente ele tem a sabedoria para discernir o que as pessoas merecem bem como o poder e a justiça para dar-lhes a recompensa. Devemos fazer a mesma coisa. Mas como ter certeza de que *nós* sobreviveremos ao dia do juízo? Os cristãos sabem que, antes de o Senhor ser elevado ao trono para julgar, será levantado em uma cruz para expiar o pecado (Jo 12.32). Portanto, no dia final, um povo redimido e repleto de alegria se reunirá a seus pés (v. 7).

Oração: Justo Senhor, são muitos os que me acusam *falsamente*. Defende-me deles! Mas também conheço meu pecado, e meu coração me acusa *merecidamente*. Descanso na morte expiatória de Jesus por mim. "Sê meu escudo e esconderijo, para que, protegido ao teu lado, possa eu encarar meu acusador e anunciar-lhe que morreste!"[3] Amém.

11 de janeiro

Leia Salmos 7.12-17. **¹²Se o homem não se arrepender, Deus afiará sua espada; seu arco já está armado e pronto; ¹³já preparou armas mortais, aprontando suas flechas venenosas. ¹⁴O ímpio gera a perversidade, concebe a maldade e dá à luz a falsidade. ¹⁵Quem abre uma cova e a torna mais profunda, acabará caindo na cova que fez. ¹⁶Sua maldade recairá sobre sua cabeça e sua violência atingirá seu próprio crânio. ¹⁷Eu louvarei o Senhor segundo sua justiça e cantarei louvores ao nome do Senhor, o Altíssimo.**

A AUTODESTRUIÇÃO DO MAL. Como vivemos em um mundo em ruínas, muita injustiça permanecerá impune até o dia do juízo final. Contudo, na maior parte do tempo, a justiça de Deus opera no tecido da história. O mal carrega em si as sementes da própria destruição. Além de ser um buraco — que leva à insatisfação e ao vazio (v. 14) —, ele se volta contra si mesmo. Você cai no poço que cavou para outros. Quem odeia é odiado, quem engana é enganado, quem faz fofoca é alvo de fofoca. Lembre-se disso até não se sentir mais intimidado, desencorajado ou tentado pela maldade que vê à sua volta.

Oração: Senhor, reconheço que parte do meu ressentimento contra aqueles que me fazem mal está tingido de inveja. Eles vivem como escolheram viver e parecem mais felizes que eu. Mas isso é uma ilusão. O mal é como células cancerígenas — crescem, mas apenas em direção ao aniquilamento e à destruição. Ajuda-me a enxergar isso com clareza, a fim de poder perdoá-los e não ser tentado por eles. Amém.

12 de janeiro

Leia Salmos 8. ¹Ó Senhor, nosso Senhor, como teu nome é magnífico em toda a terra! Tu, que puseste tua glória nos céus! ²Da boca dos pequeninos e de bebês fizeste brotar força, por causa dos teus adversários, para fazer calar o inimigo e vingador. ³Quando contemplo os teus céus, obra dos teus dedos, a lua e as estrelas que estabeleceste, ⁴que é o homem, para que te lembres dele? E o filho do homem, para que o visites? ⁵Tu o fizeste um pouco menor que os anjos e o coroaste de glória e honra. ⁶Deste-lhe domínio sobre as obras das tuas mãos; tudo puseste debaixo de seus pés: ⁷todas as ovelhas e os bois, assim como os animais selvagens, ⁸as aves do céu, os peixes do mar e tudo o que percorre as veredas dos mares. ⁹Ó Senhor, nosso Senhor, como teu nome é magnífico em toda a terra!

CUIDADO MARAVILHOSO. O universo revela a glória de Deus. Não são os seres humanos apenas grãos de poeira nessa vastidão? Fisicamente, sim; no entanto, ocupamos a mente de Deus ("... Que é o homem, para que com ele te importes?" [v. 4, NVI]). O assombro do salmista deveria ser o nosso: por que Deus haveria de se importar conosco? Porque ele nos fez à sua imagem e deu-nos o mundo que criou para cuidarmos como seus agentes. Viver com cuidado voltado para a terra, o mar, o ar e tudo que vive aqui e fazer justiça a todo ser humano portador de sua imagem traz glória a Deus. Como raça humana, não estamos fazendo isso muito bem! Mas Jesus veio e um dia o mundo estará debaixo de *seus* pés (v. 6; Hb 2.5-9); então, tudo será corrigido.

Oração: Majestoso Deus, como é possível que *ocupemos* tua mente? Tu nos amas e cuidas tanto de nós que te dispuseste a te tornares um bebê frágil e vulnerável a fim de nos salvar. Ajuda-me, em todas as minhas interações diárias, a tratar cada um que eu encontrar como alguém infinitamente precioso aos teus olhos. Amém.

13 de janeiro

Leia Salmos 9.1-12. ¹Senhor, eu te louvarei de todo o meu coração; contarei todas as tuas maravilhas. ²Ó Altíssimo, em ti me alegrarei e exultarei; cantarei louvores ao teu nome! ³Quando meus inimigos se acovardam, eles tropeçam e desaparecem da tua presença. ⁴Pois tu defendeste o meu direito e a minha causa; no tribunal te assentaste, julgando com justiça. ⁵Repreendeste as nações, destruíste os ímpios; apagaste o nome deles para sempre e eternamente. ⁶Os inimigos foram consumidos, suas ruínas são perpétuas, pois arrasaste suas cidades e aniquilaste a memória deles. ⁷Mas o Senhor está entronizado para sempre; estabeleceu o seu trono para julgar. ⁸Ele mesmo julga o mundo com justiça, governa os povos com retidão. ⁹O Senhor é também um alto refúgio para o oprimido, um alto refúgio em tempos de angústia. ¹⁰Os que conhecem teu nome confiam em ti; porque tu, Senhor, não decepcionas os que te buscam. ¹¹Cantai louvores ao Senhor, que habita em Sião; anunciai entre os povos os seus feitos. ¹²Pois ele, o vingador do sangue, lembra-se deles; não se esquece do clamor dos aflitos.

GRATIDÃO. Este salmo nos conduz à saúde espiritual de um coração agradecido. Devemos discernir as "maravilhas" de Deus em nossa vida, palavra essa que pode se referir a milagres dramáticos como a abertura do mar Vermelho. No entanto, também temos de aprender a enxergar as maneiras mais sutis de Deus nos confortar no momento em que estamos prontos a desistir ou ao nos trazer o amigo, o livro ou a linha de pensamento certos no exato momento em que necessitamos. Reconheça e anuncie as maravilhas diárias de Deus e você terá uma nota de grata alegria como música de fundo de sua vida.

Oração: Ó Senhor, tu nunca desamparas o preocupado e o aflito. Quando penso em tuas incontáveis misericórdias para comigo, pequenas e grandes, só consigo chorar... Quanta gratidão e quanto amor devo a ti! Ajuda-me a enxergar como me sustentas e me diriges todos os dias para que eu sempre encontre novas razões para agradecer-te. Amém.

14 de janeiro

Leia Salmos 9.13-20. ¹³Senhor, tem misericórdia de mim; olha a aflição que me causam os que me odeiam. És tu quem me ergues das portas da morte, ¹⁴para que eu conte todos os teus louvores nas portas da cidade de Sião e me alegre na tua salvação. ¹⁵As nações se afundaram na cova que abriram; seu pé ficou preso no laço que armaram. ¹⁶O Senhor é conhecido pela justiça que executa; o ímpio caiu na armadilha de seus próprios feitos. [Higaion; Interlúdio] ¹⁷Os ímpios irão para o Sheol, sim, todas as nações que se esquecem de Deus. ¹⁸Pois o necessitado não será esquecido para sempre, nem a esperança dos pobres será frustrada perpetuamente. ¹⁹Levanta-te, Senhor! Que o homem não prevaleça, e as nações sejam julgadas na tua presença! ²⁰Senhor, provoca-lhes temor! Que as nações saibam que não passam de mortais! [Interlúdio]

NUNCA SE ESQUEÇA. Esse salmo passa repentinamente da ação de graças para um clamor por socorro em meio ao sofrimento. A vida é assim mesmo. Mas Davi se agarra a uma verdade que o impede de afundar. O pecado fundamental é esquecer-se de que Deus é Deus e nós não. E justiça é isso — aqueles que se esquecem de Deus serão esquecidos, porém aqueles que se lembram de Deus serão lembrados para sempre (Is 56.5). Os cristãos conhecem alguém que se lembrou de Deus, mas foi completamente desamparado (Mt 27.46). No entanto, pelo fato de ter Jesus morrido *em nosso lugar*, podemos estar ainda mais certos do que Davi de que Deus sempre se fará presente por nós.

Oração: Senhor, grande parte dos meus problemas surgem de eu não me lembrar de ti. Esqueço-me de tua sabedoria e então me preocupo. Esqueço-me de tua graça e então me torno soberbo. Esqueço-me de tua misericórdia e então fico ressentido com os outros. Ajuda-me a me lembrar de quem és a cada instante do dia. Amém.

15 de janeiro

Leia **Salmos 10.1-11**. ¹Senhor, por que permaneces longe? Por que te escondes em tempos de tribulação? ²Na sua arrogância, os ímpios perseguem o pobre com fúria; que eles mesmos caiam nas ciladas que maquinaram. ³Pois o ímpio se orgulha de sua própria cobiça, e o avarento amaldiçoa e despreza o Senhor. ⁴Por causa do seu orgulho, o ímpio não o busca. Deus não está em nenhum dos seus planos. ⁵Os caminhos dele prosperam sempre; os teus juízos estão muito acima dele, longe da sua vista. Quanto a todos os seus adversários, ele os trata com desprezo. ⁶E diz a si mesmo: Jamais serei abalado; nenhuma desgraça sobrevirá a mim e à minha descendência. ⁷Sua boca está cheia de maldição, enganos e ameaças; debaixo da sua língua há maldade e perversidade. ⁸Ele fica à espreita nos povoados; mata o inocente em emboscada; seus olhos espreitam o desamparado. ⁹Ele arma emboscada como o leão na sua toca; fica à espreita para apanhar o pobre; ele o apanha e o arrasta com sua rede. ¹⁰Agacha-se e fica de tocaia; assim os indefesos caem em seu poder. ¹¹E diz a si mesmo: Deus se esqueceu; cobriu o rosto e nunca verá isto.

DOLOROSA REALIDADE. Agostinho ensinou que havia duas "cidades" ou maneiras de viver em sociedade — uma baseada no doar-se e a outra, no serviço a si mesmo. Adorar os desejos do coração ("Ele se orgulha dos desejos do seu coração" [v. 3, NIV]) leva a hábitos de autoexpressão e autoafirmação em vez de ao amor sacrificial. É esse o modo de vida predominante no mundo, com um Deus que parece distante e não fazendo nada a respeito (v. 1). O salmo descreve essa situação em detalhes dolorosos, como forma de impedir que sigamos, mesmo que sutilmente, esse modo de vida. Como o salmista, precisamos resistir a isso em oração e em nossa vida diária.

Oração: Senhor, livra-me de ser ingênuo ou presunçoso quanto à maldade humana, ou cínico diante dela. Jamais permitas que me acostume com a injustiça ou, pior ainda, que me torne seu cúmplice. Isso requer vigilância e reflexão constantes sobre como estou vivendo. Leva-me a amar o que amas e a odiar o que odeias. Amém.

16 de janeiro

Leia Salmos 10.12-18. ¹²Levanta-te, Senhor; ó Deus, levanta tua mão; não te esqueças dos necessitados. ¹³Por que o ímpio blasfema contra Deus, dizendo a si mesmo: Tu não pedirás contas? ¹⁴Mas tens visto, porque atentas para o sofrimento e a dor, para os tomares na tua mão. O indefeso se entrega a ti; tu és o amparo do órfão. ¹⁵Quebra o braço do ímpio e do malvado; esquadrinha a maldade deles, até não encontrar mais nada. ¹⁶O Senhor é Rei para sempre e eternamente; as nações desaparecerão da terra dele. ¹⁷Tu, Senhor, tens ouvido os desejos dos humildes. Tu confortarás o coração deles e inclinarás teu ouvido, ¹⁸para fazeres justiça ao órfão e ao oprimido, a fim de que o homem, mero ser terreno, não mais inspire terror.

ENCORAJAMENTO. Essa segunda metade do salmo nos mostra um homem que nunca obtém resposta para a pergunta "por quê?" (v. 13), mas ainda assim confia inteiramente em Deus. Embora o dia da justiça ainda possa pertencer ao futuro, a promessa de encorajamento está no presente, se olharmos para ele. Como podemos confiar em Deus agora se ainda vemos a opressão reinando? Os cristãos sabem que ele ama tanto o necessitado (v. 12), o que sofre (v. 14) e o oprimido (v. 18) que literalmente tornou-se um deles e "foi levado por juízo opressor" (Is 53.3-8). Entregue-se então a ele.

Oração: Senhor, o mundo está repleto de tantas tragédias e injustiças! Gostaria de saber o "porquê" de tantas coisas. Mas, apesar das aparências e do que vejo a partir do meu ponto de vista extremamente limitado, tu nunca fazes mal a ninguém. Ajuda-me a confiar em tua sabedoria e concede ao meu coração o encorajamento e a força que só tu podes dar. Amém.

17 de janeiro

Leia Salmos 11. ¹Eu me refugio no Senhor. Como, pois, me dizeis: Foge para o monte, como um pássaro? ²Pois os ímpios armam o arco e põem a flecha na corda, para atirar de surpresa contra os retos de coração. ³Quando os fundamentos são destruídos, que pode fazer o justo? ⁴O Senhor está no seu santo templo, o trono do Senhor está nos céus; seus olhos estão atentos, e suas pálpebras examinam os filhos dos homens. ⁵O Senhor prova o justo e o ímpio e odeia o que ama a violência. ⁶Ele fará chover brasas de fogo e enxofre sobre os ímpios; a parte que lhes cabe será um vento abrasador. ⁷Porque o Senhor é justo; ele ama a justiça. Os que são retos verão o seu rosto.

NÃO SE DESESPERE. Quando a vida desmorona, a vontade de fugir e se esconder em desespero é forte. Davi resiste a esse impulso com três percepções: teológica — Deus ainda está em seu trono e executará a justiça no tempo de sua sabedoria (v. 4); prática — crises na verdade são testes, oportunidades para avaliar o que é verdadeiro e sólido e o que é superficial e deve ser descartado (v. 4,5); e espiritual — aquilo de que de fato necessitamos é o conhecimento da presença e do *rosto* de Deus (v. 7). Só o amor faz você se interessar por fitar o rosto de alguém. Ore até Deus e seu amor se tornarem mais reais para você. Então você não fugirá de medo.

Oração: Senhor, as pessoas estão dizendo: "Acabou; melhor desistir". Mas não me apavorarei — ou devo dizer: "Senhor, ajuda-me a não me apavorar"? Sei que estás em teu trono — mas meu coração não sente isso —, então fala ao meu coração. Permite-me amar-te o suficiente para não sentir medo. Amém.

18 de janeiro

Leia **Salmos 12**. ¹Salva-nos, Senhor, pois não existe quem seja fiel; os fiéis desapareceram dentre os filhos dos homens. ²Cada um mente ao seu próximo; fala com lábios bajuladores e coração fingido. ³Que o Senhor corte todos os lábios bajuladores e a língua arrogante ⁴dos que dizem: Com a língua prevaleceremos; nossos lábios nos pertencem. Quem é senhor sobre nós? ⁵Por causa da opressão dos pobres e do gemido dos necessitados, eu me levantarei agora, diz o Senhor. Trarei segurança a quem anseia por ela. ⁶As palavras do Senhor são palavras puras, como prata refinada numa fornalha de barro, purificada sete vezes. ⁷Tu, Senhor, nos guardarás; tu nos defenderás para sempre desta geração. ⁸Quando a corrupção é enaltecida entre os filhos dos homens, os ímpios andam livremente por toda parte.

O PODER DAS PALAVRAS. Talvez nunca tenha sido mais verdadeiro do que agora que "a corrupção é enaltecida entre os filhos dos homens". Os cristãos precisam da proteção de Deus contra as mentiras, as difamações e os enganos, pois as palavras têm o enorme poder não apenas de distorcer e ferir, mas também de destruir uma cultura inteira (v. 3-5,7,8; cf. Tg 3.1-11). O grande perigo é pagar na mesma moeda. Em vez disso, devemos moldar nossas palavras pelas de Deus — verdadeiras e bem elaboradas (v. 6). Nossa função é confiar na proteção de Deus e copiar as ações de nosso Mestre e Salvador, Jesus, que, quando insultado, não insultava. Damos glória a Deus quando sofremos sem rancor e retaliação.

Oração: Senhor, estou rodeado de pessoas cujas palavras são ou falsas e bajuladoras ou mal-intencionadas e mordazes. Não permitas que eu as imite. Torna minhas palavras sinceras e verdadeiras, prudentes e poucas, sábias e bem escolhidas, tranquilas e gentis. Dá-me tanto amor e graça que esse tipo de conversa se torne natural para mim. Amém.

19 de janeiro

Leia **Salmos 13.** ¹Até quando, Senhor? Tu te esquecerás de mim para sempre? Até quando esconderás o rosto de mim? ²Até quando relutarei dia após dia, com tristeza em meu coração? Até quando o meu inimigo se exaltará sobre mim? ³Atenta para mim, ó Senhor, meu Deus, e responde-me. Ilumina meus olhos para que eu não durma o sono da morte, ⁴para que meu inimigo não diga: Prevaleci contra ele, e meus adversários não se alegrem com a minha derrota. ⁵Mas eu confio na tua misericórdia; meu coração se alegra na tua salvação. ⁶Cantarei ao Senhor, porque ele me tem feito muito bem.

SINCERIDADE. Davi está em agonia e não consegue sentir a presença de Deus. Ele clama que Deus ignora sua dor e aflição. É quase um uivo, e o fato de ser incluído na Bíblia nos diz que Deus quer ouvir nossos sentimentos genuínos, mesmo que sejam raiva dele. Davi nunca cessa de orar, no entanto, e essa é a chave. Desde que uivemos para Deus e nos lembremos de sua salvação pela graça (v. 5), acabaremos em um lugar de paz. Se os cristãos fizerem isso ao ouvir Jesus orar os versículos 1 a 4 na cruz, quando ele perdia de vista a face de Deus ao pagar por nossos pecados, seremos capazes de orar de verdade os versículos 5 e 6.

Oração: "Alma açoitada pela tempestade, aquieta-te; minha graça prometida recebe; é Jesus quem diz — devo, quero, posso, creio."[4] Senhor, isso me lembra de que crer na promessa de tua presença em meu sofrimento requer tempo e se desenvolve lentamente por estágios em oração. Orarei então até meu coração se regozijar em ti. Amém.

20 de janeiro

LEIA Salmos 14. ¹O insensato diz no seu coração: Deus não existe. Todos se corrompem e praticam abominações; não há quem faça o bem. ²O SENHOR olha do céu para os filhos dos homens, para ver se há alguém que tenha entendimento, que busque a Deus. ³Todos se desviaram e juntos se corromperam; não há quem faça o bem, não há um sequer. ⁴Por acaso nenhum dos malfeitores compreende? Eles devoram o meu povo como quem come pão e não invocam o SENHOR! ⁵Serão tomados de grande pavor, porque Deus está no meio dos justos. ⁶Quereis frustrar os planos dos pobres, mas o SENHOR é o refúgio deles. ⁷Ah, se de Sião viesse a salvação de Israel! Quando o SENHOR trouxer de volta os cativos do seu povo, então Jacó se regozijará e Israel se alegrará.

INSENSATEZ. Na Bíblia, insensatez significa um egocentrismo destrutivo. Os insensatos não suportam ter alguém acima deles, por isso ignoram Deus ou lhe negam a existência. Parte dessa rebeldia existe em todo coração. Todo pecado é uma espécie de ateísmo prático — é agir como se Deus não estivesse ali. Isso também quer dizer que a crença em Deus deve ser um dom. Em Romanos 3.11 temos uma citação famosa desse salmo: "... não há quem busque a Deus". Entregues a nós mesmos, jamais desejaríamos encontrar Deus, muito menos conhecê-lo. Sendo assim, coragem... Se você quer Deus, é porque ele deseja que você o encontre.

Oração: Senhor, com frequência me debato com dúvidas a teu respeito, e esse salmo me faz constatar que elas não vêm todas do meu intelecto e da minha mente — muitas vêm do meu coração. Parte de mim não *quer* que haja um Deus a quem eu tenha de obedecer. Aumenta minha fé mediante tua Palavra e do teu Espírito, e por meio de amigos crentes, os "justos" no meio de quem tu estás. Amém.

21 de janeiro

Leia Salmos 15. ¹Senhor, quem habitará no teu tabernáculo? Quem poderá morar no teu santo monte? ²Aquele que vive com integridade, pratica a justiça e fala a verdade de coração; ³que não difama com a língua, nem faz o mal ao próximo, nem calunia seu amigo. ⁴Aquele cujos olhos rejeitam o desprezível, mas que também honra os que temem o Senhor. O que não volta atrás, mesmo quando jura com prejuízo; ⁵que não empresta seu dinheiro exigindo juros, nem recebe suborno contra o inocente. Aquele que agir assim nunca será abalado.

INTEGRIDADE. Quem consegue chegar perto de Deus? Aqueles que falam a verdade (v. 2), mas em amor (v. 3) e generosidade (v. 5). Aqueles que são transparentes, sinceros e fiéis à palavra empenhada, sem ficar mudando de ideia a toda hora (v. 4 e 5). Se enganamos, difamamos e adulamos, se fazemos promessas vazias e afirmações pretensiosas, não podemos esperar a presença de Deus em nossa vida. Esse padrão não só nos transforma como também nos lembra de que só podemos ir até Deus por meio de sua graça. Ninguém a não ser Jesus jamais viveu com perfeita integridade (Hb 4.15), mas, como ele é nosso Salvador, podemos nos aproximar de Deus (Hb 4.16).

Oração: Senhor, são tantos os pecados de minha língua! Perdoa-me por falar demais (em razão do orgulho), por falar de menos (por causa do medo), por não dizer a verdade (em razão do orgulho e do medo), pelas palavras ásperas e cortantes, por prejudicar a reputação alheia com fofocas. Purifica as minhas palavras com a tua Palavra. Amém.

22 de janeiro

Leia Salmos 16.1-6. ¹Protege-me, ó Deus, porque em ti me refugio. ²Digo ao Senhor: Tu és o meu Senhor; além de ti não tenho outro bem. ³Quanto aos escolhidos que estão na terra, são os ilustres nos quais está todo o meu prazer. ⁴Os que escolhem outros deuses terão as dores multiplicadas; não oferecerei seus sacrifícios de sangue, nem meus lábios pronunciarão seu nome. ⁵Senhor, tu és a porção da minha herança e do meu cálice; és tu quem garante o meu destino. ⁶Meu quinhão caiu em lugares agradáveis; sim, fiquei com uma bela herança.

ÍDOLOS QUE DESERTAM. Podemos não crer em seres divinos reais da beleza, da riqueza, do prazer ou da fertilidade. Mas todos temos de viver por alguma coisa e, se vivemos por quaisquer outras coisas que não Deus e as amamos, caímos em uma armadilha. Elas se tornam coisas que *precisamos* ter, por isso "correm[os]" (v. 4, NVI), exaustos, ao seu encalço. Todavia, isso leva ao sofrimento crescente (v. 4), pois a vida inevitavelmente as tira de nós. Em vez disso, devemos fazer de Deus a nossa porção (nossa real riqueza), nosso cálice (nosso real prazer), nosso bem maior.

Oração: Senhor, desejo as dádivas de tua mão mais que a glória de tua face. Sou capaz de enraizar minha felicidade em divertimentos, música, comida ou no tempo bom. Mas basta entrar o sofrimento nesse quadro e a futilidade insignificante que tudo isso é de fato se revela. Sem tua presença e favor constantes, nada é realmente "bom". Por isso, recebo essas coisas com gratidão, mas descanso meu coração e esperança em ti. Amém.

23 de janeiro

Leia Salmos 16.7-11. ⁷Bendigo o Senhor que me aconselha, pois até durante a noite meu coração me ensina. ⁸Sempre tenho o Senhor diante de mim; não serei abalado, porque ele está ao meu lado direito. ⁹Por isso, meu coração se alegra e meu espírito se regozija; até mesmo meu corpo habitará seguro. ¹⁰Pois não deixarás a minha vida no túmulo, nem permitirás que teu santo sofra deterioração. ¹¹Tu me farás conhecer o caminho da vida; na tua presença há plenitude de alegria; à tua direita há eterno prazer.

O melhor ainda está por vir. Se Deus é nosso bem maior, recebemos o que não se pode perder e só aumentará — infinitamente. O Senhor está à nossa direita. Estar à direita de alguém é ser seu advogado em juízo, ou apoio na batalha, ou companheiro de viagem. Em Cristo, tudo isso é literalmente verdade (At 2.24-36). Por ele ter morrido e ressuscitado por nós, é nosso representante no céu (de modo que somos intimamente amados). E um dia não apenas o sentiremos ao nosso lado, mas o veremos face a face. Em nossos corpos ressurretos esse será um prazer infinito e inimaginável (v. 9-11). Agora não temos nada a temer.

Oração: Senhor, assim como me deitei para dormir na noite passada e me levantei esta manhã só por tua graça, guarda em mim a alegre e viva memória de que, venha o que vier, um dia conhecerei a última vez em que me levantarei — a ressurreição — porque Jesus Cristo se deitou na morte por mim e se levantou para minha justificação. Amém.

24 de janeiro

Leia Salmos 17.1-9. ¹Senhor, ouve a causa justa; atende o meu clamor; dá ouvidos à minha oração, que não procede de lábios enganosos. ²Que a minha sentença venha de ti; que os teus olhos atentem para a retidão. ³Provas meu coração e me visitas de noite; tu me examinas e nada encontras, pois estou decidido a não transgredir com minha boca. ⁴Quanto às ações dos homens, pela palavra dos teus lábios, tenho evitado seguir o homem violento. ⁵Meus passos apegaram-se aos teus caminhos, meus pés não tropeçaram. ⁶Clamo a ti, ó Deus, porque tu me ouves; inclina teus ouvidos para mim e ouve minhas palavras. ⁷Mostra a maravilha da tua bondade, tu, que salvas os que se refugiam à tua destra dos que se levantam contra eles. ⁸Guarda-me como a menina dos teus olhos; esconde-me à sombra das tuas asas, ⁹dos ímpios que me despojam, dos meus inimigos mortais que me cercam.

UMA CONSCIÊNCIA LIMPA. Davi não alega não ter pecado como ser humano; apenas nega ser corrupto como governante. Não mentiu para seu povo (v. 3) nem aceitou suborno ("Embora tentassem me subornar, tenho me afastado dos caminhos do homem violento, por meio do que teus lábios têm me ordenado" [v. 4, NIV]). Mesmo sob falsa acusação, sua consciência está limpa. Como podemos manter a consciência sempre limpa? Dois aspectos devem ser levados em conta. Faça a coisa certa. Mas, quando não fizer, arrependa-se imediatamente, sabendo que somos "a menina dos [...] olhos" de Deus. Em Cristo, surpreendentemente, Deus de fato nos enxerga perfeitos (Fp 3.9,10). Portanto, quer se encontre sob falsa acusação, quer tenha caído e se recuperado, você pode andar de cabeça erguida.

Oração: Senhor, ajuda-me a não me importar tanto com o que os outros pensam a meu respeito. Mas ajuda-me a não me importar tanto nem com o que *eu* penso de mim mesmo. Recorda ao meu coração que, quando olhas para mim, tu me vês "em Cristo" e vês beleza. Deixa-me descansar nisso. Amém.

25 de janeiro

Leia Salmos 17.10-15. ¹⁰Eles endurecem o coração; sua boca fala com soberba. ¹¹Agora andam rodeando meus passos; fixam seus olhos em mim para me derrubar no chão. ¹²Eles se parecem com o leão, que deseja arrebatar a presa, e com o leão novo, que espreita dos esconderijos. ¹³Senhor, levanta-te, confronta-os e derruba-os; pela tua espada, livra-me dos ímpios. ¹⁴Senhor, com tua mão, livra-me dos homens, dos homens mundanos, cuja recompensa está nesta vida. Enche-lhes o ventre do que está reservado para eles. Que seus filhos se fartem disso e deixem as sobras para seus pequeninos. ¹⁵Eu, porém, pela minha retidão contemplarei a tua face; eu me satisfarei com a tua semelhança quando eu despertar.

ESPERANÇA NA ESCURIDÃO. As pessoas empedernidas que cruzam todas as fronteiras, desconsideram toda lei, riem da compaixão e fazem seja lá o que for para serem felizes *agora* são de fato aqueles que devemos temer nesta vida. Ter uma vida voltada para si mesmo será sempre à custa de outra pessoa. Em um mundo assim obscuro, Davi mantém a esperança. Ele se lembra de que a crueldade sempre se volta contra quem a pratica (v. 14). Mas o versículo 15 vai muito além desse cálculo, lembrando-nos de que um dia veremos o Senhor como ele é (1Jo 3.2; 2Co 3.18). Contemplar a beleza infinita e receber esse amor infinito nos dará uma satisfação que durará para sempre.

Oração: Obrigado, Senhor, pela confiança que tua ressurreição me dá de que, no fim, todos os erros serão corrigidos. Obrigado por me permitir descansar na garantia de minha ressurreição futura e de viver contigo para sempre. Saber disso cura todas as feridas. Amém.

26 de janeiro

Leia Salmos 18.1-6. ¹Eu te amo, ó Senhor, minha força. ²O Senhor é a minha rocha, a minha fortaleza e o meu libertador; o meu Deus, o meu rochedo, em quem me refugio; o meu escudo, a força da minha salvação e a minha torre de proteção. ³Invoco o Senhor, que é digno de louvor, e sou salvo dos meus inimigos. ⁴Laços de morte me cercaram, e torrentes de perdição me amedrontaram. ⁵Correntes do Sheol me envolveram, laços de morte me surpreenderam. ⁶Invoquei o Senhor na minha angústia; clamei ao meu Deus; do seu templo ele ouviu a minha voz; o meu clamor chegou aos seus ouvidos.

eu te amo, ó senhor. Repetidas vezes os salmos chamam Deus de refúgio, porque necessitamos muito disso. Voltar-nos habitualmente para Deus em busca de refúgio é o único suporte real que temos na vida. No salmo 2, Davi encontrou refúgio lembrando-se de que Deus um dia endireitará todas as coisas. No salmo 7, seu refúgio foi descansar na sábia disposição de Deus das circunstâncias de sua vida naquele momento. Aqui vemos Davi encontrando refúgio ao agradecer copiosamente a Deus pelas bênçãos passadas. Ao dizer: "Eu te amo, ó Senhor", ele utiliza uma palavra hebraica incomum que transmite profunda emoção e paixão. Cultive esse amor, considerando como Deus o libertou mediante o drama da cruz (Rm 5.8). Isso o fortalecerá.

Oração: Obrigado, Senhor Jesus, por deixar o refúgio supremo do céu para te tornares radicalmente vulnerável e morreres por mim, de modo que agora, apesar do meu pecado, possa encontrar boas-vindas e um refúgio nos braços do Pai. Eu te amo pelo que tens feito e por quem és. Amém.

27 de janeiro

Leia Salmos 18.7-19. ⁷Então a terra se abalou e tremeu, e os fundamentos dos montes também se moveram e se abalaram, porque ele se indignou. ⁸Das suas narinas subiu fumaça, e da sua boca saiu fogo devorador; brasas ardentes saíram dele. ⁹Ele abaixou os céus e desceu; havia trevas espessas debaixo de seus pés. ¹⁰Montou num querubim e voou; sim, voou sobre as asas do vento. ¹¹Fez das trevas seu retiro secreto; a escuridão das águas e as espessas nuvens do céu eram o pavilhão que o cercava. ¹²Pelo resplendor da sua presença as espessas nuvens se desfizeram em granizo e brasas de fogo. ¹³O Senhor trovejou nos céus, o Altíssimo fez soar sua voz, e houve granizo e brasas de fogo. ¹⁴Lançou suas flechas e os dispersou; multiplicou os raios e os aterrorizou. ¹⁵Então, Senhor, pela tua repreensão, ao sopro do vento das tuas narinas, foram vistos os leitos das águas, descobertos os fundamentos do mundo. ¹⁶Do alto ele estendeu o braço e me pegou; tirou-me das águas profundas. ¹⁷Livrou-me do inimigo forte e dos que me odiavam, pois eram mais poderosos do que eu. ¹⁸Eles me surpreenderam no dia da minha calamidade, mas o Senhor foi o meu amparo. ¹⁹Trouxe-me para um lugar amplo; livrou-me, porque se agradou de mim.

A FÉ EM RETROSPECTIVA. Davi diz que Deus desceu do céu em tempestade (v. 8,9,12,13) e vento (v. 15) para salvá-lo. Embora fizesse essas coisas em outras épocas (cf. Js 10.11; Êx 14.21), Deus nunca as executou literalmente para ajudar Davi a escapar de Saul. Em retrospectiva, no entanto, Davi agora vê que Deus agia sob a superfície das coisas, mesmo quando parecia ausente na época, "... porque se agradou de mim" (v. 19). Os cristãos sabem que Deus desceu do céu por eles, pois "... [nos] amou e se entregou por [nós]" (Gl 2.20) na cruz e se deleita em nós em Cristo (Cl 1.22).

Oração: Senhor, até o fato de mais um dia ser acrescentado a minha vida se deve a tua misericórdia imerecida e presença ativa. À medida que envelheço mais um dia, permite-me crescer no conhecimento de que sou completamente aceito e plenamente amado, a despeito de minhas falhas e fracassos, em Cristo. Amém.

28 de janeiro

LEIA Salmos 18.20-27. ²⁰O SENHOR me recompensou conforme a minha justiça e me retribuiu conforme a pureza das minhas mãos. ²¹Pois tenho seguido os caminhos do SENHOR e não me apartei do meu Deus como faz o ímpio. ²²Porque todas as suas ordenanças estão diante de mim, e nunca me afastei de seus estatutos. ²³Também fui irrepreensível diante dele, e me guardei da maldade. ²⁴Pelo que o SENHOR me recompensou conforme a minha justiça, conforme a pureza de minhas mãos perante seus olhos. ²⁵Tu te mostras benigno para com o benigno, e íntegro para com o íntegro. ²⁶Tu te mostras puro para com o puro e inflexível para com o perverso. ²⁷Porque livras o povo aflito, mas os olhos arrogantes, tu os abates.

AMIZADE COM DEUS. No lugar de benigno, no v. 25, a NVI traz "fiel", palavra que se refere ao amor afiançado entre parceiros de aliança. Deus responde na mesma moeda (v. 25,26) a fim de poder ser não só rei, mas também amigo. Aristóteles achava impossível que os seres humanos pudessem ser amigos de um deus, pois amigos têm coisas em comum e são capazes de dizer: "Você também?". Ao se tornar humano, no entanto, o primeiro grande gesto de amizade de Deus, ele se tornou como nós, aproximando-se de nós a fim de que pudéssemos nos aproximar dele. Como se humilhou para se aproximar de nós, só o humilde, não o altivo, pode ser seu amigo. No segundo grande gesto de amizade, ele deu a vida por nós (Jo 15.13). Em nosso sofrimento, portanto, podemos olhar para Jesus e dizer: "Você também?".

Oração: Senhor, parece inimaginável que o Senhor do universo também seja o amigo do meu coração, mas assim é. Ao ouvir tua Palavra, ao orar constantemente e com sinceridade, ao servir-te enquanto me amas, permite-me crescer em amizade e íntima comunhão contigo. Amém.

29 de janeiro

Leia Salmos 18.28-33. ²⁸Sim, tu acendes minha lâmpada; o Senhor, meu Deus, ilumina minhas trevas. ²⁹Com o teu auxílio enfrento uma tropa; com o meu Deus salto uma muralha. ³⁰Quanto a Deus, o seu caminho é perfeito; a promessa do Senhor é provada; ele é um escudo para todos os que nele se refugiam. ³¹Pois, quem é Deus senão o Senhor? E quem é rochedo senão o nosso Deus? ³²Ele é o Deus que me reveste de força e torna o meu caminho perfeito; ³³faz meus pés como os das corças e me coloca em segurança nos meus lugares altos.

FORÇA PELA PALAVRA. Esse salmo, do primeiro versículo ao fim, trata de como Deus nos concede força para enfrentar qualquer coisa. Como obtemos essa força? Aqui Davi se diz capaz de saltar uma muralha, pois o caminho de Deus é perfeito e sua Palavra, infalível. Um Deus perfeito não poderia ter uma comunicação menos que perfeita com seu povo. Somos nós, os que lemos com pressa, esquivamo-nos da oração e deixamos de meditar em sua Palavra, que a achamos confusa. O melhor dom do mundo, depois do Verbo encarnado, Jesus em pessoa, é a Palavra escrita de Deus, e ela incendiará seu coração se você lhe der uma oportunidade.

Oração: Eu te agradeço, Senhor, pela Palavra de Deus, as Escrituras, por sua variedade, sabedoria, verdade, plenitude e poder. Abre meus olhos para que eu possa ver mais e mais maravilhas dentro dela e para que eu cresça em força, a fim de enfrentar qualquer coisa que a vida possa lançar contra mim. Amém.

30 de janeiro

Leia Salmos 18.34-45. ³⁴Treina minhas mãos para a batalha, para que meus braços possam envergar um arco de bronze. ³⁵Também me dás o escudo da tua salvação; tua mão direita me sustém, tua clemência me enaltece. ³⁶Alargas o caminho diante de mim, e meus pés não tropeçam. ³⁷Persigo meus inimigos e os alcanço; não volto até que os tenha destruído. ³⁸Eu os ataco para que nunca mais possam se levantar; eles caem diante dos meus pés. ³⁹Pois tu me revestes de força para a batalha; fazes cair à minha frente os que se levantam contra mim. ⁴⁰Fazes também com que meus inimigos me deem as costas; eu destruo os que me odeiam. ⁴¹Clamam, mas não há libertador; clamam ao Senhor, mas ele não responde. ⁴²Então eu os reduzo ao pó que é levado pelo vento; lanço-os fora como a lama das ruas. ⁴³Livras-me das contendas do povo e me fazes chefe das nações; um povo que eu não conhecia sujeita-se a mim. ⁴⁴Quando me ouvem, logo obedecem; os estrangeiros se submetem a mim. ⁴⁵Os estrangeiros desfalecem e, amedrontados, saem dos seus esconderijos.

VERDADEIRA GRANDEZA. Em meio à comemoração da façanha militar desempenhada em defesa da vida de Davi contra os enviados ao deserto para matá-lo, há uma declaração digna de nota: "... tua *gentileza* me enaltece" (v. 35, em sentido literal). O termo provém da palavra utilizada para "humilde" ou "manso". Foi a gentileza exercida por Deus para com um ser humano imperfeito que permitiu a Davi seu sucesso, e foi a gentileza que Deus lhe ensinou por duras lições ao longo dos anos que, no fim, foi sua verdadeira grandeza.⁵ De fato, a magnitude da grandiosidade do Senhor se revelou em sua habilidade e disposição para se tornar fraco e morrer por nós.

Oração: Senhor Jesus, tu disseste que és "manso e humilde de coração" (Mt 11.29) — mas muitas vezes não sou assim. Tu não te preocupaste com tua glória e reputação, mas eu me preocupo. Tu nunca revidaste com raiva, mas eu revido. Que tua gentileza para comigo me torne gentil para com os outros. Amém.

31 de janeiro

Leia Salmos 18.46-50. ⁴⁶O Senhor vive; bendita seja a minha rocha, e exaltado seja o Deus da minha salvação, ⁴⁷o Deus que me dá vingança e a mim sujeita os povos, ⁴⁸e me livra de meus inimigos; sim, tu me exaltas sobre os que se levantam contra mim; tu me livras do homem violento. ⁴⁹Por isso, ó Senhor, eu te louvarei entre as nações e entoarei louvores ao teu nome. ⁵⁰Ele dá grande livramento ao seu rei e usa de fidelidade para com o seu ungido, para com Davi e sua posteridade, para sempre.

A ALEGRIA DA GRAÇA. Nos versículos 4 a 19 Davi diz que *ele* derrotou seus inimigos, mas aqui ele diz que foi Deus. Somos nós que operamos ou Deus? Ambos — e esse paradoxo (Fp 2.12) não é uma contradição. Davi sabia, que no fim, Deus fizera tudo por meio da graça, apesar dos esforços imperfeitos de Davi. Mas isso não o deixou inerte. O trabalho feito na crença de que tudo cabe a nós torna-se triste e mortalmente maçante. Somente aqueles que sabem que a salvação vem por pura graça, não por nossos esforços, têm a dinâmica interior da alegria agradecida (Cl 3.15-17) que confere poder aos maiores esforços. Por isso a alegria do Senhor *é* a nossa força (Ne 8.10).

Oração: Senhor, ajuda-me a lembrar-me de que minha salvação em Cristo é completa — portanto, a grande obra já foi feita, a grande dívida já foi paga, a grande enfermidade já foi curada. Isso me capacita a assumir todas as tarefas e desafios menores com confiança e alegria. Coloco-me em tuas mãos — opera por intermédio de mim. Amém.

1.º de fevereiro

Leia Salmos 19.1-6. ¹Os céus proclamam a glória de Deus, e o firmamento anuncia as obras das suas mãos. ²Um dia declara isso a outro dia, e uma noite revela conhecimento a outra noite. ³Sem discurso, nem palavras; não se ouve a sua voz. ⁴Mas sua voz se faz ouvir por toda a terra, e suas palavras, até os confins do mundo. Ali pôs uma tenda para o sol, ⁵que como um noivo sai do seu aposento, e como herói se alegra, a percorrer o seu caminho. ⁶Sai de uma extremidade dos céus e percorre até a outra extremidade; nada se esconde do seu calor.

A PALAVRA SEM SOM. Por que montanhas e mares, o sol e as estrelas nos comovem tanto quanto grandes obras de arte? A resposta é porque *são* obras de arte. A natureza fala a todos (v. 2) sem palavras audíveis (v. 3). É uma comunicação não verbal de que existe um Deus, de que o mundo não é uma concatenação acidental de moléculas, mas a obra cheia de significado das mãos de um artista. Deveríamos ser reverentes diante do nosso ambiente. Isso significa também que todas as pessoas sabem, em algum nível, sobre Deus, a verdade, o sentido, a sabedoria e a beleza, mesmo que suprimam esse conhecimento (Rm 1.18-21). Todavia, a boa comunicação não verbal é mal interpretada com facilidade. Necessitamos de algo mais.

Oração: Criador do céu e da terra, tua criação nos fala e canta de tua grandeza. Possa eu nem desprezar a natureza, deixando de me importar reverentemente com sua integridade, nem adorá-la, impedindo-a de me revelar, para além de si mesma, a tua glória, que ela apenas "reflete de maneira muito irregular".[1] Amém.

2 de fevereiro

Leia Salmos 19.7-14. ⁷A lei do Senhor é perfeita e restaura a alma; o testemunho do Senhor é fiel e dá sabedoria aos simples. ⁸Os preceitos do Senhor são retos e alegram o coração; o mandamento do Senhor é puro e ilumina os olhos. ⁹O temor do Senhor é limpo e permanece para sempre; os juízos do Senhor são verdadeiros e inteiramente justos. ¹⁰São mais desejáveis que o ouro, sim, do que muito ouro puro, mais doces do que o mel que goteja dos favos. ¹¹Também o teu servo é advertido por meio deles, e há grande recompensa em segui-los. ¹²Quem pode discernir os próprios erros? Absolve-me dos que me são ocultos. ¹³Guarda também o teu servo da arrogância, para que não me domine; então, serei íntegro e ficarei limpo de grande transgressão. ¹⁴As palavras da minha boca e a meditação do meu coração sejam agradáveis na tua presença, Senhor, minha rocha e meu redentor!

A PALAVRA PERFEITA. A natureza nos fala da realidade e do poder de Deus, mas não de sua graça salvadora (v. 7-14). Só a Bíblia é capaz de iluminar o espiritualmente cego (v. 8) e "restaura[r] a alma" (v. 7). Como a palavra hebraica para "alma" denota a psique ou o ego de alguém, a Bíblia tem o poder de mostrar e restaurar sua verdadeira identidade. Para que ela faça tudo isso, você deve aceitar que ela é perfeitamente verdadeira e fidedigna em todas as suas partes (v. 7-9). Em seguida não apenas estudá-la, mas permitir que ela o sonde (v. 11-14). Por fim, peça a Jesus, o Verbo que se fez carne, para lhe dar seu Espírito, a fim de encontrá-lo na Palavra escrita. O resultado será sabedoria, alegria e doçura.

Oração: Senhor, sou muito grato porque tu não nos fazes imaginar quem és, antes falas diretamente a nós. Contudo, se a Palavra há de ser doce e vivificante para mim, devo permitir que ela também me examine, sonde e alerte. Ajuda-me a ter a disciplina e a fé para deixar que ela assim proceda em minha vida. Amém.

3 de fevereiro

Leia Salmos 20. ¹O Senhor te ouça no dia da angústia; o nome do Deus de Jacó te proteja. ²Do seu santuário te envie socorro e te sustente desde Sião. ³Lembre-se de todas as tuas ofertas e aceite teus sacrifícios. [Interlúdio] ⁴Conceda-te o desejo do teu coração e realize todos os teus planos. ⁵Nós nos alegraremos na tua salvação, e em nome do nosso Deus hastearemos bandeiras; que o Senhor satisfaça todas as tuas petições. ⁶Agora sei que o Senhor salva o seu ungido; ele lhe responderá do seu santo céu, com a força salvadora da sua destra. ⁷Uns confiam em carros, outros, em cavalos, mas nós invocaremos o nome do Senhor, nosso Deus. ⁸Uns tropeçam e caem, mas nós nos erguemos e ficamos de pé. ⁹Ó Senhor, dá livramento ao rei, responde-nos quando clamarmos.

ANTES DA BATALHA. Como você se prepara para um grande desafio? Pode ser um conflito, ou uma cirurgia, ou um trabalho muito perigoso. As pessoas no texto estão às vésperas de uma grande batalha, e a tentação é olharem para o poderio militar como sua esperança (v. 7). Em vez disso, voltam-se para o Senhor e para o rei que ele lhes enviou (v. 1-6). Pelo fato de Deus responder a *ele*, ao rei do Senhor (v. 1), esse rei *lhes* responde (v. 9). Como nos é fácil depositar esperança em coisas análogas — família, dinheiro, médicos, programas. Em vez disso, os cristãos se voltam para *seu* Rei ungido, Jesus. Deus sempre lhe responde e honra seu sacrifício (v. 1-4; cf. Hb 10.1-22).

Oração: Senhor, estou muito ansioso porque me volto para a sabedoria, o talento e os recursos humanos. Eles podem me desapontar, mas não tu! Mesmo que as coisas não saiam como desejo, se estiverem em tuas mãos, estou seguro. E sei que ouvirás minha oração porque sempre ouves as orações do meu Salvador. Amém.

4 de fevereiro

LEIA Salmos 21.1-7. ¹Ó SENHOR, o rei se alegra em tua força; e se regozija intensamente em tua salvação! ²Tu lhe concedeste o desejo do coração e não lhe negaste a petição dos lábios. [Interlúdio] ³Pois tu lhe proporcionaste ricas bênçãos; puseste em sua cabeça uma coroa de ouro puro. ⁴Ele te pediu vida, e tu lhe deste longevidade para todo o sempre. ⁵Grande é a sua glória pelo teu socorro; tu o revestes de honra e majestade. ⁶Sim, tu o tornas abençoado para sempre; tu o enches de alegria em tua presença. ⁷Pois o rei confia no SENHOR e pela bondade do Altíssimo permanecerá inabalável.

ALEGRANDO-SE NO REI. O salmo 21 é uma ação de graças pelas orações respondidas do salmo 20. O povo triunfa porque seu rei triunfa. Mas a linguagem utilizada para descrever o rei agora extrapola os próprios limites. Ele vive "para todo o sempre" e recebe esplendor e bênção "para sempre". Considerariamos isso uma hipérbole encantadora se não soubéssemos que tais fatos são verdades no caso de Jesus, o rei supremo, sem exagero.² Nele o esplendor, a intimidade com Deus (v. 6) e a garantia de triunfo final são todos nossos. E o "desejo do coração" de Jesus é a nossa salvação. "Ele verá o fruto do trabalho da sua alma e ficará satisfeito..." (Is 53.11). Nossa alegria diária deve ser tão exuberante quanto esse salmo.

Oração: Senhor Jesus, tu correste tua carreira com alegria — e ela custou-te a vida —, tudo porque o desejo do teu coração era que fôssemos teu povo. Por meio de ti, tenho acesso ao Pai e a garantia da ressurreição. Que essas certezas jubilosas animem minha vida diária. Tu és de fato meu Rei. Amém.

5 de fevereiro

Leia Salmos 21.8-13. **⁸**Tua mão alcançará todos os teus inimigos, tua destra alcançará todos os que te odeiam. **⁹**Quando te manifestares, farás deles uma fornalha ardente. O Senhor os destruirá na sua indignação, e o fogo os devorará. **¹⁰**Tu eliminarás da terra a posteridade deles, e sua descendência dentre os filhos dos homens. **¹¹**Ainda que intentem o mal contra ti e tramem perversidades, não serão bem-sucedidos. **¹²**Porque tu os farás fugir, quando apontares teu arco contra o rosto deles. **¹³**Senhor, exalta-te na tua força! Então cantaremos e louvaremos o teu poder.

DESCANSANDO NO JUÍZO DE DEUS. A primeira parte desse salmo é a que gostamos de ouvir, mas a segunda, onde o Rei de Deus castiga seus inimigos, faz parte da Palavra de Deus tanto quanto o restante. Se temos levado vidas confortáveis, sem preocupações, esses versículos podem nos incomodar; para aqueles que experimentaram injustiça ou opressão, eles são um consolo. Já que Jesus será o juiz infalível, não precisamos ser. Podemos deixar o ressentimento passar e a sede de vingança morrer.

Oração: Senhor, eu te louvo por seres um Deus de justiça, que não deixará passar nenhuma maldade sem tratamento ou punição. Em vez de me zangar com aqueles que me prejudicam, permite-me ser compassivo, orando para que encontrem tua misericórdia por meio do arrependimento. Amém.

6 de fevereiro

Leia Salmos 22.1-8. ¹Deus meu, Deus meu, por que me desamparaste? Por que estás longe de dar-me livramento, longe das palavras do meu clamor? ²Meu Deus, eu clamo de dia, mas tu não me ouves; também de noite, mas não encontro sossego. ³Contudo, tu és santo, entronizado sobre os louvores de Israel. ⁴Nossos pais confiaram em ti; confiaram, e tu os livraste. ⁵Clamaram a ti e foram salvos; confiaram em ti e não se decepcionaram. ⁶Mas eu sou um verme e não um homem, alvo de zombaria dos homens e desprezado pelo povo. ⁷Todos os que me veem zombam de mim, mexem os lábios e balançam a cabeça, dizendo: ⁸Ele confiou no Senhor. Que ele o livre e o salve, pois ele quer o seu bem.

UMA VIDA IMERSA NA PALAVRA. Jesus respondeu a cada um dos ataques de Satanás com passagens de Deuteronômio. Enquanto carregava a cruz, ele citou o profeta Oseias, e, quando estava morrendo em agonia, citou Salmos 22.1 e 31.5. Jesus estava de tal forma imerso na Palavra de Deus que ela lhe vinha à mente de maneira espontânea, capacitando-o a interpretar e a enfrentar cada desafio. Existem imitações modernas do que Jesus fazia — técnicas de relaxamento, gerenciamento de estresse, pensamento positivo, formas místicas de contemplação. Mas nada consegue copiá-lo. Era a Palavra de Deus que sustentava o Verbo encarnado de Deus quando ele viveu e quando ele morreu. Não aceite substitutos.

Oração: Senhor, que tua Palavra não seja apenas algo em que creio, mas que ela habite ricamente em mim, de tal modo que remodele todos os meus pensamentos e sentimentos e até as próprias bases do meu coração. Que tuas promessas, chamados e declarações sejam minha força. Amém.

7 de fevereiro

Leia Salmos 22.9-18. ⁹Mas foste tu quem me tirou do ventre e me sustentou quando eu ainda estava nos seios de minha mãe. ¹⁰A ti fui entregue desde o meu nascimento; tu és o meu Deus desde o ventre de minha mãe. ¹¹Não te distancies de mim, pois a angústia está perto, e ninguém pode me acudir. ¹²Muitos touros me cercam; fortes touros de Basã me rodeiam. ¹³Abrem a boca contra mim, como um leão que despedaça e ruge. ¹⁴Como água me derramei, e todos os meus ossos se deslocaram; meu coração é como cera, derreteu-se dentro de mim. ¹⁵Minha força secou como um caco de barro, e a língua grudou-se no céu da boca; tu me lançaste no pó da morte. ¹⁶Pois cães me rodeiam; um bando de malfeitores me cerca; perfuraram-me as mãos e os pés. ¹⁷Posso contar todos os meus ossos. Eles me olham, ficam a me observar. ¹⁸Repartem entre si minhas roupas e tiram sortes sobre a minha túnica.

O CORAÇÃO DE JESUS. Esse salmo de Davi propõe um quebra-cabeça. As mãos e os pés de quem fala foram perfurados (v. 16), sua estrutura óssea está exposta (v. 17) e ele experimenta uma desidratação fatal (v. 15). Não se descreve aqui uma enfermidade ou perseguição, mas uma *execução*. Nada parecido jamais aconteceu com Davi, e os gritos costumeiros por justiça estão ausentes. É como se fosse um castigo, embora imerecido, a que alguém deva se submeter. Jesus entendeu que esse salmo dizia respeito a sua morte (Mt 27.46). Aqui, então, temos algo impressionante — uma visão do horror e da agonia de seu coração, descritos pelo próprio Jesus. Ler o salmo é como pisar em solo sagrado.

Oração: Obrigado, Pai, por revelar o que Jesus passou por mim. "Ó amor maravilhoso! Sangrar e morrer, suportar a cruz e a vergonha; para que pecadores culpados como eu pudessem apelar a teu nome gracioso."[3] Amém.

8 de fevereiro

Leia Salmos 22.19-26. ¹⁹Mas tu, Senhor, não te distancies de mim. Minha força, apressa-te em socorrer-me. ²⁰Livra-me da espada, e a minha vida, do poder dos cães. ²¹Salva-me da boca do leão, sim, livra-me dos chifres do boi selvagem. ²²Então anunciarei teu nome aos meus irmãos; eu te louvarei no meio da assembleia. ²³Vós, que temeis o Senhor, louvai-o! Todos vós, filhos de Jacó, glorificai-o! Temei-o todos vós, descendência de Israel! ²⁴Porque não desprezou nem rejeitou a aflição do aflito, nem dele escondeu o rosto; pelo contrário, ouviu-o quando clamou. ²⁵O meu louvor na grande assembleia vem de ti; cumprirei meus votos na presença dos que o temem. ²⁶Os humildes comerão e ficarão satisfeitos; e os que buscam o Senhor o louvarão. Que o vosso coração viva eternamente!

ABENÇOADOS PARA ABENÇOAR. Tudo se converte em louvor no versículo 22. Deus *não* desprezou a aflição do sofredor — e à luz da cruz isso significa que Deus aceita o sacrifício de Jesus (v. 22-24). O servo liberto dá início agora a uma nova missão — contar as boas-novas da salvação de Deus aos outros. Os cristãos sabem que essa é a missão do Cristo ressurreto (Mt 28.28-30). Mas o princípio se aplica a nós. Abraão foi salvo e abençoado por Deus, mas só para que pudesse ser bênção para o mundo (Gn 12.1-3). Deus jamais nos chama para nos amar e transformar sem depois nos enviar para alcançar e servir a outros. Somos abençoados para abençoar.

Oração: "Senhor Deus, tu amas tudo o que fizeste e queres que todos se voltem para ti e vivam. Mostra então misericórdia aos muitos pelo mundo afora que não te conhecem, afastando qualquer ignorância, dureza de coração e desdém por teu Evangelho e traze-os assim para ti mesmo."[4] Amém.

9 de fevereiro

Leia Salmos 22.27-31. ²⁷Todos os confins da terra se lembrarão e se converterão ao Senhor, e todas as famílias das nações se prostrarão diante dele. ²⁸Porque o reino é do Senhor, é ele quem governa as nações. ²⁹Todos os poderosos da terra comerão e adorarão, e todos os que descem ao pó se prostrarão perante ele, os que não podem preservar a vida. ³⁰A posteridade o servirá; a geração futura ouvirá falar do Senhor. ³¹Chegarão e anunciarão a sua justiça; contarão o que ele fez a um povo que ainda surgirá.

ELE CONSEGUIU! Nossa missão ao mundo anuncia as boas-novas da salvação de Deus a todas as classes (o pobre no versículo 26 e o rico no versículo 29), a todas as raças e nações (v. 27) e a todas as gerações (v. 30). Qual é a mensagem universal? Que a salvação não é algo que nós conquistamos, mas que ele conquista e dá. "Ele conseguiu!", exclama Davi (v. 31, NIV). "Está consumado", brada Jesus (Jo 19.30), usando o grego *tetelestai*, termo que tem a conotação de pagamento. "Paguei tua dívida até o último centavo; sequei teu cálice até a última gota", diz ele. Não nos resta agora nenhuma condenação (Rm 8.1).

Oração: Pai, minha mente conhece a doutrina — de que minha salvação e posição diante de ti dependem não de minhas obras, mas das de Cristo. No entanto, meu coração não crê inteiramente nisso, por isso vou para a frente e para trás, oscilando entre o orgulho e o desprezo por mim mesmo, dependendo do meu desempenho. Permite que meu coração entenda de uma vez que "a salvação pertence ao Senhor" (Jn 2.9). Amém.

10 de fevereiro

Leia Salmos 23. ¹O Senhor é o meu pastor; nada me faltará. ²Ele me faz deitar em pastos verdejantes; guia-me para as águas tranquilas. ³Renova a minha alma; guia-me pelas veredas da justiça por amor do seu nome. ⁴Quando eu tiver de andar pelo vale da sombra da morte, não temerei mal algum, porque tu estás comigo; tua vara e teu cajado me tranquilizam. ⁵Preparas para mim uma mesa diante dos meus inimigos; unges a minha cabeça com óleo, o meu cálice transborda. ⁶Bondade e misericórdia certamente me seguirão todos os dias da minha vida, e habitarei na casa do Senhor para todo o sempre.

PAZ EM MEIO AOS PROBLEMAS. Deus tem conosco um banquete de celebração não depois que finalmente saímos do vale escuro, mas quando estamos nele, na presença dos nossos inimigos. Ele deseja que nos regozijemos nele em meio aos nossos problemas. Será que nosso pastor perdeu o contato com a realidade? Dificilmente. Jesus é o único pastor que sabe o que é ser uma ovelha (Jo 10.11). Ele compreende o que estamos passando e estará conosco a cada passo do caminho, inclusive até a morte, onde "todos os outros guias batem em retirada"[5] (Rm 8.39).

Oração: Senhor, se me alimentei de teu amor, graça e verdade, não deveria haver nada que ainda desejasse. Nesta vida, jamais chegarei a esse ponto, mas tu estás sempre comigo, e um dia me levarás à minha verdadeira pátria, o lar que venho procurando a vida inteira. Ajuda-me a descansar nisso. Amém.

11 de fevereiro

Leia Salmos 24.1-6. ¹Ao Senhor pertencem a terra e tudo o que nela existe, o mundo e os que nele habitam. ²Porque ele a estabeleceu sobre os mares e firmou-a sobre as correntes. ³Quem subirá ao monte do Senhor, ou quem poderá permanecer no seu santo lugar? ⁴Aquele que é limpo de mãos e puro de coração; que não entrega sua vida à mentira, nem jura com engano. ⁵Esse receberá uma bênção do Senhor e a justiça do Deus que lhe dá salvação. ⁶Assim é a geração dos que o buscam, dos que buscam tua presença, ó Deus de Jacó. [Interlúdio]

A BUSCA POR DEUS. Todo dinheiro, talento, vigor, poder e prazer no mundo são de Deus. Mas o maior tesouro que ele pode nos dar é a vida em sua presença. Diante de sua face — não nos dons de suas mãos, embora sejam bem-vindos — é onde encontramos a glória que outras coisas não são capazes de dar. Conhecer sua presença, no entanto, é "subir" uma colina ou monte (v. 3), e fazê-lo é sempre uma luta. Você deve se arrepender, buscando uma consciência limpa (v. 4). Deve conhecer seus ídolos e rejeitá-los ("que não recorre aos ídolos" [v. 4, NVI]). E deve batalhar em oração para buscar a face de Deus, como fez Jacó ("São assim aqueles que o buscam, que buscam a tua face, ó Deus de Jacó", v. 6, NVI) ao anunciar: "... Não te deixarei ir se não me abençoares" (Gn 32.26).

Oração: Senhor, só tu és a fonte da vida e do amor que tenho buscado em outros lugares, para meu desespero. Quero amar-te apenas por quem tu és e conhecer tua comunhão e presença. Será uma longa jornada e uma luta. Mas comprometo-me com elas hoje. Amém.

12 de fevereiro

Leia **Salmos 24.7-10**. ⁷Levantai, ó portas, as vossas cabeças; levantai-vos, ó entradas eternas, para que entre o Rei da Glória. ⁸Quem é o Rei da Glória? O Senhor forte e poderoso, o Senhor poderoso na batalha. ⁹Erguei-vos, ó portas; erguei-vos, ó entradas eternas, para que entre o Rei da Glória. ¹⁰Quem é esse Rei da Glória? O Senhor dos Exércitos; ele é o Rei da Glória.

GLÓRIA VERDADEIRA. O que é a glória de Deus? É seu peso infinito, sua suprema importância. Glorificar a Deus é obedecer a ele incondicionalmente. O simples fato de dizer "Obedecerei se..." é dar a alguma outra coisa maior importância ou glória do que a Deus. Mas, embora glorificar a Deus nunca seja menos do que obediência, na verdade é mais do que isso. A glória de Deus também diz respeito a sua inexprimível beleza e perfeição. Não o glorifica, portanto, se só lhe obedecemos por obrigação. Devemos lhe entregar não somente nossa vontade, mas também nosso coração, ao adorá-lo e nele nos deleitarmos, ao considerá-lo infinitamente encantador. E não há maior beleza do que ver o Filho de Deus deixando de lado sua glória e morrendo por nós (Fp 2.5-11).

Oração: Senhor, tu me amaste o suficiente para perder toda tua glória por mim, embora fosses dono do mundo inteiro e de tudo o que ele contém! Mostra tua glória ao meu coração, à minha família e à minha sociedade também, para que todos possam te dizer: "Entre". Amém.

13 de fevereiro

Leia Salmos 25.1-7. ¹Senhor, elevo a minha alma a ti. ²Meu Deus, eu confio em ti; que eu não me frustre; que os meus inimigos não triunfem sobre mim. ³Que nenhum dos que esperam em ti venha a se frustrar; fiquem frustrados os que sem causa procedem de forma traiçoeira. ⁴Senhor, faze-me saber teus caminhos; ensina-me tuas veredas. ⁵Guia-me na tua verdade e ensina-me; pois tu és o Deus da minha salvação; em ti coloco minha esperança o dia todo. ⁶Senhor, lembra-te da tua compaixão e da tua bondade, pois são eternas. ⁷Não te lembres dos pecados da minha mocidade, nem das minhas transgressões; mas, Senhor, lembra-te de mim segundo a tua misericórdia, por causa da tua bondade.

DISCERNIMENTO DE QUEM? Os inimigos de Davi são contrários a sua filosofia de vida. A convicção de Davi era de "que o homem deve viver pela ajuda de Deus, não por seu discernimento", uma visão da vida que seus inimigos desprezavam como ingênua.⁶ Davi reconhece que, sem Deus, a vida íntegra não seria páreo para os poderes políticos do mundo, preocupados com seus interesses egoístas e traiçoeiros (v. 3). Integridade cristã significa levar uma vida de pureza e de celibato, caso você não seja casado, e dizer a verdade mesmo que ela prejudique sua carreira — coisas que o mundo vê como estúpidas. Mas, por fim, é o mundo que será envergonhado.

Oração: Senhor, quero viver de acordo com tua Palavra — os "teus caminhos", a "tua verdade" (v. 4,5) — em vez de viver pelo que me tornará popular e poderoso. Dá-me o desejo e a integridade para viver assim. E, como isso me deixará vulnerável, protege-me daqueles que aproveitariam a oportunidade para me fazer mal. Amém.

14 de fevereiro

Leia Salmos 25.8-14. ⁸O Senhor é bom e justo; por isso ensina o caminho aos pecadores. ⁹Guia os humildes na justiça e lhes ensina seu caminho. ¹⁰Todos os caminhos do Senhor são misericórdia e verdade para os que guardam sua aliança e seus testemunhos. ¹¹Senhor, por amor do teu nome, perdoa meu pecado, pois ele é grande. ¹²Quem é o homem que teme o Senhor? O Senhor lhe ensinará o caminho que deve escolher. ¹³Ele viverá em prosperidade, e sua descendência herdará a terra. ¹⁴O conselho do Senhor é para os que o temem, e ele lhes dá a conhecer a sua aliança.

condução. Como Deus nos conduz? É melhor perguntar não como, mas *a quem* Deus conduz. Que tipo de pessoa devemos ser a fim de que ele nos conduza em nossas tomadas de decisões? Devemos estar tão imersos na Palavra escrita e na verdade de Deus (v. 4,5) a ponto de estarmos treinados a escolher de forma correta mesmo nos casos dos quais a Bíblia não trata diretamente. Não devemos ser sábios a nossos próprios olhos (v. 9), mas estar cientes de nossos pecados e limitações (v. 11). Devemos confiar que *todas* as coisas que Deus nos envia estão fundamentadas em sua vontade amorosa ("Todos os caminhos do Senhor são amorosos..." [v. 10, NIV; Gn 50.20]). Deus "confia os seus segredos aos que o temem" (v. 14, NVI) e têm todas essas atitudes do coração. Ele nos torna sábios a fim de que conheçamos os caminhos a seguir.

Oração: Senhor, não me faças apenas obediente à tua Palavra, mas também sábio — conhecedor da coisa certa a fazer nas inúmeras situações da vida das quais as regras da Bíblia não tratam diretamente. Permite-me crescer em sabedoria, discernimento e prudência, e dá-me a humildade que é pré-requisito para todas essas qualidades. Amém.

15 de fevereiro

Leia Salmos 25.15-22. ¹⁵Meus olhos estão sempre atentos ao Senhor, pois ele tirará meus pés da armadilha. ¹⁶Olha para mim e tem misericórdia de mim, pois estou desamparado e aflito. ¹⁷Alivia as tribulações do meu coração; livra-me das minhas angústias. ¹⁸Atenta para a minha dor e aflição; perdoa todos os meus pecados. ¹⁹Olha para meus inimigos, porque são muitos e me odeiam com ódio cruel. ²⁰Protege minha vida e livra-me; que eu não me frustre, porque em ti me refugio. ²¹A integridade e a retidão me protejam, pois espero em ti. ²²Ó Deus, redime Israel de todas as suas angústias.

ESPERANDO ANSIOSAMENTE. O versículo 21 usa a palavra "espero" para traduzir um termo que significa "esperar ansiosamente" por Deus. Não se trata de resignação ou passividade, mas de uma postura ativa para com a vida. Davi vive de maneira íntegra e reta (v. 21), apesar de seus inimigos se saírem tão bem (v. 19). Ele também mantém os olhos no Senhor (v. 15) e busca sua presença e toque (v. 16). Essas duas coisas — a obediência incondicional e a oração que prevalece — são os componentes desse "esperar ansiosamente" por Deus. Esperar em Deus, em vez de disparar antes da largada, tomando as rédeas da situação, são a síntese da sabedoria, como a vida e o destino contrastantes de Saul (1Sm 13.8-14) e Davi (1Sm 26.10,11) deixam claro.

Oração: Senhor, confesso que não entendo teu agir em relação ao tempo. Se eu estivesse no comando da história e da minha vida, faria as coisas de outra forma. Mas não consigo enxergar o quadro inteiro, não consigo ver do começo ao fim, por isso espero por ti em obediência e oração. Amém.

16 de fevereiro

Leia Salmos 26.1-5. ¹Julga-me, ó Senhor, pois tenho vivido com integridade; tenho confiado no Senhor sem vacilar. ²Examina-me, Senhor, e prova-me; esquadrinha meu coração e minha mente. ³Pois tua fidelidade está diante dos meus olhos, e tenho andado na tua verdade. ⁴Não tenho me assentado com homens falsos, nem me associado com hipócritas. ⁵Odeio o ajuntamento de malfeitores; não me sentarei com os ímpios.

O SEGREDO DA VERDADEIRA INDEPENDÊNCIA. Quando chama a si mesmo de "íntegro", Davi não quer dizer "sem pecado", pois no versículo 11 ele roga por compaixão. Antes, como rei, ele é falsamente acusado de corrupção, de associar-se a homens maus e de receber propinas (v. 4,5,10). Ao invocar a Deus para ser seu juiz, Davi não apela nem aos amigos para o defenderem, nem aos inimigos para mudarem de ideia. Esse é o segredo da verdadeira independência, como Paulo descobriu quando disse que não se importava nem um pouco com o que as pessoas pensavam — amigas ou inimigas — nem com a avaliação que ele mesmo fazia de si. "... quem me julga é o Senhor" (1Co 4.4). Só a opinião de Deus conta.

Oração: Pai, confesso que as opiniões dos outros importam muito mais para mim do que as tuas. Receio que pensem mal de mim. Ajuda-me a me lembrar de como sou aceito em Cristo — assim terei a liberdade e o equilíbrio necessários para viver sem medo. Amém.

17 de fevereiro

Leia Salmos 26.6-12. ⁶Lavo minhas mãos na inocência; é assim que me aproximo do teu altar, ó Senhor, ⁷para entoar o louvor em voz alta e proclamar todas as tuas maravilhas. ⁸Senhor, eu amo a tua habitação e o lugar onde a tua glória reside. ⁹Não me leves para junto dos pecadores, nem me dês o destino dos sanguinários, ¹⁰cujas mãos praticam crimes e cuja destra paga subornos. ¹¹Eu, porém, ando com integridade. Resgata-me e tem compaixão de mim. ¹²Meus pés permanecem firmes em retidão; na assembleia bendirei o Senhor.

O LUGAR EM QUE RESIDE TUA GLÓRIA. Davi ama o fato de a glória de Deus — sua presença infinitamente santa e bela — residir no templo (v. 8). Mais maravilhoso ainda é o evangelho, que nos diz que Jesus é o templo verdadeiro (Jo 2.20,21). A glória de Deus reside nele (Jo 1.14) e em todos os que se unem a ele pela fé (1Pe 2.4,5). Aquele pessoal estranho no banco da frente? Aquele casal com o bebê que não para de chorar? Aqueles jovens que não se vestem de forma apropriada para a igreja? Eles devem ser objetos do seu amor e respeito, pois a glória de Deus habita neles. O peso da glória deles deve "ser depositado diariamente nas [suas] costas, um fardo tão pesado que só a humildade pode carregar, e as costas dos orgulhosos se quebrarão."⁷

Oração: Pai, cada um de meus semelhantes é feito à tua imagem e precioso aos teus olhos; cada um de meus irmãos e irmãs tem em si Cristo e sua glória. Como posso ser frio, irritado ou desdenhoso com qualquer um deles? Dá-me amor suficiente para viver a vida todos os dias como devo. Amém.

18 de fevereiro

Leia Salmos 27.1-6. ¹O Senhor é a minha luz e a minha salvação; a quem temerei? O Senhor é a força da minha vida; de quem terei medo? ²Quando os malfeitores me atacaram para me destruir, eles, meus adversários e meus inimigos, tropeçaram e caíram. ³Ainda que um exército se acampe contra mim, meu coração não temerá; ainda que a guerra se levante contra mim, ficarei confiante. ⁴Pedi uma coisa ao Senhor, e a buscarei: que eu possa morar na casa do Senhor todos os dias da minha vida, para contemplar o esplendor do Senhor e meditar no seu templo. ⁵Pois no dia da adversidade ele me esconderá na sua habitação; no interior do seu tabernáculo me esconderá; sobre uma rocha me elevará. ⁶Agora triunfarei sobre os inimigos que me cercam; oferecerei sacrifícios de júbilo no seu tabernáculo; cantarei, sim, cantarei louvores ao Senhor.

A BELEZA DE DEUS. Há alguma música que lhe transmita profunda alegria? Há uma vista ou paisagem que tem o mesmo efeito? Se alguém diz: "Para que serve isso?", você responde que a música ou a paisagem não é um meio para outro fim, mas que causam profunda satisfação em si mesmas. A prioridade suprema de Davi é "contemplar o esplendor do Senhor" (v. 4). "Contemplar" não é um olhar rápido, mas um foco contínuo. Não se trata de uma oração de petição, mas de louvar, admirar a Deus e dele desfrutar pelo simples fato de ele ser quem é. Davi considera Deus belo, não apenas útil para conquistar bens. Sentir a beleza de Deus no coração é encontrar tamanho prazer nele que você se dá por feliz.

Oração: Senhor, não é exagero dizer que só existe uma coisa de que necessito de verdade na vida, e por ela peço agora. Não é meramente crer em ti, mas, em oração e experiência, ver e sentir tua beleza. Permite-me amar-te só por ti mesmo. Amém.

19 de fevereiro

Leia **Salmos 27.7-14**. ⁷Ó Senhor, ouve a minha voz quando clamo; compadece-te de mim e responde-me. ⁸Quando meu coração me diz: Buscai a minha presença, buscarei, Senhor, a tua presença. ⁹Não escondas de mim o rosto, não rejeites com ira o teu servo, tu que tens sido a minha ajuda. Não me rejeites nem me desampares, ó Deus da minha salvação. ¹⁰Se meu pai e minha mãe me abandonarem, o Senhor me acolherá. ¹¹Senhor, ensina-me teu caminho e guia-me por uma vereda plana, por causa dos que me espreitam. ¹²Não me entregues à vontade dos meus adversários; pois as falsas testemunhas e os que respiram violência levantaram-se contra mim. ¹³Creio que verei a bondade do Senhor na terra dos viventes. ¹⁴Espera pelo Senhor; anima-te e fortalece teu coração; espera, pois, pelo Senhor.

ENCONTRANDO SUA BELEZA. Davi está passando por dificuldades, mas a beleza de Deus o capacita a viver em paz confiante (v. 1,6). Se nosso coração se deleita em Deus e em sua face, podemos pensar em perder alegrias terrenas sem medo. Mesmo se mãe e pai nos abandonarem, podemos enfrentar a situação (v. 10). Por quê? Se nosso maior tesouro — a comunhão com o Deus vivo — está segura, do que podemos ter medo? Contudo, temos medo de muita coisa. Assim, nossos medos podem servir a um importante propósito — mostrar-nos onde colocamos de fato o tesouro de nosso coração. Siga o curso do medo até seu coração para descobrir as coisas que você ama mais que Deus.

Oração: **Senhor, eu te obedecerei pelo simples fato de que és digno e esse é o meu dever. Mas não permitas que meu culto a ti permaneça nesse nível. Mostra-me tua beleza — atrai meu coração e prende minha imaginação, a fim de que eu encontre alegre prazer em servir-te. Amém.**

20 de fevereiro

Leia Salmos 28.1-5. ¹Senhor, eu clamo a ti; rocha minha, não me deixes sem resposta; pois, se te calares, serei como os que descem à cova. ²Ouve minhas súplicas quando clamo a ti, quando levanto as mãos para teu santo templo. ³Não me arrastes com os ímpios e com os que praticam a maldade; eles falam de paz ao próximo, mas são maldosos de coração. ⁴Retribui-lhes segundo suas obras, segundo a maldade dos seus atos; retribui-lhes conforme o que praticaram; retribui-lhes o que eles merecem. ⁵Como eles não atentam para as obras do Senhor, nem para o que suas mãos têm feito, ele os derrubará e não os reedificará.

O FERRÃO DA INJUSTIÇA. Davi receia ser "arrast[ado] com os ímpios" (v. 3) à "cova", palavra que pode fazer referência ao calabouço para infratores (v. 1). Ele clama a Deus ante a perspectiva de ser injustamente acusado e considerado um governante corrupto. Esse é um tema importante dos salmos, mas que nós, da acomodada sociedade ocidental, não conseguimos compreender com facilidade. "Nada arde tanto como o ferrão da injustiça, nem deveria; portanto, esses versículos não são simplesmente vingativos, mas são a tradução em palavras do protesto de qualquer consciência sadia acerca dos erros da ordem presente e a certeza de que o dia do juízo é uma necessidade moral."[8] Os cristãos devem também clamar a Deus dia e noite contra a injustiça (Lc 18.7).

Oração: Senhor, oro por justiça no mundo — pelo resgate do pobre de sua miséria, pela destruição do poder dos regimes tirânicos, pelo fim da violência, da guerra, do conflito racial e da discórdia. Obrigado porque tu *és* um Deus de justiça. Amém.

21 de fevereiro

Leia Salmos 28.6-9. ⁶Bendito seja o Senhor, porque ouviu a voz das minhas súplicas. ⁷O Senhor é a minha força e o meu escudo; nele meu coração confiou, e fui socorrido; por isso meu coração salta de prazer, e eu o louvarei com meu cântico. ⁸O Senhor é a força do seu povo; ele é a fortaleza salvadora para o seu ungido. ⁹Salva teu povo e abençoa tua herança; apascenta-o e exalta-o para sempre.

O DEUS QUE OUVE AS ORAÇÕES. Não podemos viver sem orar. Davi fez pedidos tanto ousados como específicos (v. 3-5). Dedicou tempo a falar com Deus, lembrando-o do motivo pelo qual estava fazendo seus pedidos. Ele então irrompe em louvor no versículo 6, pois Deus "ouviu a voz das minhas súplicas". Como ele podia saber disso? Talvez Deus tenha lhe enviado uma revelação especial de que seu pedido exato seria respondido. Não temos essa informação. Mas, quando tornamos nossos pedidos conhecidos a Deus, podemos fazer algo semelhante: agradecer-lhe de antemão por nos dar o que teríamos pedido se soubéssemos tudo que ele sabe (Fp 4.6,7).

Oração: Pai, sei que tu me ouves — não porque eu o mereça, mas porque teu Filho, Jesus, meu grande sumo sacerdote, apresenta minhas necessidades diante do teu trono e tu as ouves todas por causa dele. Ergo minhas mãos vazias a ti e peço que as enchas com tua graça e ajuda. Amém.

22 de fevereiro

Leia Salmos 29. ¹Tributai ao Senhor, seres angelicais, tributai glória e força ao Senhor. ²Tributai ao Senhor a glória devida ao seu nome; adorai o Senhor na beleza da santidade. ³Ouve-se a voz do Senhor sobre as águas; o Deus da glória troveja; o Senhor está sobre as muitas águas. ⁴A voz do Senhor é poderosa; a voz do Senhor é cheia de majestade. ⁵A voz do Senhor quebra os cedros; sim, o Senhor despedaça os cedros do Líbano. ⁶Ele faz o Líbano saltar como um bezerro; e Siriom, como um garrote selvagem. ⁷A voz do Senhor lança chamas de fogo. ⁸A voz do Senhor faz tremer o deserto; o Senhor faz tremer o deserto de Cades. ⁹A voz do Senhor derruba os carvalhos e desnuda as florestas; e no seu templo todos dizem: Glória! ¹⁰O Senhor está entronizado sobre o dilúvio; o Senhor se assenta como rei, para sempre. ¹¹O Senhor dá força ao seu povo; o Senhor abençoa seu povo com paz.

SENHOR DA TEMPESTADE. Os furacões têm um poder enorme, mas Deus é maior — ele está entronizado sobre o dilúvio (v. 10), exercendo sua vontade soberanamente na natureza, na história e até por meio de tempestades para nosso bem (Rm 8.28). O poder de Deus é particularmente evidente em sua voz (v. 3-9). O que a voz ou Palavra de Deus faz, *ele* faz (v. 5,8). Seu poder divino está ativo em sua Palavra. Não subestime, então, o quanto o poder de Deus pode fazer em sua vida por meio da Bíblia. A voz do Senhor pode derrubar até nossas maiores defesas, neutralizar nosso desespero, libertar-nos da culpa e levar-nos até ele.

Oração: Senhor, se desejo teu poder em minha vida, tenho de ouvir tua Palavra. Capacita-me a "ler, registrar, aprender e assimilar internamente"⁹ as Escrituras e nisso encontrar-te, meu Senhor vivo. Amém.

23 de fevereiro

LEIA Salmos 30.1-5. ¹Ó SENHOR, eu te exaltarei porque tu me levantaste e não permitiste que meus inimigos rissem de mim. ²Ó SENHOR, meu Deus, clamei a ti, e tu me curaste. ³SENHOR, tu me tiraste da sepultura, preservaste a minha vida para que eu não descesse à cova. ⁴Cantai louvores ao SENHOR, vós que sois seus santos, e louvai seu santo nome. ⁵Porque sua ira dura só um momento; no seu favor está a vida. O choro pode durar uma noite, mas o cântico de júbilo vem de manhã.

A GRAÇA ME LEVARÁ PARA CASA. Esse é um cântico acerca da graça. Embora Deus possa se irar contra seu povo, a ira nunca é a palavra final (v. 5), de modo que a alegria sempre está a caminho, sempre vindo para aqueles que nele creem. Em Jesus, esse princípio vai ainda além, a ponto de "a tribulação *produzir* alegria (2Co 4.17; Jo 16.20-22)".[10] A dor e o sofrimento de Jesus produziram alegria tanto para ele quanto para nós, e agora, quando confiamos nele nos tempos maus, nossa aflição também é capaz de produzir a alegria da fé crescente e da realidade espiritual.

Oração: Senhor, tua Palavra diz que nossos problemas "[produzem] para nós uma glória incomparável, de valor eterno" (2Co 4.17). Não sou capaz de compreender tudo o que isso significa, mas tenho visto o início do processo em minha vida. Assim, faz a obra em mim que só é possível quando confio em ti enquanto choro. Amém.

24 de fevereiro

Leia **Salmos 30.6-12**. ⁶Eu, porém, dizia na minha prosperidade: Jamais serei abalado. ⁷Tu, Senhor, pelo teu favor fizeste com que a minha montanha permanecesse firme; apenas escondeste o rosto e fiquei perturbado. ⁸Senhor, a ti clamei, e ao Senhor supliquei: ⁹Que proveito haverá no derramar do meu sangue? E se eu descer à cova? Acaso o pó te louvará? Ou proclamará a tua verdade? ¹⁰Senhor, ouve e tem compaixão de mim! Ó Senhor, sê o meu auxílio! ¹¹Converteste meu pranto em dança, tiraste meu pano de saco e me vestiste de alegria; ¹²para que eu te cante louvores e não me cale. Senhor, meu Deus, eu te louvarei para sempre!

EXCESSO DE CONFIANÇA. Com frequência encaramos a vida como um passeio, achando que tudo dará certo, até que de repente acontece o contrário. A ideia que nos ocorre no inconsciente ou mesmo verbalizada é: "Estou ótimo. Tenho o controle das coisas. Está tudo equacionado. Já me programei bem. Estou seguro". Os versículos 6 e 7 mostram que, mesmo depois de uma ação recente de Deus nos libertando, podemos resvalar outra vez para a autoconfiança, dessa vez pensando no favor de Deus como um direito que conquistamos. Mas Deus abala a confiança que depositamos em nossa vida terrena a fim de que possamos ansiar por nossa vida celestial, onde a alegria é realmente inabalável e o pranto será convertido em dança.

Oração: Senhor, ensina-me, durante todos os altos e baixos da vida que me reviram o estômago, a fixar o coração onde as verdadeiras alegrias podem ser encontradas.[11] Amém.

25 de fevereiro

LEIA Salmos 31.1-8. ¹**SENHOR**, eu me refugio em ti; que eu não me frustre; livra-me pela tua justiça! ²Inclina teus ouvidos para mim, livra-me depressa! Sê minha rocha de refúgio, uma fortaleza poderosa para me salvar! ³Porque tu és a minha rocha e a minha fortaleza; guia-me e encaminha-me por causa do teu nome. ⁴Tira-me do laço que me armaram, pois tu és o meu refúgio. ⁵Entrego o meu espírito nas tuas mãos; tu me remiste, ó SENHOR, Deus da verdade. ⁶Odeias os que adoram ídolos fúteis; eu, porém, confio no SENHOR. ⁷Eu me alegrarei e me regozijarei no teu amor, pois tens visto minha aflição; tens conhecido minhas angústias ⁸e não me entregaste nas mãos do inimigo; firmaste os meus pés num lugar seguro.

NAS TUAS MÃOS. Sob grande estresse, é possível ir das "angústias" (v. 7) para a confiança e estar em um "lugar seguro" (v. 8). Davi percorre essa jornada mantendo-se espiritualmente ativo, não passivo. Ele clama em oração: "... livra-me depressa!" (v. 2). Arrepende-se em oração por todos os ídolos (v. 6). Mantém uma conversa íntima com Deus em oração, até seu amor e favor produzirem alegria, compensando todas as outras perdas (v. 7). Tudo isso são formas de nos entregarmos em suas mãos (v. 5). Faça isso e Deus também o levará a um lugar seguro, apesar dos seus pecados, pois Jesus entregou o espírito *dele* nas mãos de Deus (Lc 23.46) na cruz.

Oração: Senhor Jesus, na cruz tu estavas sendo traído, negado, rejeitado e abandonado por todos. No entanto, confiaste e te colocaste nas mãos do Pai. Se fizeste tudo isso por mim, então posso confiar e me colocar em tuas mãos, por ti. Aqui estou. Amém.

26 de fevereiro

Leia **Salmos 31.9-18**. ⁹Ó Senhor, tem compaixão de mim porque estou angustiado; meus olhos, minha alma e meu corpo se consomem de tristeza. ¹⁰Pois minha vida é consumida pela angústia, e meus anos, pelos gemidos; minha força desfalece, e meus ossos se consomem em razão da minha culpa. ¹¹Por causa de todos os meus adversários, fui desonrado, fui humilhado diante dos meus vizinhos e tornei-me motivo de horror para os meus conhecidos; os que me veem na rua fogem de mim. ¹²Sou esquecido por eles como alguém que está morto; sou como um vaso quebrado. ¹³Pois tenho ouvido a difamação de muitos, há terror por todos os lados; juntos, conspiram contra mim, tramando tirar-me a vida. ¹⁴Ó Senhor, mas eu confio em ti e digo: Tu és o meu Deus. ¹⁵Meus dias estão nas tuas mãos; livra-me das mãos dos meus inimigos e dos que me perseguem. ¹⁶Faze o teu rosto resplandecer sobre o teu servo; salva-me por tua bondade. ¹⁷Ó Senhor, que eu não me frustre, porque te invoco; que os ímpios fiquem frustrados e sejam emudecidos no Sheol. ¹⁸Calem-se os lábios mentirosos, que falam com insolência contra o justo, com arrogância e desprezo.

meus dias. Davi vive com "terror por todos os lados" (v. 13). A vida parece precária e até imprevisível. Acontecem coisas terríveis que não fazem nenhum sentido para nós. Mas Davi sabe que, em última análise, a história do mundo e nossas histórias pessoais não acontecem por acaso. "Meus dias estão nas tuas mãos", ele lembra a si mesmo e a nós (v. 15). O ensino bíblico sobre o assunto é equilibrado. Muitos acontecimentos são terríveis e dolorosos, mas Deus tem domínio sobre eles e faz com que todos juntos, a longo prazo, cooperem para o bem (Rm 8.28). Por isso, no final, nossa vida não pode ficar permanentemente à deriva. Aprenda a dizer a Deus: "Meus dias estão nas tuas mãos".

Oração: Senhor, muitas circunstâncias de minha vida não fazem nenhum sentido para mim, mas fazem sentido para ti. Ajuda-me, como Davi, a descansar nisso. Meus dias estão de fato em tuas mãos, e isso é absoluta e infinitamente melhor do que se estivessem nas minhas. Amém.

27 de fevereiro

Leia Salmos 31.19-24. **¹⁹**Como é grande a tua bondade, que guardaste para os que te temem e preparaste na presença dos filhos dos homens, para os que se refugiam em ti! **²⁰**No abrigo da tua presença, tu os escondes das intrigas dos homens; em um esconderijo, tu os proteges das línguas difamadoras. **²¹**Bendito seja o Senhor, pois mostrou de uma forma maravilhosa sua fidelidade para comigo numa cidade sitiada. **²²**Assustado, eu dizia: Estou eliminado de diante dos teus olhos. Tu, porém, ouviste minhas súplicas quando clamei a ti. **²³**Amai o Senhor, todos vós, seus santos! O Senhor guarda os fiéis e castiga plenamente o soberbo. **²⁴**Sede fortes e corajosos, todos vós que esperais no Senhor.

SENTIMENTOS E REALIDADE. Quando em apuros, Davi sentia que Deus não estava com ele: "Estou eliminado de diante dos teus olhos" (v. 22). No sucesso podemos ter a sensação oposta ("... Jamais serei abalado", Sl 30.6), o que é igualmente errado. Devemos viver, então, com base no que Deus tem revelado, não no que sentimos. Pilotos que voam entre nuvens precisam seguir seus instrumentos mesmo quando eles contradizem sua clara percepção de qual é o lado de cima, ou a morte será inevitável.[12] Quando atravessamos as nuvens da prosperidade e da adversidade, não devemos fazê-lo baseados em sentimentos de autossuficiência ou desespero, mas confiando em um Deus gracioso e sábio.

Oração: Senhor, se meu coração não aprender a confiar em tua Palavra quando ela diz coisas que não quero ouvir, ele não aceitará quando ela disser coisas que quero *de fato* ouvir — sobre teu amor e perdão. Ensina-me a confiar em tua Palavra. Amém.

28 de fevereiro

LEIA Salmos 32.1-5. ¹Bem-aventurado aquele cuja transgressão é perdoada e cujo pecado é coberto! ²Bem-aventurado o homem a quem o SENHOR não atribui culpa e em quem não há engano! ³Enquanto me calei, meus ossos se consumiam de tanto gemer o dia todo. ⁴Porque tua mão pesava sobre mim de dia e de noite; meu vigor se esgotou como no calor da seca. [Interlúdio] ⁵Confessei-te meu pecado e não encobri minha culpa. Eu disse: Confessarei as minhas transgressões ao SENHOR; e tu perdoaste a culpa do meu pecado. [Interlúdio]

PERDÃO. Muitos insistem em que a culpa é uma imposição da sociedade ou da religião, que as pessoas são capazes de definir o certo e o errado por si mesmas. Todavia, temos um senso de condenação, de não sermos como deveríamos, do qual não conseguimos nos livrar. A libertação do perdão começa com a sinceridade. Só quando expomos e reconhecemos nosso pecado (v. 5) é que Deus se dispõe a cobri-lo (v. 1). Ou seja, ele afasta nossa culpa objetiva, de modo que ela não pode nos trazer castigo (v. 5), e afasta nossa vergonha subjetiva, de modo que não permaneçamos em agonia interior (v. 3,4). As pessoas mais felizes (mais "bem-aventuradas") do mundo são aquelas que não só conhecem sua necessidade de ser profundamente perdoadas, mas que também experimentam isso.

Oração: Pai, por maiores que sejam meus pecados, é um pecado também grande e adicional recusar-me a descansar em tua graça e a aceitar teu perdão. Dá-me a bem-aventurança e o livramento de saber que sou completa, absoluta e gratuitamente perdoado por Jesus. Amém.

1.º de março

Leia Salmos 32.6-11. ⁶Assim, todo homem piedoso te fará súplicas em tempo de poder te encontrar; quando as muitas águas transbordarem, elas não o atingirão. ⁷Tu és o meu esconderijo e me preservas da angústia; tu me cercas com alegres cânticos de livramento. [Interlúdio] ⁸Eu te instruirei e ensinarei o caminho que deves seguir; eu te darei conselhos sob a minha vista. ⁹Não sejais como o cavalo, nem como a mula, que não têm entendimento, cuja boca precisa de cabresto e freio, pois de outra forma não se sujeitam a ti. ¹⁰O ímpio tem muitas aflições, mas a misericórdia acompanha quem confia no Senhor. ¹¹Alegrai-vos no Senhor e regozijai-vos, ó justos; cantai de júbilo, todos vós que sois retos de coração.

CABRESTO E FREIO. Deus nos chama para irmos além do perdão e desenvolvermos uma real amizade com ele. Em geral só vivemos como deveríamos se formos *obrigados*, por interesse próprio, porque existem consequências que nos mantêm no caminho. Isso é atender a Deus como uma mula, controlada apenas por cabresto e freio (v. 9). Em vez disso, devemos obedecer porque *queremos*, por amor àquele que nos aconselha pessoalmente por meio da Palavra e da oração (v. 8). Às vezes Deus permite um período difícil em que "águas transbordantes" funcionam como uma espécie de cabresto e freio, puxando-nos de volta para ele e mostrando-nos que necessitamos de sua amizade e amor acima de qualquer coisa. Alegre-se por ele não permitir que nos desviemos.

Oração: Senhor, não quero confessar meu pecado apenas por compulsão exterior. Quero olhar para o amor sacrificial de Jesus até sentir pesar não só pelas consequências desse pecado, mas pelo pecado em si e pelo muito que ele te entristece. Só então ele deixará de ter poder sobre mim. Amém.

2 de março

Leia Salmos 33.1-9. ¹Regozijai-vos no Senhor, vós, justos, pois aos que são retos fica bem louvá-lo. ²Louvai ao Senhor com harpa, cantai-lhe louvores com saltério de dez cordas. ³Cantai-lhe um cântico novo; tocai com habilidade e alegria. ⁴Porque a palavra do Senhor é reta; e todas as suas obras são fiéis. ⁵Ele ama a retidão e a justiça; a terra está cheia do amor do Senhor. ⁶Os céus foram feitos pela palavra do Senhor, e todo o exército deles, pelo sopro da sua boca. ⁷Ele ajunta as águas do mar como num montão; faz dos abismos depósitos. ⁸Tema ao Senhor toda a terra; temam-no todos os moradores do mundo. ⁹Pois ele falou, e tudo se fez; ele mandou, e logo tudo apareceu.

O VIGOR DA ADORAÇÃO. Louvar "fica bem" (v. 1). Fica bem para Deus porque ele é digno e para nós porque fomos criados para isso. Assim, pessoas generosas e felizes são propensas a louvar, enquanto as outras são propensas a reclamar. Louvor é "saúde interior convertida em sons audíveis".[1] No entanto, fomos criados não para o louvor em geral, mas para adorarmos a algo de forma suprema, para termos nossos pensamentos e corações cativos. Precisamos afastar nosso coração da fixação por outras coisas e deixar-nos arrebatar pela beleza do Senhor. Uma das principais maneiras de fazer isso é usando a habilidade musical em nossa adoração e devoção privada (v. 3).

Oração: Senhor, eu te louvo porque *és* Deus, digno de louvor, perfeito em bondade e inimaginável em glória. E te agradeço pela cura que teu louvor opera em mim — clareia minha visão, muda minha perspectiva, fortalece meu coração e produz alegria sobre alegria. Ajuda-me a ver-te como tu és a fim de que venha a louvar-te como devo.[2] Amém.

3 de março

Leia Salmos 33.10-17. ¹⁰O Senhor frustra os planos das nações, anula os intuitos dos povos. ¹¹O plano do Senhor permanece para sempre, e os intuitos do seu coração, por todas as gerações. ¹²Bem-aventurada é a nação cujo Deus é o Senhor, o povo que ele escolheu como sua herança. ¹³O Senhor olha lá do céu; vê todos os filhos dos homens; ¹⁴da sua morada observa todos os moradores da terra, ¹⁵aquele que forma o coração de todos eles, que contempla todas as suas obras. ¹⁶Um rei não se salva pelo poderio do seu exército; nem o valente se livra pela muita força. ¹⁷O cavalo é falsa esperança de vitória; não pode livrar ninguém com sua grande força.

as nações frustradas. Aqueles que ocupam o poder sempre traçam planos e propósitos, os quais, pelo que é dito aqui, se resumem *todos* a nada. Ou tais pessoas não conseguem nada do que desejam ou o que desejam só serve aos propósitos de Deus sem que elas queiram. Assim, aqueles que buscaram frustrar a salvação provida por Deus mediante Jesus só a promoveram (At 4.28). Deus mantém seus planos de nos salvar inalterados pela ascensão e queda de civilizações, nações e poderes. Depositar nossa confiança no poder e na riqueza terrenos é inútil. Achamos que nosso talento nos conquistou o prêmio. Mas Deus diz: "Eu lhe dei o talento e escolhi quem participaria da competição. Foi tudo obra minha". Confiamos em Deus, não no poder social, em manobras políticas ou no prestígio econômico.

Oração: Senhor, impede que eu deposite esperança demais em meu conhecimento, em minhas conexões sociais e em minha capacidade de planejar. A realidade é que somos completamente dependentes de ti para tudo. Ajuda-me a não resistir a essa verdade, mas a obter o consolo e a grata felicidade que vem de aceitá-la com alegria. Amém.

4 de março

LEIA Salmos 33.18-22. ¹⁸Os olhos do SENHOR estão sobre os que o temem, sobre os que esperam pelo seu amor, ¹⁹para livrá-los da morte e conservá-los vivos em tempo de fome. ²⁰Nossa esperança está no SENHOR; ele é nosso auxílio e escudo. ²¹Nosso coração se alegra nele, pois temos confiado no seu santo nome. ²²SENHOR, que o teu amor esteja sobre nós, assim como a nossa esperança está em ti.

ESPERANÇA QUE NÃO DECEPCIONA. Se você ama alguém, fica de olho nessa pessoa.[3] Observa com atenção a mais leve expressão facial, ou gesto, ou tom de voz que sugira uma necessidade, a fim de poder satisfazê-la. De modo maravilhoso, Deus nos ama assim; seus olhos que tudo veem estão atentos tanto ao que nos ameaça quanto ao que nos alimenta (v. 19). O salmo termina em tom de esperança, mas não se trata de um otimismo generalizado. O salmista não espera que Deus lhe dê isso ou aquilo. Ele tem esperança no próprio Senhor. Concentra-se "não no dom (embora haja lugar para isso: Rm 8.18-25), mas no Doador. Essa esperança 'não causa decepção' (Rm 5.5)".[4]

Oração: Senhor, mal posso acreditar que tu, com teu poder e glória infinitos, estejas me observando ansiosamente do céu, cheio de amor, sempre atento a minhas necessidades. Tu me amas mais — e com infinitamente mais sabedoria — do que amo a mim mesmo. Ajuda-me a regozijar-me e a descansar nisso o suficiente para não me preocupar. Amém.

5 de março

Leia Salmos 34.1-10. ¹Bendirei o Senhor em todo o tempo; seu louvor estará sempre nos meus lábios. ²Minha alma se gloriará no Senhor; os aflitos ouvirão isso e se alegrarão. ³Engrandecei o Senhor comigo e juntos exaltemos seu nome. ⁴Busquei o Senhor, e ele me respondeu, livrou-me de todos os meus temores. ⁵Olhai para ele e ficai radiantes; o vosso rosto jamais mostrará frustração. ⁶Este pobre homem clamou, e o Senhor o ouviu; livrou-o de todas as suas aflições. ⁷O anjo do Senhor acampa ao redor dos que o temem e os livra. ⁸Provai e vede que o Senhor é bom. Bem-aventurado quem nele se refugia! ⁹Temei o Senhor, vós, seus santos, pois nada falta aos que o temem. ¹⁰Os leõezinhos têm necessidades e passam fome, mas não faltará bem algum aos que buscam o Senhor.

GLORIANDO-NOS NO SENHOR. Como podemos ser libertos de todos os nossos temores (v. 4)? A resposta é ampla. Construa uma identidade que extraia o próprio significado (a "glória") — que se "glorie" (Jr 9.23,24) — não em suas realizações ou em identidade racial, ou em talento, ou em esforços morais, ou na família, mas em Deus (v. 2). Então, e só então, a base da sua autoestima estará segura, e não sujeita a temores ou vergonha (v. 5). Como podemos obter tal identidade? Não apenas acreditando em Deus, mas "provando" e experimentando a bondade divina em oração (v. 8). E consolando os aflitos com o conforto que temos recebido (v. 2; 2Co 1.3,4), até que possam glorificar a Deus conosco (v. 3). Essa é a missão de cada crente.

Oração: Senhor, minhas ansiedades, vergonha e desânimo surgem quando tento me gloriar em outras coisas que não tua bondade e amor infalível por mim. Ensina-me a olhar para ti e a buscar-te até que eu conheça o esplendor de tua alegria. Amém.

6 de março

Leia Salmos 34.11-16. ¹¹Vinde, filhos, escutai-me, e eu vos ensinarei o temor do Senhor. ¹²Qual é o homem que ama a vida e quer viver muito para ver a prosperidade? ¹³Guarda tua língua do mal, e teus lábios do engano. ¹⁴Afasta-te do mal e faze o bem; busca a paz e segue-a. ¹⁵Os olhos do Senhor estão sobre os justos, e seus ouvidos, atentos ao seu clamor. ¹⁶A face do Senhor opõe-se aos que praticam o mal, para eliminar a memória deles da terra.

A MENTIRA. Para desfrutar de uma vida boa (v. 12), você precisa viver uma vida boa (v. 13,14). Isso confronta a mentira da serpente no Éden de que, se obedecermos plenamente a Deus, seremos infelizes, e de que a vida abundante está fora da vontade de Deus, não dentro dela.[5] Essa mentira, que penetrou no fundo do coração de todo ser humano, diz que seríamos mais felizes se, em vez de Deus, fôssemos livres para escolher como deveríamos viver nossa vida. Mas o bem maior é conhecer a Deus em nível pessoal, assim como é pessoal o castigo maior — perder a face de Deus (v. 16), a única fonte de alegria e amor, ser "deixado completa e absolutamente *de fora* — rechaçado, exilado, apartado, ignorado em caráter definitivo e indescritível".[6]

Oração: Pai, se quero amar a vida, tenho de amar-te — e amar-te significa fazer tua vontade com alegria. Resplandece teu rosto sobre mim — permite-me conhecer teu amor — para que eu possa amar-te pelo que és. Lembra-me de que a única perda insuportável é perder a ti e à tua presença. Amém.

7 de março

LEIA Salmos 34.17-22. [17]Os justos clamam, e o SENHOR os ouve; livra-os de todas as suas angústias. [18]O SENHOR está perto dos que têm o coração quebrantado; ele salva os de espírito arrependido. [19]As aflições do justo são muitas, mas o SENHOR o livra de todas elas. [20]Preserva-lhe todos os ossos; nem sequer um deles se quebra. [21]A maldade matará o ímpio, e os que odeiam o justo serão condenados. [22]O SENHOR resgata a vida dos seus servos, e nenhum dos que nele se refugiam será condenado.

COMO DEUS NOS MANTÉM SEGUROS. Os versículos 17 e 19 parecem prometer aos crentes isenção de problemas, mas outros salmos dizem que Deus está conosco *em meio aos* nossos problemas (Sl 23.4; 91.15). Na verdade, o versículo 18 diz que podemos ser quebrantados e ter o "espírito abatido" (NVI) na vida. Mas esses sofrimentos trazem a presença de Deus para perto como nada mais consegue fazer (v. 18). Depois, aqueles que sofrem constatam que não poderiam ter recebido sua profunda alegria em Deus de outra maneira. O versículo 22 diz que o Senhor "resgata a vida dos seus servos". Só o Novo Testamento revela o que essa promessa custou a Deus. Na cruz, Jesus garantiu que "não há condenação alguma" (Rm 8.1) para aqueles que nele se refugiam — de uma forma tal que Davi jamais poderia ter imaginado.

Oração: Senhor, não é exatamente correto agradecer-te por meus sofrimentos, pois não criaste um mundo cheio de maldade, e minhas dores te causam dor. No entanto, eu te agradeço por todas as riquezas que tenho encontrado nessas minas obscuras: paciência, coragem, autocompreensão e, acima de tudo, teu amor e presença. Amém.

8 de março

Leia Salmos 35.1-10. ¹Senhor, defende-me dos que me atacam; luta contra os que lutam contra mim. ²Toma o escudo pequeno e o grande, e levanta-te para me socorrer. ³Empunha a lança e a flecha contra os que me perseguem. Dize à minha alma: Eu sou a tua salvação. ⁴Sejam envergonhados e humilhados os que me perseguem; voltem atrás e se confundam os que tramam o mal contra mim. ⁵Sejam como a palha ao vento, quando o anjo do Senhor os dispersar. ⁶Seja o caminho deles tenebroso e escorregadio, e o anjo do Senhor os persiga. ⁷Pois prepararam-me sem motivo uma armadilha; cavaram sem razão uma cova para mim. ⁸Venha a destruição inesperadamente sobre eles, e prenda-os a armadilha que prepararam; caiam eles mesmos nessa destruição. ⁹Então minha alma se regozijará no Senhor e se alegrará na sua salvação. ¹⁰Todos os meus ossos dirão: Ó Senhor, quem é como tu, que livras o fraco de quem é mais forte do que ele? Sim, o pobre e o necessitado, daquele que o rouba.

sem razão. Davi está lutando contra um tratamento injusto. As pessoas o atacam "sem razão" (v. 7). O pedido dele para que Deus castigue não é uma vingança pessoal, mas uma preocupação para que a justiça predomine em seu reino. Embora salmos como esse devessem nos deixar profundamente sensíveis à injustiça, os cristãos têm um recurso de que Davi não dispunha. Sabemos que Jesus também foi odiado "sem motivo" (Jo 15.25). Por essa razão, os maus-tratos são uma oportunidade para seguir os passos de Cristo (1Pe 2.19-24), de falar a verdade sobre a injustiça, mas sem nenhuma hostilidade contra o malfeitor (Mt 5.44; 23.37). Quando estamos sendo caluniados, confrontados ou criticados injustamente, devemos dizer para nós mesmos: "O Senhor é a minha salvação" (v. 3), não as opiniões alheias.

Oração: Senhor, o que os outros pensam a meu respeito é importante demais para meu coração. Às vezes, quando estou sendo injustamente criticado, preciso que envies teu Espírito e fales a minha alma, dizendo: "Sou tua salvação — nada nem ninguém mais o é". Amém.

9 de março

Leia Salmos 35.11-18. ¹¹Testemunhas perversas levantam-se; interrogam-me sobre coisas que desconheço. ¹²Pagam-me o bem com o mal, causando-me luto na alma. ¹³Mas, quando eles estavam enfermos, eu me vestia de panos de saco, humilhava-me com jejum e orava reclinando a cabeça sobre o peito. ¹⁴Agia como se fossem meu amigo ou irmão; eu andava cabisbaixo e lamentando-me, como quem chora por sua mãe. ¹⁵Mas, quando eu tropeçava, eles se alegravam e se uniam; homens miseráveis, que eu não conhecia, uniam-se contra mim e difamavam-me sem cessar. ¹⁶Como zombadores hipócritas rangiam com maldade os dentes contra mim. ¹⁷Ó Senhor, até quando contemplarás isso? Livra-me da violência deles; salva minha vida dos leões! ¹⁸Então te darei graças na grande assembleia e te louvarei entre grande multidão.

ORAÇÃO NÃO RESPONDIDA. O que Davi fazia quando suas orações voltavam para ele sem resposta durante a perseguição (v. 13)? A demora lhe causava dor, e ele a expressava. Lastimava e chorava. Não havia nada de alegria piedosa, forçada, do tipo: "Estou ótimo, confiando no Senhor!" (v. 14). Mas seu sofrimento permanecia diante do Senhor: ele não parava de orar. Davi clamou: "Ó Senhor, até quando contemplarás isso?". E é impressionante que, mesmo no meio de sua dor e das constantes intrigas dos oponentes (veja v. 19-28), ele se mostrava confiante de que um dia daria graças a Deus (v. 18). Isso está muito perto da exortação de Paulo: "... sejam os vossos pedidos plenamente conhecidos diante de Deus por meio de oração e súplica com ações de graças" (Fp 4.6).

Oração: Senhor, parece que estás apenas observando passivamente. Mas sei que no fim não há oração sem resposta, que ouves os desejos do meu coração e respondes a minhas necessidades por caminhos que vão além da minha sabedoria. Por isso espero em oração, Senhor. Amém.

10 de março

Leia Salmos 35.19-28. ¹⁹Não riam de mim os que por nada são meus inimigos, nem tramem com olhares os que me odeiam sem motivo. ²⁰Pois não falam de paz; pelo contrário, inventam palavras enganosas contra os que vivem quietos na terra. ²¹Escancaram contra mim a boca e dizem: Ah! Ah! Nossos olhos viram. ²²Tu viste, Senhor, não te cales; Senhor, não te distancies de mim. ²³Acorda e desperta para o meu julgamento, para a minha causa, Deus meu e Senhor meu. ²⁴Senhor, meu Deus, justifica-me segundo a tua justiça, e não se regozijem eles por minha causa. ²⁵Não digam no coração: Vede! Cumpriu-se o nosso desejo! Não digam: Acabamos com ele! ²⁶Sejam envergonhados e, juntos, cobertos de vexame os que se alegram com a minha desgraça; cubram-se de vergonha e de confusão os que me menosprezam. ²⁷Cantem de júbilo e se alegrem os que têm prazer na minha retidão e digam de contínuo: Seja engrandecido o Senhor, que tem prazer na prosperidade do seu servo. ²⁸Então meus lábios proclamarão tua justiça e teu louvor o dia todo.

TRIPUDIANDO. Um dos grandes perigos espirituais da perseguição é que ela pode deixá-lo arrogante. Você se sente nobre e superior em razão de sua vitimização injusta. Aqui Davi pede a Deus que impeça seus inimigos de rirem dele, coisa que ele não faz. Ficar feliz com as coisas ruins que acontecem às outras pessoas é ser sádico. Davi assume o compromisso de se regozijar na justiça e grandeza de Deus (v. 28) em vez de na própria superioridade moral. Embora muitos lamentem o comportamento incivilizado que a tecnologia tornou fácil e anônimo, a verdadeira causa é o coração humano, que deseja defender-se atacando. Não tente revidar, mas deixe com Deus, o único que sabe o que as pessoas merecem (v. 23,24). Permita que Deus seja seu vingador; um dia tudo será conhecido.

Oração: Senhor, é verdade que as pessoas estão dizendo coisas a meu respeito e tendo atitudes para comigo que não mereço. Mas tu sabes que meu coração está cheio de pensamentos egoístas, tolos e cruéis que *são* condenáveis. Por isso, protege-me de me tornar amargo ou orgulhoso nessas situações. Entrego minha causa e minha reputação a ti. Amém.

11 de março

LEIA **Salmos 36.1-4.** ¹No coração do ímpio, há uma voz de rebeldia; diante de seus olhos não há temor de Deus. ²Porque ele tem orgulho de si mesmo, pensa que seu pecado não será descoberto nem reprovado. ³As palavras da sua boca estão cheias de maldade e engano; ele deixou de ser prudente e de fazer o bem. ⁴Ele trama o mal na sua cama; segue um caminho que não é bom e não se afasta do mal.

UMA ANATOMIA DO PECADO. Temer a Deus (v. 1) não é apenas crer nele. É estar tão cheio de alegre deslumbramento diante da magnificência de Deus que trememos ante o privilégio de conhecê-lo, servi-lo e agradá-lo. O pecado não se importa com Deus. Sua essência não é deixar de crer que Deus existe, mas que ele é importante. Essa atitude é fatal. O temor de Deus e a autocompreensão crescem ou diminuem juntos. A indiferença para com Deus é uma forma de presunção (v. 2) e autoengano (v. 2). Não sentir nenhuma necessidade de Deus é perder o contato com a realidade — tal pessoa "deixou de ser prudente" (v. 3). O que começa como simples excesso de confiança pode crescer até se tornar desonestidade e crueldade (v. 4). Pecado é câncer espiritual.

Oração: Senhor, confesso a insensatez de minha vida mental. Mesmo quando sou capaz de evitar pensamentos manifestos de ressentimento, medo e luxúria, minha mente ainda não se fixa nas coisas mais valiosas e belas e em ti. Enche meus olhos de glória, Senhor, e inclina meu coração a ti. Amém.

12 de março

LEIA Salmos 36.5-12. **⁵**SENHOR, teu amor chega aos céus, e tua fidelidade, até as nuvens. **⁶**Tua justiça é como os montes de Deus, teus juízos são como o abismo profundo. Tu, SENHOR, preservas os homens e os animais. **⁷**Ó Deus, como o teu amor é precioso! Os filhos dos homens se refugiam à sombra das tuas asas. **⁸**Eles se fartarão da abundância da tua casa, e tu os farás beber da corrente das tuas delícias; **⁹**pois em ti está a fonte da vida; na tua luz vemos a luz. **¹⁰**Preserva teu amor para os que te conhecem, e tua justiça, para os retos de coração. **¹¹**Não permitas que os pés do soberbo me pisoteiem, e as mãos dos ímpios me façam retroceder. **¹²**Os malfeitores estão ali, caídos; estendidos no chão, não conseguem se levantar.

A VASTIDÃO DO SEU AMOR. Contrastando com a natureza claustrofóbica e autocentrada do pecado, o amor de Deus é alto como os céus (v. 5), majestoso como os montes (v. 6) e inexaurível como o oceano (v. 6). O amor de Deus é como uma terra de deleites infinitos. Aquele que se alimenta pela primeira vez de sua generosidade e bebe do seu rio (v. 8) quer voltar para lá repetidamente em oração e adoração. Deus é amoroso (v. 5), mas santo (v. 6). A cruz revela como ele pode ter ambas as qualidades. Como a mãe do passarinho abriga o filhote, deixando que chuva e vento caiam só em cima dela, assim Jesus levou sobre si nosso castigo. Os versículos 8 e 9 oferecem um vislumbre do Éden restaurado. Luz, alegria, claridade, verdade — tudo nosso por intermédio de Jesus.

Oração: Senhor, tantas vezes vivo em um mundo limitado de autopiedade, alimentando sentimentos feridos, questionando por que as pessoas não me tratam melhor. Permite-me explorar as inúmeras facetas do teu amor. Isso é melhor do que ouvir a melhor música, melhor do que atingir o topo de uma montanha, melhor do que fitar um enorme diamante. Quão inestimável é teu amor infalível! Amém.

13 de março

Leia Salmos 37.1-6. ¹Não te aborreças por causa dos homens maus, nem tenhas inveja dos malfeitores. ²Pois em breve secarão como relva, murcharão como erva verde. ³Confia no Senhor e faze o bem; assim habitarás na terra e te alimentarás em segurança. ⁴Agrada-te também do Senhor, e ele satisfará o desejo do teu coração. ⁵Entrega teu caminho ao Senhor; confia nele, e ele tudo fará. ⁶Fará tua justiça sobressair como a luz, e teu direito, como o meio-dia.

não se aborreça. "Aborrecer-se" é uma atitude comum em nossa época, com os ingredientes de preocupação, ressentimento, ciúme e autopiedade. É uma atitude predominante na comunicação online. A frustração nos destrói por dentro ao mesmo tempo que nada realiza. Davi dá três remédios práticos. Olhar para a frente (v. 2) — aqueles cuja principal felicidade é encontrada neste mundo estão com os dias contados. Olhar para cima (v. 3-5) — nem reprimir, nem dar vazão a suas frustrações, mas redirecioná-las para Deus. Deixar seus fardos nas mãos dele ("entregar") e aprender a satisfazer os desejos mais profundos do seu coração em quem ele é e no que tem feito ("agradar-se"). Por fim, ocupar-se das coisas que precisam ser feitas — "fazer o bem" (v. 3). A autopiedade pode levá-lo a cortar caminhos no sentido ético. Não acrescente má consciência a um coração pesado.

Oração: Pai, preocupo-me por estar tendo uma vida pior do que mereço e os outros terem uma vida melhor. Mas teu filho, Jesus, não relutou em me dar uma vida muito melhor do que mereço em tua graça e seu sangue derramado para garanti-la. Faz-me generoso para com os outros e satisfeito em teu grande amor. Amém.

14 de março

Leia Salmos 37.7-11. ⁷Descansa no Senhor e espera nele; não te aborreças por causa daquele que prospera em seu caminho, por causa do que trama o mal. ⁸Deixa a ira e abandona o furor; não te aborreças, pois isso só lhe trará o mal. ⁹Porque os malfeitores serão exterminados, mas os que esperam no Senhor herdarão a terra. ¹⁰Pois dentro de pouco tempo, o ímpio não mais existirá; olharás para onde ele mora, mas ele não estará ali. ¹¹Mas os humildes herdarão a terra e se deleitarão na plenitude da paz.

O HUMILDE HERDARÁ. De quem o versículo 11 está falando? Do humilde, que não critica o tempo de Deus (v. 7). E do dependente, que deixa o revide e a vingança para Deus (v. 9). Davi diz que eles possuirão a terra, mas Jesus fala da humildade que herda a terra inteira (Mt 5.5). Os cristãos confessam que não têm nenhum poder para salvar a si próprios, que confiam na graça de Deus e dependem inteiramente dela. Mas como isso é possível? Porque Jesus se tornou manso e humilde (Mt 11.29), como um cordeiro diante de seus tosquiadores. E por que os cristãos podem herdar literalmente a terra inteira? Porque, por haver levado sobre si nosso castigo, Jesus foi privado de tudo — lançaram sorte sobre seu último bem, sua túnica. Sua impressionante e amorosa humildade cria humildade em nós.

Oração: Senhor, como desejo a paz no meu coração que vem da humildade espiritual! Desejo a humildade que repousa em tua conduta sábia, a humildade que impossibilita a amargura. Tu és "manso e humilde de coração", portanto ensina-me esse "descanso para a [...] alma" (Mt 11.29). Amém.

15 de março

LEIA Salmos 37.12-20. ¹²O ímpio maquina contra o justo e range os dentes contra ele, ¹³mas o Senhor se ri do ímpio, pois vê que o seu dia está chegando. ¹⁴Os ímpios arrancam a espada e preparam o arco para atacar o pobre e o necessitado, para matar os que andam em retidão. ¹⁵Mas a espada deles lhes atravessará o próprio coração, e seus arcos serão quebrados. ¹⁶O pouco que o justo tem vale mais do que as riquezas de muitos ímpios. ¹⁷Pois os braços dos ímpios serão quebrados, mas o SENHOR sustenta os justos. ¹⁸O SENHOR conhece os dias dos íntegros, e a herança deles permanecerá para sempre. ¹⁹Não ficarão frustrados no dia do mal e se fartarão nos dias da fome. ²⁰Mas os ímpios perecerão, e os inimigos do SENHOR serão como a beleza das pastagens: desaparecerão, sim, como fumaça se desfarão.

OS PARADOXOS DA VIDA FIEL. Os crentes às vezes parecem fracos, mas, em última análise, são fortes. Somos "perseguidos, mas não desamparados" (2Co 4.9,12-15). Quem vive pelo próprio poder talvez tenha sucesso temporário, mas o pecado impõe uma pressão sobre o tecido da vida que leva à ruptura. "A espada deles" em vários sentidos "lhes atravessará o próprio coração" (v. 15). Além disso, "nada tendo", "[possuímos] tudo" (2Co 6.10; v.16-20). Justiça não é garantia de prosperidade. É possível ser fiel, dar duro e acabar com "pouco" (v. 16). Por outro lado, as riquezas podem se desgastar rapidamente e não têm como ajudá-lo na vida por vir, portanto só o próprio Deus — e seu amor infalível por você — são investimentos que nunca perdem o valor.[7]

Oração: Senhor, como é fácil depositar a fé no poder e no dinheiro. Se eu conhecesse as pessoas certas e tivesse muito no banco, estaria seguro — que ilusão! Por meio da cruz minha grande dívida foi paga, e por meio da ressurreição minha riqueza futura está assegurada. Que eu descanse nisso todos os dias. Amém.

16 de março

Leia Salmos 37.21-26. ²¹O ímpio toma emprestado e não paga; mas o justo se compadece e dá. ²²Pois os abençoados pelo Senhor herdarão a terra, mas os que por ele são amaldiçoados serão exterminados. ²³O Senhor firma os passos do homem de cujo caminho se agrada; ²⁴ainda que caia, não ficará prostrado, pois o Senhor segura-lhe a mão. ²⁵Já fui moço, e agora estou velho; mas nunca vi o justo desamparado, nem seus descendentes a mendigar o pão. ²⁶Ele é sempre generoso e empresta, e seus descendentes são abençoados.

OS PARADOXOS (CONT.). O fiel não vê seu dinheiro como propriedade sua, mas dá e empresta livremente a fim de abençoar (v. 26), confiando em Deus para prover em seu favor (v. 25). Embora Davi nunca tivesse visto os filhos dos crentes empobrecidos, Habacuque 3.17-19 nos conta, em um trecho bastante conhecido, que, mesmo quando caímos em pobreza, Deus está conosco e é nossa real riqueza. Podemos ser "abatidos, mas não destruídos" (2Co 4.9). Podemos "cair" — pecar, fracassar ou passar por uma calamidade —, mas Deus não nos deixará sofrer uma queda livre (v. 24). Ele usará esses problemas, se confiarmos nele, para nos transformar em algo grande e belo (2Co 4.17).

Oração: Senhor, é difícil para mim confiar o suficiente em tua provisão para minha vida a ponto de ser radicalmente generoso com meu dinheiro. Mas, se Jesus tivesse sido relutante em entregar sua vida e sangue como sou com meu dinheiro, então onde eu estaria? Faz de mim um doador alegre. Amém.

17 de março

Leia Salmos 37.27-34. ²⁷Afasta-te do mal e faze o bem, e terás morada permanente. ²⁸Pois o Senhor ama a justiça e não desampara seus santos. Eles serão preservados para sempre, mas a descendência dos ímpios será exterminada. ²⁹Os justos herdarão a terra e habitarão nela para sempre. ³⁰A boca do justo profere sabedoria; sua língua fala o que é reto. ³¹A lei do seu Deus está em seu coração; seus pés não vacilarão. ³²O ímpio espreita o justo e procura matá-lo. ³³O Senhor não o deixará nas mãos dele, nem o condenará quando for julgado. ³⁴Espera no Senhor e segue o seu caminho, e ele te exaltará para herdares a terra; e verás quando os ímpios forem exterminados.

O SENHOR AMA O JUSTO. Devemos "fazer o bem" (v. 27), e o versículo 28 mostra que isso significa ter uma vida de justiça. O termo hebraico para "justo" é *mishpat*. Ser justo significa tratar as pessoas com equidade, não ter um padrão para as da sua raça e outro para as demais raças (Lv 24.22). Também significa preocupar-se com os direitos e necessidades dos pobres, dos imigrantes, das viúvas e dos órfãos (Zc 7.10,11). Muitos cristãos consideram a justiça social um interesse opcional, mas essa é uma característica essencial daqueles a quem o Senhor ama e em quem se deleita. Jesus disse a seus seguidores para receberem os pobres e os deficientes em suas casas com regularidade (Lc 14.12,13). Estamos atendendo a esse chamado para viver de modo justo?

Oração: Senhor, eu te louvo por seres um Deus que te importas com o pobre, o fraco e o desamparado — não fosse assim, eu continuaria perdido! Confesso a autossuficiência, o orgulho e a indiferença que dificultam meu amor pelo pobre. Transforma-me e usa-me para ajudar outras pessoas. Amém.

18 de março

LEIA Salmos 37.35-40. ³⁵Vi um ímpio prepotente crescendo como uma árvore nativa e verdejante. ³⁶Mas eu passei, e ele já não existia; procurei-o, mas não foi encontrado. ³⁷Atenta para o homem íntegro e observa o reto, porque haverá um futuro para o homem de paz. ³⁸Quanto aos transgressores, serão de súbito destruídos, e a posteridade dos ímpios será exterminada. ³⁹Mas a salvação dos justos vem do SENHOR; ele é sua fortaleza no tempo da angústia. ⁴⁰O SENHOR os ajuda e os livra; ele os livra dos ímpios e os salva, pois nele se refugiam.

HÁ UM FUTURO. Viver para si mesmo não dá em nada (v. 35,36), é inevitável, mas para nós "haverá um futuro" (v. 37). Isso não significa necessariamente uma vida próspera, mas sim um futuro de alegria e amor crescentes neste mundo e infinitas quantidades de ambos no próximo. Seremos ressuscitados (1Co 15.35-58). Nosso destino não é o nada. Não seremos apenas uma consciência flutuante. Não nos tornaremos parte de uma força cósmica impessoal. Nosso futuro é um mundo de amor (1Co 13.12,13). Caminharemos, comeremos, conversaremos, abraçaremos, cantaremos e dançaremos — tudo isso em graus de alegria, satisfação e poder que agora não podemos imaginar. Comeremos e beberemos com o Filho do Homem "para todo o sempre" (Sl 23.6).

Oração: Ó Senhor, o futuro está além da minha imaginação. No entanto, até meus pequenos esforços no sentido de imaginá-lo me proporcionam uma felicidade e uma esperança que não sou capaz de obter de nenhum outro modo. "Até então, teu nome eu proclamaria a cada respiro fugaz; e possa a música do teu nome refrigerar-me a alma na morte."[8] Amém.

19 de março

Leia Salmos 38.1-8. ¹Ó Senhor, não me repreendas na tua ira, nem me castigues no teu furor. ²Porque tuas flechas se cravaram em mim, e sobre mim pesou a tua mão. ³Por causa da tua indignação, não há no meu corpo parte saudável; por causa do meu pecado, não há saúde em meus ossos. ⁴Pois meus pecados já me cobriram a cabeça, como carga pesada que eu não posso suportar. ⁵Minhas feridas cheiram mal e apodrecem, por causa da minha insensatez. ⁶Estou cabisbaixo, muito abatido, ando o dia todo a lamentar. ⁷Pois meu corpo está ardendo, e não há na minha carne nada saudável. ⁸Estou exausto e esgotado; fico a gemer por causa da minha inquietação.

SOFRIMENTO COMBINADO. Temos aqui a culpa (v. 4), bem como a enfermidade (v. 5). A enfermidade está relacionada com o pecado do salmista de alguma forma, seja como efeito físico de uma consciência torturada, seja como resultado de algum comportamento tolo, ou como mensageira enviada para tornar mais humilde o salmista e fazê-lo conscientizar-se quanto à maneira como está vivendo. Essa doença, por sua vez, o isola dos amigos e confere a seus oponentes a oportunidade de avançar contra ele (veja v. 11,12). Por isso ele sofre com a culpa, a dor física e a injustiça. O sofrimento costuma vir em combinações complexas tão esmagadoras que a única solução é simplesmente clamar ao próprio Deus por perdão, proteção e cura.

Oração: Deus, às vezes não há nada a fazer senão clamar a ti. Há ocasiões em que fico assoberbado pela complexidade dos meus problemas. Alguns são culpa minha, outros não — sinto-me irado, culpado e consumido com tudo isso. Confesso meu pecado e meu desamparo. Ajuda-me! Amém.

20 de março

Leia Salmos 38.9-14. ⁹Senhor, todo o meu desejo está diante de ti, e meu anseio não te é oculto. ¹⁰Meu coração está agitado e me faltam forças; até a luz dos meus olhos já não está presente. ¹¹Meus amigos e companheiros se afastaram de mim por causa da minha doença; e meus parentes ficam à distância. ¹²Também os que buscam tirar-me a vida preparam armadilhas contra mim, e os que procuram o meu mal dizem coisas prejudiciais; o dia inteiro maquinam traição. ¹³Mas eu, fingindo-me de surdo, não ouço e fico como um mudo que não abre a boca. ¹⁴Assim fico como quem não ouve, em cuja boca não há resposta.

TODO O MEU DESEJO. Os salmos são extraordinários por registrarem com uma sinceridade brutal os clamores daqueles que estão enfermos e sofrendo. A Bíblia não diz respeito a "Dor é ilusão", ou "É só não se deixar afetar", ou "Se você acreditasse de verdade, de todo o coração, alcançaria sua libertação". Esses pontos de vista fazem da vontade humana a solução. Mas não se trata da "mente dominando a matéria", e sim de Deus dominando a matéria. Só Deus pode restaurar a saúde de um corpo ou de uma alma. Não há uma molécula do nosso corpo ou faculdade da nossa alma capaz de cumprir o trabalho que lhe compete sem sua mão erguida. Se ele a afastar, mesmo que só por um instante, enfrentamos a verdade que com tanta frequência ignoramos: sem sua ajuda, perecemos.

Oração: Senhor, que criatura frágil sou, de corpo e de alma. Sem teu amparo para ambos, desmorono. Assim, achego-me a ti tanto por perdão quanto por minha saúde. "Embora fraqueje — lamento em choro. Embora interrompa o passo — ainda assim me arrasto até o trono de graça."⁹ Amém.

21 de março

Leia Salmos 38.15-22. ¹⁵Mas, Senhor, espero por ti; tu, Senhor meu Deus, responderás. ¹⁶Rogo-te que me ouças, para que eles não riam de mim e não me menosprezem, quando meu pé tropeçar. ¹⁷Pois estou prestes a tropeçar; a minha dor é constante. ¹⁸Confesso minha culpa; entristeço-me por causa do meu pecado. ¹⁹Mas meus inimigos são fortes e cheios de vida, e muitos me odeiam sem razão. ²⁰Os que retribuem o bem com o mal são meus adversários, porque eu sigo o que é bom. ²¹Ó Senhor, não me desampares; meu Deus, não te afastes de mim. ²²Apressa-te em me ajudar, Senhor, minha salvação.

saindo da escuridão. Davi não admite simplesmente seu pecado, mas se sente perturbado por ele (v. 18). Se apenas confessarmos o pecado sem considerá-lo repulsivo — pelo fato de entristecer e desonrar a Deus e destruir as pessoas —, ele conservará o poder sobre nós. Acabaremos por nos descobrir praticando-o de novo. Além disso, Davi busca não apenas o perdão legal, mas a restauração da comunhão de amor com Deus (v. 21,22). Isso é possível porque esse Deus é "*meu* Deus" — o Deus da aliança da graça, comprometido com ele (Êx 6.6,7). A profundidade desse compromisso foi plenamente vista apenas naquele que clamou: "*Deus meu, Deus meu*" (Mt 27.46) e foi abandonado a fim de que pudéssemos ser perdoados e levados para casa.

Oração: "Aproxima-te, minha alma, do trono de misericórdia, onde Jesus responde às orações; cai humildemente aos seus pés, pois ninguém pode perecer ali. Curvado sob um fardo de pecado, dolorosamente pressionado por Satanás, pela guerra por fora e temores por dentro, venho a ti em busca de descanso."[10] Amém.

22 de março

Leia Salmos 39. ¹Pensei comigo mesmo: Guardarei meus caminhos para não pecar com minha língua; protegerei minha boca com uma mordaça, enquanto o ímpio estiver diante de mim. ²Fiquei em silêncio como se fosse mudo; calei-me, mesmo no tocante ao bem, mas a minha dor se agravou. ³Meu coração ardia dentro de mim e, enquanto eu meditava, queimava um fogo; então com a minha língua dizia: ⁴Ó Senhor, mostra-me meu destino e quantos dias viverei, para que eu saiba como sou frágil. ⁵Deste aos meus dias o comprimento de alguns palmos; o tempo da minha vida é como nada diante de ti. Na verdade, todo homem, por mais firme que esteja, é apenas um sopro. [Interlúdio] ⁶Na verdade, todo homem vive como uma sombra; inquieta-se e ajunta riquezas em vão, e não sabe quem ficará com elas. ⁷Agora, Senhor, o que eu espero? Minha esperança está em ti. ⁸Livra-me de todas as minhas transgressões; não faças de mim alvo de zombaria do insensato. ⁹Estou mudo, não abro a boca por causa do que tu fizeste. ¹⁰Retira de mim o teu flagelo; desfaleço pelo golpe da tua mão. ¹¹Quando castigas o homem com repreensões por causa do pecado, destróis, como traça, o que ele tem de precioso. Na verdade, todo homem é apenas um sopro. [Interlúdio] ¹²Senhor, ouve minha oração e inclina os ouvidos ao meu clamor! Não te cales diante das minhas lágrimas, porque sou para contigo como um estrangeiro, um peregrino como todos os meus pais. ¹³Desvia de mim o teu olhar, para que eu me alegre, antes que eu vá e deixe de existir.

DESESPERO. Tudo na vida acaba sendo tirado tragicamente de nós depois de um tempo breve de deleite (v. 4,5). A desolação dessa verdade pode pesar muito na alma. O salmo termina sem uma nota de esperança, o que muito nos instrui. É incrível que Deus não apenas permita a suas criaturas murmurar a ele pelas enfermidades que padecem, como na verdade registra esses lamentos em sua Palavra. "A própria presença de tais orações nas Escrituras dá testemunho da compreensão do Senhor. Ele sabe o que os homens falam quando estão desesperados."[11] Deus está confiante em que olharemos para trás e fecharemos a boca ao vermos *isso*, maravilhados ante o amor espetacular que planejou até em nossos momentos mais obscuros.

Oração: Pai, às vezes fico tão confuso e zangado com teu modo de agir que posso até dizer: "Desvia de mim o teu olhar". Mas teu Filho sofreu tua ausência na cruz a fim de que agora tu permaneças com toda paciência perto de mim, mesmo quando não mereço. Eu te louvo por seres um Deus compreensivo. Amém.

23 de março

Leia Salmos 40.1-5. ¹Esperei com paciência pelo Senhor, ele se inclinou para mim e ouviu meu clamor. ²Tirou-me de um poço de destruição, de um lamaçal; colocou meus pés sobre uma rocha, firmou meus passos. ³Pôs na minha boca um cântico novo, um hino ao nosso Deus. Muitos verão isso, temerão e confiarão no Senhor. ⁴Bem-aventurado o homem que coloca sua confiança no Senhor e não se volta aos arrogantes nem aos que seguem a mentira. ⁵Senhor, Deus meu, muitas são as maravilhas que tens operado e os teus propósitos para conosco; não há ninguém que se possa comparar a ti; quisera eu anunciá-los e manifestá-los, mas são mais do que se podem contar.

ESPERE, ESPERE. A maior parte das traduções do versículo 1 diz: "Esperei com paciência", mas o sentido literal do hebraico é: "Esperei-esperei". Na língua hebraica, a duplicação de um termo carrega a ideia de intensificação e magnitude. Isso não significa passividade, mas grande concentração. Servos à espera de um grande senhor não ficam à toa, mas observam cada expressão e gesto para perceberem com clareza a vontade do mestre. Esperar por Deus, portanto, é ocupar-se servindo a Deus e aos outros, tudo em plena aceitação de sua sabedoria e de seu tempo. Esse tipo de espera pode mesmo ser longa e aflitiva, como os salmos 37 a 39 nos mostraram. Mas, por fim, leva a um novo cântico de louvor a Deus (v. 3) e de alegria (v. 4).

Oração: Senhor, lembro-me com profunda gratidão de alguns dos lamaçais de que me tiraste e das rochas sobre as quais firmaste meus pés. E isso me ajuda a esperar por ti outra vez agora. Amém.

24 de março

Leia Salmos 40.6-10. ⁶Tu não quiseste sacrifício nem oferta; abriste-me os ouvidos; não exigiste holocausto nem oferta de expiação pelo pecado. ⁷Então eu disse: Aqui estou, no rolo do livro está escrito a meu respeito. ⁸Gosto de fazer a tua vontade, ó meu Deus; sim, tua lei está dentro do meu coração. ⁹Tenho proclamado boas-novas de justiça na grande assembleia; não fechei meus lábios. ¹⁰Não ocultei tua justiça dentro do coração; proclamei tua fidelidade e tua salvação; não escondi da grande assembleia teu amor e tua verdade.

DO DEVER AO PRAZER. Esperar por Deus (veja a leitura de ontem) mudou Davi de dentro para fora. Ele não mais obedecia as leis divinas por coação, mas com alegria, de coração (v. 7,8). "Nosso prazer e nosso dever, embora anteriormente opostos, desde que contemplamos sua beleza, juntaram-se para não mais se separarem."¹² Davi parece dizer que sua ávida oferta de si mesmo põe fim a todos os sacrifícios pelo pecado (v. 6). O Novo Testamento cita essas palavras para falar de um Davi maior, que disse a seu Pai que de bom grado viveria a vida obediente que nós deveríamos viver e morreria a morte que nós deveríamos morrer a fim de nos conduzir a Deus (Hb 10.5-10). Permita-se sentir o que ele fez por você até seu dever se converter em alegria.

Oração: Pai, quão maravilhoso é ouvir nesses versículos a antiga conversa entre ti e teu Filho e saber que desde toda a eternidade tu nos amaste e planejaste nossa salvação ao custo infinito de ti mesmo. Só posso me curvar em grato deslumbramento diante desse amor que remonta a antes da fundação do mundo. Amém.

25 de março

Leia Salmos 40.11-17. ¹¹Senhor, não retires de mim tua compaixão; teu amor e tua fidelidade guardem-me sempre. ¹²Pois males sem conta me têm cercado; os meus pecados me têm alcançado, de modo que não consigo ver; são mais numerosos do que os cabelos da minha cabeça; por isso, meu coração está desanimado. ¹³Senhor, agrada-te em me livrar; Senhor, apressa-te a me ajudar. ¹⁴Sejam logo humilhados e envergonhados os que procuram destruir minha vida; voltem frustrados e sejam envergonhados os que têm prazer com minha desgraça. ¹⁵Sejam devastados por causa da sua afronta os que zombam de mim dizendo: Bem feito! Bem feito! ¹⁶Regozijem-se e alegrem-se em ti todos os que te buscam. Digam sempre os que amam tua salvação: O Senhor seja engrandecido. ¹⁷Na verdade, sou pobre e necessitado, mas o Senhor cuida de mim. Tu és meu auxílio e meu libertador. Ó meu Deus, não te demores.

ORANDO POR GLÓRIA. A primeira parte do salmo 40 é uma grande ação de graças pelo auxílio de Deus, acompanhada por um testemunho poderoso sobre as mudanças de caráter que a espera paciente traz. Os versículos 11 a 17, no entanto, mostram que situações que exigem espera em Deus sempre se repetirão, às vezes com surpreendente rapidez. Davi voltou a sofrer pressão, mas desta vez tem uma noção mais profunda da graça imerecida de Deus (v. 16,17). Os versículos finais também nos oferecem um princípio espiritual duradouro. "Comparar o que *eu sou* (v. 17) com o que o *Senhor é* (v. 17) é algo que estabiliza; mas orar pela glória de Deus ('O Senhor seja engrandecido', v. 16) é uma libertação, o caminho da vitória e, como demonstra João 12.27s., o caminho do próprio Cristo."[13]

Oração: Senhor, orar por tua glória é de fato o caminho da libertação. Se oro: "Glorifica-te em minhas necessidades", isso me liberta para receber o que quer que envies em tua sábia vontade. Pois sei que tua glória inclui teu amor. Na minha vida, Senhor, sê glorificado. Amém.

26 de março

Leia Salmos 41.1-4. ¹Bem-aventurado é o que dá atenção ao pobre; o Senhor o livrará no dia da calamidade. ²O Senhor lhe dará proteção e preservará sua vida; ele o fará feliz na terra. Não o entregará à vontade dos seus inimigos. ³O Senhor o sustentará no leito da enfermidade. Quando estiver doente, tu lhe afofarás a cama. ⁴Eu disse: Senhor, compadece-te de mim, cura-me, pois pequei contra ti.

BEM-AVENTURADOS OS MISERICORDIOSOS. Dar atenção ao pobre (v. 1) significa refletir de forma prolongada sobre o pobre. Isso é muito mais do que doar por caridade. O chamado é para pensar seriamente no que impede o pobre de crescer e trabalhar para ajudá-lo. Aqueles que assim fizerem serão abençoados — saúde e favor espirituais lhes sobrevirão. Quando pecam, recebem misericórdia como têm demonstrado misericórdia (v. 4). Isso também funciona ao contrário. Por termos recebido generosidade espiritual radical é que podemos ser radicalmente generosos para com os necessitados (Mt 18.28-33; 2Co 8.7-9). Um sinal de que fui salvo pela graça é o fato de me importar com o pobre. Tenho esse sinal?

Oração: Senhor, minha cultura e meu coração me dizem que é inteiramente graças a meu trabalho duro que não sou pobre. Se eu acreditar nessa mentira, serei mesquinho. Louvo-te por seres um Deus compassivo para com o pobre. Dá-me o mesmo tipo de sentimento. Amém.

27 de março

LEIA **Salmos 41.5-8.** ⁵Meus inimigos falam mal de mim, dizendo: Quando ele morrerá e seu nome será extinto? ⁶Se algum deles vem me visitar, conta mentiras, enche seu coração de difamação e, quando sai, espalha isso. ⁷Todos os que me odeiam cochicham entre si contra mim; pensam coisas ruins a meu respeito, dizendo: ⁸Algum tumor maligno o acometeu; ficou de cama e não se levantará mais.

DIFAMAÇÃO. Esses versículos falam do pecado da fofoca. As pessoas vão ver Davi em sua enfermidade (v. 3,4) só para espalhar notícias que o descrevem na pior situação possível (v. 6). Seus oponentes atribuem os piores motivos para tudo que ele faz (v. 7). A fofoca não necessariamente espalha inverdades. Ela revela informação que deveria ser mantida em segredo (Pv 11.13, 20.19). Dá notícias sobre uma pessoa com o intuito de rebaixá-la aos olhos do ouvinte. A fofoca é capaz de cumprir sua tarefa por meio de tons de voz e de olhos revirando. Embora talvez pensemos na fofoca como uma diversão inofensiva, o Novo Testamento a relaciona junto com a inveja, o assassinato, a contenda e o ódio a Deus (Rm 1.28-30).

Oração: Senhor, passo adiante um boato ruim sobre alguém porque isso me faz parecer melhor do que ele. Tu puseste tua reputação a perder a fim de me dar um nome eterno. Como posso sujar o bom nome de seja lá quem for? Perdoa-me e ajuda-me. Amém.

28 de março

Leia Salmos 41.9-13. ⁹Até meu próprio amigo pessoal em quem eu tanto confiava, com quem eu comia o pão, traiu-me. ¹⁰Mas tu, Senhor, compadece-te de mim e levanta-me, para que eu lhes retribua. ¹¹Sei que te agradas de mim por causa disto: meu inimigo não triunfa contra mim. ¹²Quanto a mim, tu me sustentas na minha integridade e me colocas para sempre na tua presença. ¹³Bendito seja o Senhor, Deus de Israel, de eternidade a eternidade! Amém e amém!

traição. Davi pede a ajuda de Deus para "retribuir" aos malfeitores dentro de seu próprio círculo íntimo ("com quem eu comia o pão", v. 9) não como um gesto de vingança pessoal, mas porque, como rei, ele deve promover a justiça pública. Como deveríamos reagir à traição de um amigo — o tipo mais cruel de traição? Séculos mais tarde, Jesus aplicou esse versículo a si próprio (Jo 13.18) ao estender a mão para Judas, dando-lhe gentilmente toda oportunidade de se arrepender. Judas, é claro, não foi a única pessoa desleal e mentirosa para com Jesus naquela noite. E nós, cristãos, embora partamos o pão à mesa do Senhor com ele, regularmente o decepcionamos. Contudo, ele nos perdoa. Por esse motivo, devemos perdoar aqueles que nos traem.

Oração: Pai, há pessoas que me fizeram mal no passado a quem, percebo agora, não perdoei por completo. Guardo seus atos contra mim. Evito-as ou sou duro com elas fora do normal. Que tua valiosa graça para comigo por meio de Jesus Cristo enterneça de tal forma meu coração congelado que eu seja capaz de perdoar total e liberalmente. Amém.

29 de março

Leia Salmos 42.1-5. ¹Assim como a corça anseia pelas águas correntes, também minha alma anseia por ti, ó Deus! ²Minha alma tem sede de Deus, do Deus vivo; quando irei e verei a face de Deus? ³Minhas lágrimas têm sido meu alimento dia e noite, enquanto me dizem a toda hora: Onde está o teu Deus? ⁴Derramo a minha alma dentro de mim, ao lembrar-me de como eu guiava a multidão em procissão à casa de Deus, com gritos de alegria e louvor, multidão em festa. ⁵Por que estás abatida, ó minha alma, por que te perturbas dentro de mim? Espera em Deus, pois ainda o louvarei, minha salvação e meu Deus.

PERDENDO-SE DE DEUS. O salmista perdeu não a crença em Deus, mas a experiência de encontrar-se com o Deus *vivo* (v. 2). Os seres humanos necessitam da sensação da presença e do amor de Deus tanto quanto o corpo anseia por água (v. 1). A primeira reação do salmista a essa secura é simplesmente lembrar-se de que ela não perdurará (v. 5). "Vai passar" é uma realidade em qualquer condição neste mundo de mudanças. Embora costume ser dolorosa, a verdade pode ser usada para conforto também. Apesar de ser inevitável que o que há de bom em nossa vida sofra abalos, os tempos difíceis daqueles que creem de igual forma sempre acabarão. Só quando estivermos seguros no céu, rodeados pelo amor inexorável, todo medo de mudança desaparecerá. Espere em Deus, pois haveremos de louvá-lo outra vez.

Oração: Senhor, eu te louvo por não seres uma força distante e nebulosa, mas um Deus vivo e pessoal, capaz de ser conhecido. Necessito de tua presença e amor para de vez em quando enternecer meu coração endurecido, fortalecer meu coração abatido e humilhar meu coração orgulhoso. Amém.

30 de março

Leia Salmos 42.6-11. **⁶**Minha alma está perturbada dentro de mim; por isso me lembro de ti, nas terras do Jordão, no Hermom e no monte Mizar. **⁷**Um abismo chama outro abismo ao ruído das tuas cachoeiras; todas as tuas ondas e vagalhões têm passado sobre mim. **⁸**Contudo, durante o dia, o Senhor me concede a sua bondade; durante a noite, seu cântico está comigo. Esta é a minha oração ao Deus da minha vida. **⁹**Digo a Deus, minha rocha: Por que te esqueceste de mim? Por que ando lamentando por causa da opressão do inimigo? **¹⁰**Meus ossos se esmigalham quando meus adversários dizem sem cessar: Onde está o teu Deus? **¹¹**Por que estás abatida, ó minha alma; por que te perturbas dentro de mim? Espera em Deus, pois ainda o louvarei, minha salvação e meu Deus.

MEDITANDO SOBRE O PRÓPRIO EU. À medida que o salmo avança, vemos que a expressão "pois ainda o louvarei" (v. 5,11; Sl 43.5) não é uma simples previsão de mudança, mas um exercício ativo. Quando estamos desanimados, ouvimos as especulações amedrontadas do nosso coração. "E se tal coisa acontecer?" "Talvez seja por causa disso!" Aqui, pelo contrário, vemos o salmista não só ouvindo seu coração perturbado, mas dirigindo-se a ele, pegando a própria *alma* pela mão e dizendo: "Lembre-se disso, ó alma!". Ele relembra ao seu coração as coisas amorosas que Deus já fez (v. 6-8). Também diz ao próprio coração que Deus está operando dentro dos problemas — as ondas que o encobrem são *"suas"* ondas (v. 7). Essa meditação sobre o próprio eu é uma disciplina espiritual vital.

Oração: Senhor, preciso aprender a pregar ao meu coração, em vez de apenas dar ouvidos às tagarelices tolas ou apavoradas. Ajuda-me a aprender a dizer efetivamente a meu ser interior obstinado: "Espera em Deus". Amém.

31 de março

Leia Salmos 43. ¹Ó Deus, faze-me justiça e defende minha causa contra uma nação ímpia; livra-me do homem falso e perverso. ²Pois tu és o Deus da minha fortaleza. Por que me rejeitaste? Por que ando lamentando por causa da opressão do inimigo? ³Envia tua luz e tua verdade, para que me guiem e me levem ao teu santo monte e à tua habitação. ⁴Então irei ao altar de Deus, a Deus, que é minha grande alegria; e ao som da harpa te louvarei, ó Deus, meu Deus. ⁵Por que estás abatida, ó minha alma? E por que te perturbas dentro de mim? Espera em Deus, pois ainda o louvarei, minha salvação e meu Deus.

ENCONTRANDO DEUS. Os salmos 42 e 43 compartilham o mesmo refrão: "Por que estás abatida, ó minha alma? [...] Espera em Deus" (Sl 42.5,11; 43.5). Mas o salmista também faz de Deus sua "fortaleza" (v. 2), um refúgio seguro. Quando depositamos nossa confiança no Deus vivo, sabemos que nada pode penetrar a fortaleza sem a permissão, a limitação e o propósito de Deus. O salmista também descansa em Deus em relação a sua vingança, não procurando nem a aprovação humana, nem a vingança pessoal (v. 1). Fazendo isso, lentamente, mas sem parar, o salmista se anima. O refrão final tem uma confiança retumbante que os anteriores não tinham (v. 4,5).

Oração: Senhor, *tu* és minha vingança e reputação — não importa o que os outros digam. *Tu* és minha fortaleza — nada mais pode proteger-me de todos os perigos, até da morte. *Tu* és minha alegria e deleite — todas as outras coisas me abandonarão. Se *tu* és o meu Deus, por que eu ficaria abatido? Amém.

1.º de abril

Leia Salmos 44.1-8. ¹Ó Deus, ouvimos com nossos próprios ouvidos, pois nossos pais nos contaram os feitos que realizaste em seus dias, nos tempos passados. ²Com tua própria mão expulsaste as nações para estabelecê-los; oprimiste os povos e deste espaço para nossos pais. ³E não foi pela espada que conquistaram a terra, nem foi a força deles que os salvou, mas sim tua destra, e teu braço, e a luz do teu rosto, porque te agradaste deles. ⁴Ó Deus, tu és meu Rei; envia livramento para Jacó. ⁵Por teu intermédio, destruímos nossos adversários; pelo teu nome, pisamos os que se levantam contra nós. ⁶Pois não confio no meu arco, nem minha espada pode salvar-me. ⁷Mas tu nos salvaste dos nossos adversários e envergonhaste os que nos odeiam. ⁸Em Deus é que nos temos gloriado todo dia, e sempre louvaremos teu nome.

EM TEMPOS PASSADOS. O salmista lembra-se do tempo dos "pais" (v. 1) como um período de prosperidade nacional. Temos uma conexão direta com os feitos poderosos do passado, pois foram façanhas não dos nossos antepassados, mas do próprio Deus, e esse Deus ainda está conosco. Os cristãos nunca deveriam olhar para a história da igreja como se ela contivesse alguma grande raça de heróis que desapareceu irremediavelmente. O Deus deles é o nosso Deus. Tampouco deveríamos olhar para tempos anteriores de ministério espiritual em nossa vida e pensar que jamais seremos capazes disso outra vez. Você já não era capaz da primeira vez. Deus era. E ele continua presente.

Oração: "Ó Deus, eterno ajudador"[1] — tu ainda estás comigo agora. Eu te agradeço porque és eterno e imutável em tua pessoa, caráter e atributos. Ajuda-me a lembrar isso com entusiasmada expectativa pelas coisas que farás hoje por meu intermédio. Amém.

2 de abril

Leia Salmos 44.9-16. ⁹Mas agora nos rejeitaste e nos humilhaste, e não acompanhas nossos exércitos. ¹⁰Fizeste-nos fugir do inimigo, e os que nos odeiam nos despojam à vontade. ¹¹Tu nos entregaste para sermos devorados como ovelhas e nos espalhaste entre as nações. ¹²Vendeste teu povo por nada e não lucraste com o preço. ¹³Tu nos humilhaste diante de nossos vizinhos, fizeste de nós objeto de zombaria para os que estão ao nosso redor. ¹⁴Puseste-nos por provérbio entre as nações, os povos meneiam a cabeça diante de nós. ¹⁵Estou constantemente humilhado, e meu rosto se cobre de vergonha, ¹⁶diante da voz daquele que afronta e blasfema, à vista do inimigo e do vingador.

LAMENTO. Quando pensamos nas formas básicas de oração, pensamos em adoração, e em ação de graças, em confissão e em súplica. Aprender a fazer esses três tipos de oração em meio ao sofrimento — e por nosso sofrimento — é tão crítico para o crescimento (e sobrevivência) espiritual que deveria ser considerado uma habilidade espiritual por si só. A maioria de nós, ao sofrer, para de orar ou apresenta um breve pedido de ajuda. Aqui o salmista quase grita sua dor, frustração e mesmo raiva para Deus, mas o importante é que ele o faz diante de Deus, processando sua dor em constante oração. Deus nos compreende tão bem que permite e até encoraja que lhe falemos com o coração, sem censura.

Oração: Senhor, eu te louvo por seres um Deus que nos convida a passar-te longas listas de reclamações! Quão paciente, amoroso e cuidadoso és para com teus filhos. Obrigado pelo convite para tirar por completo o peso dos meus ombros, sem a necessidade de dizer tudo do "jeito certo". Amém.

3 de abril

Leia Salmos 44.17-26. ¹⁷Tudo isso nos sobreveio. Todavia, não nos esquecemos de ti, nem traímos a tua aliança. ¹⁸Nosso coração não voltou atrás, nem nossos passos se desviaram dos teus caminhos. ¹⁹Apesar disso, tu nos esmagaste onde habitam os chacais e nos cobriste de trevas profundas. ²⁰Se nos tivéssemos esquecido do nome do nosso Deus, e estendido as mãos para um deus estrangeiro, ²¹Deus não teria descoberto isso? Pois ele conhece os segredos do coração. ²²Mas por amor de ti somos entregues à morte todos os dias; somos considerados ovelhas para o matadouro. ²³Desperta! Por que dormes, Senhor? Acorda! Não nos rejeites para sempre. ²⁴Por que escondes o rosto e te esqueces da nossa tribulação e da nossa angústia? ²⁵Pois nossa alma está abatida até o pó; nosso corpo, jogado no chão. ²⁶Levanta-te, socorre-nos e resgata-nos por causa do teu amor fiel.

POR QUE DEUS DORME? Tudo está dando errado (v. 9-16), embora Israel *não* tenha sido infiel a sua aliança (v. 17-21). Deus parece dormir (v. 23). "Desperta [...], Senhor", é o grito ousado, mas sincero. Contudo, por fim, nós sempre sofremos debaixo do cuidado amoroso de Deus (v. 26) e somente dessa forma Deus pode parecer estar adormecido nas tempestades da nossa vida, como Jesus fez (Mc 4.38: "... Mestre, não te importas que pereçamos?"). Deus não está dormindo, no entanto não se deixa apressar. Ele sabe o que faz. Tem um plano, e é um plano de amor.

Oração: Senhor Jesus, no barco, durante a tempestade, teus discípulos te acusaram de não te importares — mas tu nunca deixaste de estar no controle e os salvaste. Confesso que também comigo tu pareces não te importar, não fazer nada. Não é verdade. A cruz prova de maneira incontroversa e eterna que tu te importas. Eu te louvo e descanso em ti por isso. Amém.

4 de abril

Leia Salmos 45.1-9. ¹Meu coração transborda de boas palavras; consagro ao rei o que compus; minha língua é como a pena de um escritor habilidoso. ²Tu és o mais formoso dos filhos dos homens; a graça se derramou nos teus lábios; por isso Deus te abençoou para sempre. ³Prende tua espada na cintura, ó valente, na tua glória e majestade. ⁴Em tua majestade cavalga em triunfo pela causa da verdade, da misericórdia e da justiça; que a tua destra te ensine coisas maravilhosas. ⁵Tuas flechas são agudas no coração dos inimigos do rei; os povos são derrotados diante de ti. ⁶O teu trono, ó Deus, subsiste pelos séculos dos séculos, e o cetro do teu reino é cetro de equidade. ⁷Amaste a justiça e odiaste o pecado; por isso Deus, o teu Deus, te ungiu com o óleo de alegria, mais do que a teus companheiros. ⁸Todas as tuas vestes têm aroma de mirra, aloés e cássia; nos palácios de marfim, os instrumentos de cordas te alegram. ⁹Filhas dos reis estão entre as tuas ilustres damas; a rainha, ornada de ouro de Ofir, está ao teu lado direito.

A BELEZA DO SENHOR. Essa é a descrição de um casamento real (a noiva e a cerimônia serão descritos no texto de amanhã). O rei é humilde, mas majestoso; gracioso, mas terrível. E a linguagem vai a extremos chocantes. Nos versículos 6 e 7 o rei é chamado de *Deus*. O livro de Hebreus (1.8,9) diz que esse é o próprio Cristo, o Rei supremo, infinitamente superior, mas humilde (v. 4). E no versículo 7 temos um vislumbre da ascensão, quando Jesus, uma vez efetivada a nossa salvação, recebe o trono do mundo das mãos do Pai para governar e dirigir todas as coisas até o mal e o sofrimento serem destruídos (Ef 1.20-23; 1Co 15.25). Devemos ser tão enamorados por sua beleza quanto uma esposa recém-casada, pois é o que somos (Ef 5.25-32).

Oração: Senhor, Isaías 33.17 diz: "Os teus olhos verão o rei na sua glória", e, neste salmo, com os olhos da fé, de fato consigo ver teu Filho humilde e frágil, mas poderoso e majestoso. Somente por ser tanto divino quanto humano teu Filho pôde me salvar, e por isso sou grato para sempre. Amém.

5 de abril

LEIA Salmos 45.10-17. ¹⁰Ouve e olha, filha, inclina os ouvidos; esquece-te do teu povo e da família de teu pai. ¹¹Então o rei cobiçará a tua formosura. Honra-o, pois ele é teu senhor. ¹²A filha de Tiro virá a ti trazendo presentes; os ricos entre o povo te pedirão favores. ¹³A filha do rei está esplêndida dentro do palácio; suas vestes são enfeitadas de ouro. ¹⁴Será conduzida ao rei em vestidos de cores brilhantes; as virgens, suas companheiras que a seguem, serão levadas à tua presença. ¹⁵Serão levadas com alegria e regozijo, e entrarão no palácio do rei. ¹⁶Teus filhos estarão em lugar de teus pais; tu os farás príncipes sobre toda a terra. ¹⁷Farei com que teu nome seja lembrado de geração em geração; assim, os povos te louvarão para sempre.

NOSSA BELEZA. A noiva é conduzida pelo rei (v. 10-15). Se o rei é Jesus (veja a discussão de ontem), nós somos sua esposa. Ele nos cobiça (v. 11), mas Efésios 5.25-27 ensina que ele não nos ama porque somos encantadores, mas para nos tornar encantadores, pela graça. No último dia seremos unidos a ele, como todos os outros, em amor perpétuo. Os casamentos cristãos podem exibir uma pequena porção da alegria que nos aguarda no céu. Mas a idolatria é uma tentação. Devemos deixar que nosso casamento revele Cristo, não que o substitua. E, se não formos casados, mas desejarmos casar-nos, devemos nos lembrar de que já temos o único amor conjugal de fato capaz de satisfazer.

Oração: Senhor Jesus, tu nos vês como cônjuge e amante, com amor ardente e deleite. Eu te louvo por conseguires amar assim, mas confesso que não vivo como alguém que é amado desse modo. Torna isso uma verdade que controle como ajo a cada dia. Amém.

6 de abril

Leia Salmos 46.1-5. ¹Deus é nosso refúgio e fortaleza, socorro bem presente na angústia. ²Por isso, não temeremos, ainda que a terra trema e os montes afundem nas profundezas do mar; ³ainda que as águas venham a rugir e espumar, ainda que os montes estremeçam na sua fúria. [Interlúdio] ⁴Há um rio cujas correntes alegram a cidade de Deus, o lugar santo das moradas do Altíssimo. ⁵Deus está no meio dela, e não será abalada; Deus a ajudará desde o amanhecer.

A FORTALEZA DEFINITIVA. Até há pouco tempo, ninguém imaginava a possibilidade de o mundo ser destruído, mas hoje nossos filmes estão cheios de formas pelas quais isso poderia acontecer. Mas, se você tem esse Deus como seu Deus, consegue enfrentar até tais cataclismos sem medo algum. O texto não diz que Deus o ajudará se você for para um forte refúgio, mas que ele *é* esse refúgio. Deus é uma fortaleza ou cidade que não pode ser bombardeada ou destruída. Embora os terremotos e os tsunamis dissolvam o mundo sólido e derretam civilizações, o governo de Deus permanece inabalado. Se Deus está com você, até a pior coisa que pode lhe acontecer — a morte — só o torna infinitamente maior e mais feliz.

Oração: Senhor, sinto-me tão vulnerável — à enfermidade, à injúria, ao prejuízo financeiro, à traição política, ao fracasso profissional. Mas neste salmo tu dizes que nem os terremotos nem as montanhas que desaparecem podem levar embora minha herança de amor infinito, ressurreição e novos céus e nova terra. Ao louvar-te por isso, minha ansiedade se desvanece. Obrigado. Amém.

7 de abril

Leia Salmos 46.6-11. **⁶**As nações se enfurecem, os reinos se abalam; ele levanta sua voz, e a terra se dissolve. **⁷**O Senhor dos Exércitos está conosco; o Deus de Jacó é nosso refúgio. [Interlúdio] **⁸**Vinde, contemplai as obras do Senhor, que devastações fez na terra. **⁹**Ele acaba com as guerras até os confins do mundo; quebra o arco e despedaça a lança; destrói os carros com fogo. **¹⁰**Aquietai-vos e sabei que eu sou Deus; sou exaltado entre as nações, sou exaltado na terra. **¹¹**O Senhor dos Exércitos está conosco; o Deus de Jacó é nosso refúgio. [Interlúdio]

A RESPOSTA ADEQUADA. Nada é verdadeiramente sólido, digno de confiança e duradouro senão Deus. Nem há o que possa detê-lo. Mesmo a fúria e os ataques de pessoas contra Deus, seu povo e sua causa servirão apenas para ser finalmente usados por ele com propósitos de redenção (At 4.24-28). Não importa quão desolado o futuro pareça ou quão arrasadora a oposição, a cidade de Deus — a comunidade e a realidade celestiais (Sl 48.2; Gl 4.25-29; Hb 12.18-24) — não pode ser danificada, mas apenas triunfar. Por quê? Porque essa realidade e comunidade estão no próprio Deus (v. 7). Não existe reação mais apropriada ao ver Deus como ele de fato é — transcendente além de toda imaginação — do que aquietar-se e adorar.

Oração: Senhor, "aquietar-se" quer dizer não ficar ansioso, agitado, reclamando ou se vangloriando. Mostra-me então quem tu és — teu poder absoluto e teu amor infinito por mim — até eu me aquietar. Amém.

8 de abril

Leia Salmos 47.1-3. ¹Batei palmas, todos os povos; aclamai a Deus com voz de júbilo. ²Porque o Senhor Altíssimo é tremendo, é o grande Rei sobre toda a terra. ³Ele subjugou povos e nações sob nossos pés.

A ALEGRIA DA SUBMISSÃO. Deus é o Rei poderoso de toda a terra e está subjugando as pessoas ao seu governo. Mas, pelo fato de ele ser o rei *legítimo* — aquele que fomos criados para conhecer, servir e amar —, o resultado de sua conquista desses corações é a alegria. As pessoas batem palmas por ele governar sobre elas (v. 1). Deus é o combustível que nossas almas foram projetadas para receber. Portanto, quanto maior a submissão ao verdadeiro rei, maior o prazer. Em vez de pensar em nós mesmos como uma minoria política sitiada ou perdedores em fuga, como cristãos devemos transbordar de tanta alegria por nossa salvação a ponto de sentirmos o privilégio de cantar louvores a Deus para quem não o conhece.

Oração: Senhor, "compartilhar minha fé" dá a sensação de um dever ameaçador, mas não deve ser assim. Se falo às pessoas para que creiam em ti, estou chamando-as para a alegria. Eu não deveria fazer isso com desânimo. Abre meus lábios, para que minha boca possa proferir teu louvor de maneira encantadora. Amém.

9 de abril

Leia Salmos 47.4-9. ⁴Escolheu para nós a nossa herança, a glória de Jacó, a quem amou. [Interlúdio] ⁵Deus subiu entre aclamações, o Senhor subiu ao som de trombeta. ⁶Cantai louvores a Deus, cantai louvores; cantai louvores ao nosso Rei, cantai louvores. ⁷Pois Deus é o Rei de toda a terra; cantai louvores com conhecimento. ⁸Deus reina sobre as nações; ele está assentado sobre seu santo trono. ⁹Os príncipes dos povos se reúnem com o povo do Deus de Abraão, porque os escudos da terra pertencem a Deus; ele é exaltado com soberania.

A ALEGRIA DA GRAÇA. O cântico das nações um dia será sobre como Deus salvou o mundo por sua graça. Ele escolheu e amou Israel ("Jacó", v. 4) não porque o povo fosse mais sábio ou melhor, mas pelo simples fato de amá-lo (Dt 7.8). Assim, ao falarmos às pessoas sobre Deus, não há lugar para soberba ou superioridade. Até o último de nós foi salvo só pela graça, e assim deve ser com todo o seu povo. O versículo final revela uma visão impressionante. No final, o povo de Deus (os filhos de Abraão) incluirá pessoas de todas as línguas, tribos, povos e nações (v. 9). Essa promessa foi feita a Abraão (Gn 12.3), mas só em Jesus Cristo, na ascensão final ao maior dos tronos (Ef 1.20-23), ela se cumprirá (Ap 7.9).

Oração: Senhor, costumo olhar para algumas pessoas e pensar: "Esse tipo de pessoa jamais creria na fé cristã", mas pensar isso é esquecer que *ninguém* corresponde a um "tipo" cristão. O único motivo pelo qual eu creio ou qualquer outra pessoa crê por um milagre da tua graça. Sendo assim, permite-me falar do evangelho com toda confiança e esperança. Amém.

10 de abril

Leia **Salmos 48.1-8**. ¹Grande é o Senhor, e ele merece ser louvado na cidade do nosso Deus, no seu santo monte. ²Belo e imponente é o monte Sião, a alegria de toda a terra, para os lados do norte, a cidade do grande Rei. ³Em suas fortalezas, Deus se mostrou um alto refúgio. ⁴Pois os reis se aliaram e juntos se aproximaram. ⁵Viram-na e se maravilharam; ficaram assombrados e fugiram às pressas. ⁶Ali mesmo foram tomados de pavor, sentiram dores como uma mulher em trabalho de parto. ⁷Com um vento oriental destroçaste os navios de Társis. ⁸Assim como temos ouvido, também temos visto na cidade do Senhor dos Exércitos, na cidade do nosso Deus; ele a estabelece para sempre. [Interlúdio]

A BELEZA DA COMUNIDADE. Quando esse salmo foi escrito, a cidade de Deus era Jerusalém, contendo o monte Sião com o templo, lugar de expiação do pecado. Mas depois de Jesus, que foi o último templo e sacrifício pelo pecado, a cidade de Deus se torna uma comunidade de fiéis tanto no céu quanto na terra (Gl 4.25-29; Hb 12.18-24). A comunidade do povo de Deus deve ser "a alegria de toda a terra" (v. 2): uma sociedade humana alternativa baseada no amor e na justiça, e não no poder e na exploração. A Jerusalém terrena na verdade nunca atraiu muito as nações, mas a comunidade transformada de crentes em Cristo, sim (At 2.41, 4.32-35). Nossas igrejas fazem o mesmo hoje?

Oração: Senhor, uma quantidade muito grande das nossas comunidades cristãs cresce para dentro e é invisível, na melhor das hipóteses, ou pouco atraente, na pior. Ajuda-me a ser uma parte pequena, mas importante, em tornar minha igreja bela para todos em torno dela. Amém.

11 de abril

Leia **Salmos 48.9-14.** ⁹Ó Deus, dentro do teu templo temos meditado no teu amor. ¹⁰Ó Deus, teu louvor é como o teu nome, até os confins da terra; tua mão direita está repleta de justiça. ¹¹Alegre-se o monte Sião, regozijem-se as filhas de Judá, por causa dos teus juízos. ¹²Caminhai por Sião, rodeai-a; contai suas torres. ¹³Notai bem suas muralhas, percorrei suas fortalezas, para contardes à geração seguinte. ¹⁴Porque este Deus é o nosso Deus para todo o sempre; ele será nosso guia até a morte.

GUIA ATÉ O FIM. Jesus é o santuário verdadeiro (Jo 2.21), e, quando nos unimos a ele pela fé, recebemos seu Espírito e tornamo-nos um templo vivo em que Deus habita (Ef 2.19-22). Quando os cristãos "conta(m)" as "torres [de Sião]", agradecem a Deus pela igreja e se maravilham, alegres, pelo que se tornaram em Cristo. Quando eles "contam à geração seguinte", mostram o caminho da salvação por intermédio de Jesus àqueles que perguntam. E o Senhor é "o nosso guia até o fim" (v. 14, NVI). Fim do quê? Há diversos fins na vida, e o maior deles é a morte. Seu mistério e terror são suportáveis graças ao conhecimento de que Jesus estará conosco quando adentrarmos a morte e sairmos do outro lado.

Oração: Senhor, preciso ser tranquilizado pelo entendimento espiritual da grandeza do que nos tornamos em ti. Somos teu rebanho, tua habitação, teu corpo, teu reino, teu povo e teu amor. Ensina-me a amar tua igreja e a participar plenamente da vida e missão dela. Amém.

12 de abril

Leia **Salmos 49.1-4**. ¹Ouvi isto, vós, todos os povos; inclinai os ouvidos, todos os habitantes do mundo, ²quer humildes, quer nobres, tanto ricos como pobres. ³Minha boca falará com sabedoria, e a meditação do meu coração trará entendimento. ⁴Inclinarei os ouvidos para ouvir uma parábola; decifrarei meu enigma ao som da harpa.

SABEDORIA. Todas as pessoas compartilham de uma humanidade comum, seja qual for sua raça, classe social ou mesmo crenças (v. 1,2). Deus nos criou, portanto existe uma "estrutura" ou "essência" no universo. É tolice ir contra a essência de como Deus fez as coisas. Por isso, ser ganancioso, rude e desonesto não só viola a lei de Deus como também arruína você e tudo a sua volta. Ser sábio é não apenas consentir com as regras, mas perceber a vontade de Deus para a vida humana. Significa mudar não só o comportamento, mas também as atitudes, e fazer escolhas sábias nas muitas situações não regulamentadas especificamente pela Palavra de Deus. Esse salmo chama a atenção para a tolice e a futilidade de se confiar na riqueza.

Oração: Senhor, enfrento decisões cruciais em que as duas alternativas são moralmente permitidas, mas talvez não igualmente sábias. Como necessito de sabedoria para discernir o melhor caminho, a melhor escolha! Educa meu coração e mente para eu me tornar mais sábio e melhor administrador dos recursos que me tens dado. Amém.

13 de abril

Leia Salmos 49.5-12. **⁵**Por que teria medo nos dias da adversidade, quando me cercar a maldade dos meus perseguidores, **⁶**que confiam em seus bens e se vangloriam de suas muitas riquezas? **⁷**Nenhum deles, de modo algum, pode remir seu irmão, nem por ele oferecer um resgate a Deus, **⁸**pois a redenção da sua vida é caríssima, tanto que seus recursos não são suficientes; **⁹**para que continuasse a viver para sempre e não visse a sepultura. **¹⁰**Sim, ele verá que até os sábios morrem, que o tolo e o insensato perecem e deixam seus bens para outros. **¹¹**No íntimo, pensam que suas casas são perpétuas e que suas habitações haverão de durar através das gerações; dão os próprios nomes às suas terras. **¹²**Mas o homem, embora honrado, não permanece para sempre; pelo contrário, ele é como os animais que morrem.

SEM SEGURANÇA ALGUMA. O modo mais comum de lidar com o medo do futuro é "confia[r] em [...] riquezas" (v. 6). Mas isso significa depositar a confiança em algo que vai falhar. Nem a riqueza nem nenhum tipo de engenhosidade humana pode salvá-lo do desalento, da enfermidade, dos reveses financeiros ou das traições nos relacionamentos, e, por fim, não pode retardar sua mortalidade. Não há "resgate" capaz de livrá-lo da morte (v. 7-12). Ela está vindo, e tirará de você tudo que lhe é importante. Portanto, é uma tolice completa levar a vida como se a prosperidade econômica pudesse mantê-lo verdadeiramente seguro ou como se você nunca fosse morrer. Só Deus pode lhe dar coisas de valor em que a morte não consegue tocar, mas só tornar ainda melhores.

Oração: Senhor, pego-me com frequência imaginando como a vida seria muito melhor se eu tivesse mais. Também me "vanglorio" silenciosamente em meu coração quando me vejo capaz de pagar por determinados bens e morar em certos lugares. Guarda meu coração de tamanha superficialidade e tolice. Amém.

14 de abril

Leia Salmos 49.13-20. ¹³Esse é o destino dos que confiam em si mesmos, o fim dos que se satisfazem com suas próprias palavras. [Interlúdio] ¹⁴Como ovelhas são levados ao Sheol, e a morte os pastoreia; pela manhã, os justos triunfarão sobre eles; sua aparência se consumirá no Sheol, que será sua morada. ¹⁵Mas Deus resgatará minha vida do poder da morte, pois ele me receberá. [Interlúdio] ¹⁶Não temas quando alguém se enriquece, quando aumenta a glória da sua casa. ¹⁷Pois, quando morrer, nada levará consigo; sua glória não o acompanhará. ¹⁸Ainda que ele, enquanto vivo, se considere feliz e os homens o louvem quando faz o bem a si mesmo, ¹⁹ele se juntará à geração de seus pais, e eles nunca mais verão a luz. ²⁰Mas o homem, embora honrado, não permanece para sempre; pelo contrário, ele é como os animais que morrem.

O RESGATE SUPREMO. Na Antiguidade, um rei podia atacar outro país e ser derrotado, capturado e aprisionado. Pagava-se um resgate (v. 7) por sua soltura. Todo ser humano deve uma morte a Deus. Nossos pecados significam que pertencemos à morte (v. 14). Mas Deus, em vez de exigir um resgate em nosso favor, paga-o ele mesmo (v. 15). O salmista não sabe como isso pode ser feito, porém está confiante. A peça que falta é Jesus, que por sua morte eliminou a morte e nos libertou. Só na cruz descobrimos o quanto custou a Deus nos redimir "do poder da morte". Portanto, não se ressinta, não tema nem inveje o rico (v. 16). Tenha compaixão daqueles que não têm mais nada além de suas riquezas.

Oração: Senhor, os mais ricos e mais poderosos só são assim por permissão tua e por teu desígnio. Incute em mim esse entendimento das coisas (v. 20), a fim de que eu não fique nem inflado nem cabisbaixo demais pelo muito ou pouco dinheiro que eu possa ter. Firma-me com a consciência de onde as verdadeiras riquezas podem ser encontradas. Amém.

15 de abril

Leia Salmos 50.1-6. ¹O Senhor Deus, o Poderoso, fala e convoca a terra desde o nascente até o poente. ²Deus resplandece desde Sião, a perfeição da formosura. ³Nosso Deus vem e não guarda silêncio. Diante dele, há um fogo devorador e, ao seu redor, uma grande tempestade. ⁴Ele intima os altos céus e a terra para o julgamento do seu povo: ⁵Reuni os meus santos, aqueles que fizeram uma aliança comigo por meio de sacrifícios. ⁶Os céus proclamam sua justiça, pois Deus mesmo é Juiz. [Interlúdio]

COMEÇA O JULGAMENTO. As nações são convocadas a se juntarem em Sião para ouvir Deus falar (v. 1,2). Esperamos que Deus passe a julgar os pagãos, mas, em vez disso, surpreendemo-nos ao descobrir que ele está reunindo as nações para testemunharem enquanto ele depõe contra seu próprio povo (v. 5-7). O julgamento de Deus "[começa] pela casa de Deus" (1Pe 4.17). Embora nossa salvação em Cristo nos assegure que nossos pecados não podem nos levar à condenação final (Rm 8.1), ela também significa que, com nossos recursos espirituais mais excelentes, Deus nos considera *mais* responsáveis por viver conforme ele prescreve. A quem muito é dado, muito será exigido (Lc 12.48). Os cristãos são mais amados e perdoados, mas ao mesmo tempo chamados a uma prestação de contas mais rigorosa.

Oração: Senhor, eu te louvo porque, como um bom pai, amas teus filhos muito mais do que amas os outros. Todavia, exiges deles um padrão bem mais rigoroso. Só quando apreendo essas *duas* verdades mudo para melhor, fugindo tanto da autorrejeição quanto da autocomplacência. Derrama essas verdades fundo dentro do meu coração pelo teu Espírito. Amém.

16 de abril

Leia Salmos 50.7-15. ⁷Ouve, povo meu, e falarei; ó Israel, ouve, e testemunharei contra ti; eu sou Deus, o teu Deus. ⁸Não te repreendo por teus sacrifícios, pois teus holocaustos são apresentados a mim constantemente. ⁹Não aceitarei novilho da tua casa, nem bodes dos teus currais. ¹⁰Porque todo animal da floresta é meu, assim como o gado, aos milhares nas montanhas. ¹¹Conheço todas as aves dos montes, e tudo o que se move no campo é meu. ¹²Se eu tivesse fome, não te pediria, pois o mundo é meu e tudo que nele existe. ¹³Comerei a carne de touros? Beberei o sangue de bodes? ¹⁴Oferece sacrifício de ação de graças a Deus e cumpre teus votos ao Altíssimo. ¹⁵Invoca-me no dia da angústia; eu te livrarei, e tu me glorificarás.

RELIGIÃO SUPERFICIAL. Deus repreende seu povo por dois motivos. Primeiro, pela religiosidade exterior sem mudança interior de coração. Os versículos 8 a 13 mostram pessoas pensando que, com suas ofertas de adoração, estão de alguma forma fazendo um favor a Deus. Isso é moralismo, a ideia de que com nossa vida ética e nossa observância religiosa podemos fazer de Deus nosso devedor, de modo que ele tenha obrigações conosco. Pelo contrário, a alegria agradecida por nossa salvação imerecida e gratuita deve motivar tudo que fazemos (v. 14,15). Examine seu coração. Você sente que Deus lhe deve uma vida melhor? Você lhe obedece por sentir que precisa para assim conseguir o que deseja ou então por um deslumbramento apaixonado diante do que ele fez?

Oração: Senhor, não posso dar-te nada sem lembrar-me de que tanto o que te dou quanto o próprio desejo de dar-te vêm de ti de qualquer forma! Jamais posso tornar-te meu devedor. Por causa do que Jesus fez, não sou de mim mesmo: fui comprado por preço (1Co 6.19,20). Que esse entendimento me livre de toda murmuração e autopiedade. Amém.

17 de abril

Leia Salmos 50.16-23. ¹⁶Mas Deus diz ao ímpio: Que te adianta recitar meus estatutos e repetir minha aliança com a tua boca, ¹⁷visto que odeias a correção e lanças minhas palavras para longe de ti? ¹⁸Quando vês um ladrão, tu gostas dele; e te associas com os adúlteros. ¹⁹Abres a tua boca com perversidade, e a tua língua arma traição. ²⁰Tu sentas para falar contra teu irmão; difamas o filho de tua mãe. ²¹Tu tens feito essas coisas, e eu me calei; na verdade, pensavas que eu era como tu; mas eu te interrogarei e colocarei tudo na tua presença. ²²Considerai isto, vós que vos esqueceis de Deus, para que eu não vos despedace, sem que ninguém vos possa livrar. ²³Aquele que oferece sacrifício de ação de graças me glorifica; e mostrarei a salvação de Deus ao que atenta para seus atos.

RELIGIÃO HIPÓCRITA. A segunda coisa que Deus repreende é a profissão doutrinária de fé sem mudança de vida (v. 16-21). Alguns adoram toda semana e professam uma fé ortodoxa, mas envolvem-se em roubo, adultério, calúnia e fofoca (v. 18-20), baseados em um conceito pequeno demais de Deus ("pensavas que eu era como tu", v. 21). O julgamento é terrível, mas Jesus levou-o por nós. Ele foi despedaçado (v. 22): foi açoitado, perfurado, pregado e coroado com espinhos. Aqueles que confiam nele respondem com uma vida de gratidão que honra a Deus e revela a salvação ao mundo (v. 23). Ninguém verdadeiramente salvo pela fé e pela graça pode deixar de ter uma vida transformada de amor por Deus e pelo próximo (Tg 2.14-17).

Oração: Senhor, posso não cometer roubo ou adultério, mas minha língua de fato faz fofoca e ofusca a verdade. Confesso que simplesmente não sou transformado o suficiente pelas grandes verdades do evangelho em que professo crer de todo o coração. Mostra-me as lacunas específicas entre minha fé e minha prática, e dá-me poder para fechá-las. Amém.

18 de abril

Leia **Salmos 51.1-4**. ¹Ó Deus, compadece-te de mim, segundo teu amor; apaga minhas transgressões, por tuas grandes misericórdias. ²Lava-me completamente da minha iniquidade e purifica-me do meu pecado. ³Pois reconheço minhas transgressões, e meu pecado está sempre diante de mim. ⁴Pequei contra ti, e contra ti somente, e fiz o que é mau diante dos teus olhos; por isso tua sentença é justa, e teu julgamento é puro.

O PECADO COMO TRAIÇÃO. O rei Davi caíra em um caso amoroso e lançara mão do assassinato para encobri-lo (2Sm 11). Depois que o profeta Natã pregou um dos sermões mais poderosos de que se tem registro (2Sm 12), a confissão de Davi a Deus é radical e intensa: "Pequei contra ti, e contra ti somente..." (v. 4). Como ele pode dizer isso, quando seu pecado foi o de matar alguém? Pelo fato de o pecado ser como uma traição. Se tentar derrubar seu país, você pode ferir ou matar pessoas no processo, mas será julgado por traição por ter traído o país inteiro que foi seu lar. Portanto, todo pecado é uma traição cósmica: é subverter o governo daquele a quem você deve tudo.

Oração: Senhor, quando peco contra as pessoas — e até contra mim mesmo —, em última análise estou pecando contra ti, porque todos te pertencemos, e tu nos amas. Quando peco, não apenas infrinjo tuas leis, mas piso em teu coração. Ajuda-me a compreender essa verdade, pois ela me ajuda não só a reconhecer meus pecados, mas a abandoná-los. Amém.

19 de abril

Leia Salmos 51.5-9. ⁵Eu nasci em iniquidade, e em pecado minha mãe me concebeu. ⁶Tu desejas que a verdade esteja no íntimo; no coração me ensinas a sabedoria. ⁷Purifica-me com hissopo, e ficarei limpo; lava-me, e ficarei mais branco do que a neve. ⁸Faze-me ouvir júbilo e alegria, para que se regozijem os ossos que esmagaste. ⁹Esconde teu rosto dos meus pecados e apaga todas as minhas iniquidades.

O PECADO CRIA UM REGISTRO. Nos versículos 1 e 9 Davi pede que seus pecados sejam "apagados". Isso significa, literalmente, apagar as palavras de um livro. O pecado cria um registro objetivo — uma dívida ou uma ofensa contra a justiça — que pede castigo. Se alguém é julgado culpado, o juiz não pode ignorar o registro. Um registro criminal só pode ser apagado se a pessoa cumprir a pena. Como, então, Deus pode apagar o pecado de Davi sem matá-lo de um só golpe, que seria a justa pena por tudo que ele fez? Só no Novo Testamento descobrimos o que custou para Jesus "apaga[r] a escrita de dívida, que nos era contrária" (Cl 2.14).

Oração: Pai, tu podes desviar o rosto dos meus pecados porque o desviaste de Jesus na cruz. No entanto, desprezo o sacrifício que ele fez quando tento acrescentar algo à obra dele me auto flagelando. Ajuda-me a honrar-te crendo que fui perdoado. Amém.

20 de abril

Leia Salmos 51.10-13. ¹⁰Ó Deus, cria em mim um coração puro e renova em mim um espírito inabalável. ¹¹Não me expulses da tua presença, nem retires de mim o teu Santo Espírito. ¹²Restitui-me a alegria da tua salvação e sustenta-me com um espírito obediente. ¹³Então ensinarei teus caminhos aos transgressores, e pecadores se converterão a ti.

A IMPORTÂNCIA DA ALEGRIA. "Restitui-me a alegria da tua salvação" é uma oração que devemos fazer com frequência. A Bíblia ordena que nos alegremos em Deus (Fp 4.4). Trata-se de um mandamento não apenas para experimentarmos uma emoção, mas para nos lembrarmos com tal disciplina de tudo que temos em Cristo a ponto de sua grandiosidade irromper em nosso coração. É pecado ficar menos do que alegre diante do que Deus tem feito em nossa vida. Além disso, não podemos ministrar às pessoas a não ser a partir da nossa própria alegria. Nossas palavras serão duras, rudes, indiferentes ou ausentes a menos que transbordemos da alegria de saber que somos bens preciosos de Deus, comprados a um alto custo.

Oração: Senhor, não quero que meu coração se abata demais por minhas decepções e perdas, mas isso difícil. Envia teu Espírito para falar ao meu coração dos bens e glórias surpreendentes que tenho e terei em ti. Amém.

21 de abril

Leia **Salmos 51.14-19.** ¹⁴Ó Deus, Deus da minha salvação, livra-me dos crimes de sangue, e minha língua cantará alegremente tua justiça. ¹⁵Senhor, abre meus lábios, e minha boca proclamará teu louvor. ¹⁶Pois não tens prazer em sacrifícios e não te agradas de holocaustos, do contrário, eu os ofereceria a ti. ¹⁷Sacrifício aceitável para Deus é o espírito quebrantado; ó Deus, tu não desprezarás o coração quebrantado e arrependido. ¹⁸Faze o bem a Sião, segundo tua boa vontade; edifica os muros de Jerusalém. ¹⁹Então te agradarás de sacrifícios de justiça, dos holocaustos e das ofertas queimadas; então serão oferecidos novilhos sobre teu altar.

A ELOQUÊNCIA DO QUEBRANTAMENTO. Como é o coração quebrantado e arrependido que Deus tanto deseja (v. 17)? É um coração que sabe que merece tão pouco, mas que tem recebido tanto. Saber só a primeira verdade é ter aversão por si próprio, e saber só a segunda é autossatisfazer-se; e os dois tipos de coração se perderão em si mesmos. Em vez disso, Davi está falando sobre corações quebrantados pela graça valiosa e gratuita. Isso significa saber as duas coisas: quanto estamos perdidos e como somos amados. Isso nos tira de dentro de nós mesmos, libertando-nos da necessidade de constantemente olharmos para nós. Quando nossos lábios são abertos, não falamos a nosso respeito, mas do louvor a Deus (v. 15).

Oração: Senhor, cria em mim um quebrantamento verdadeiro, e não o falsificado, que são o desânimo, a amargura ou o desespero. Permite-me conhecer o que significa ser livre de sempre necessitar me defender, de sempre ter de manter a dignidade e de sempre sofrer pelo fato de ter sido desprezado. Dá-me a paz tranquila de um espírito quebrantado. Amém.

22 de abril

Leia Salmos 52.1-4. ¹Ó homem poderoso, por que te glorias na maldade? O amor fiel de Deus subsiste em todo o tempo. ²Ó tu, que usas de engano, tua língua maquina planos de destruição, como uma navalha afiada. ³Tu preferes a maldade em vez do bem e a mentira em lugar da verdade. [Interlúdio] ⁴Ó língua falsa, amas todas as palavras devoradoras.

AMORES DESORDENADOS. Doegue, o edomeu, caíra nas graças do rei Saul passando informações sobre Davi e causando a carnificina de uma comunidade inteira de sacerdotes (2Sm 22.6-19). Davi confronta Doegue, criticando-lhe o caráter. "Gloriar-se" não diz respeito necessariamente à vanglória exterior, mas à presunção, ao desprezo dos os outros como tolos pouco sofisticados e ingênuos. A arrogância sempre leva à crueldade. A língua de Doegue se tornou como uma navalha afiada (v. 2) a destruir pessoas. A fonte de todo o mal, no entanto, é o amor desordenado de seu coração. Os versículos 3 e 4 repetem que o que ele *ama* — aquilo que enche sua imaginação, que o delicia e atrai — é machucar as pessoas e aumentar seu poder. Analise seus desejos. Eles lhe dizem para o que você está vivendo e quem você realmente é.

Oração: Senhor, que eu conheça meu próprio coração. Ajuda-me a impedir o surgimento de qualquer autossatisfação e de todas as tendências a desprezar as pessoas. Que eu passe meu tempo livre orando a ti em vez de ficar fantasiando sobre meu sucesso. Lança fora de mim a vanglória, dando-me uma visão que me mantenha humilde do teu precioso amor. Amém.

23 de abril

Leia Salmos 52.5-9. ⁵Deus também te esmagará para sempre; ele te arrebatará e te arrancará da tua habitação; e te eliminará da terra dos viventes. [Interlúdio] ⁶Os justos verão e temerão, e rirão dele, dizendo: ⁷Vede o homem que não fez de Deus o seu refúgio; pelo contrário, confiava em suas grandes riquezas e se fortalecia em sua perversidade. ⁸Mas eu sou como oliveira verde na casa de Deus; confio na bondade de Deus para sempre e eternamente. ⁹Para sempre te louvarei, pois fizeste isso, e proclamarei teu nome na presença dos teus santos, porque és bom.

COMO PERDURAR. A ruína certa daqueles que confiam em grandes riquezas e que se fortalecem destruindo os outros (v. 7) não é um enredo inventado por Hollywood nem uma ilusão. No fundo sabemos que o julgamento um dia virá para aqueles que destroem os outros em benefício próprio... Por qual outro motivo esses livros e filmes que retratam a vitória do desfavorecido sobre o opressor soam tão verdadeiros? O sucesso com base no orgulho e na crueldade nunca perdura, mas confiar no amor firme e gracioso de Deus (v. 8), conhecê-lo em oração (v. 9) e enraizar-se na comunidade dos crentes (v. 9) é como ser uma oliveira, uma das árvores mais longevas (v. 8). É assim que se permanece ao longo do tempo.

Oração: Senhor, a única segurança e proteção que existe está em ti, e qualquer um que confie em estratagemas e engenhosidade próprios fracassará. Dá-me a coragem e a habilidade para advertir meus amigos que vivem como se não necessitassem de ti. Que eu fale uma palavra que testemunhe do teu amor infalível. Amém.

24 de abril

Leia Salmos 53. ¹O insensato diz no seu coração: Deus não existe. Todos se corrompem e praticam abominações; não há quem faça o bem. ²Deus olha do céu para os filhos dos homens, para ver se há alguém que tenha entendimento, que busque a Deus. ³Todos se desviaram e juntos se corromperam; não há ninguém que faça o bem, não há um sequer. ⁴Por acaso nenhum dos malfeitores compreende? Eles devoram o meu povo como quem come pão, e não invocam a Deus! ⁵Serão tomados de grande pavor, porque Deus dispersa os ossos dos que acampam contra ti; tu os envergonhas, pois Deus os rejeitou. ⁶Ah, se de Sião viesse a salvação de Israel! Quando Deus trouxer de volta os cativos do seu povo, então Jacó se regozijará, e Israel se alegrará.

VENCENDO O PAVOR. Os salmos 14 e 53 são praticamente idênticos até os versículos 5 e 6. O salmo 14 é uma advertência para os incrédulos temerem porque Deus existe de verdade, mas o salmo 53 é um chamado aos crentes. Deus derrotou seus inimigos (v. 5), então por que estão tomados de pavor onde não há nada a temer (v. 5)? Há tempos em que nos sentimos quase sufocados por temores em relação a nossa saúde, nossa família, nosso emprego e até mesmo em relação ao estado geral do mundo. *Pavor* é menos específico do que *medo*. É a atitude de quem acha que alguma coisa com certeza dará errado, se é que já não deu. Além de com frequência não ser verdadeiro, como diz o salmo, é um insulto a nosso Salvador amoroso, que caminhará conosco mesmo se o pior *de fato* acontecer.

Oração: Pai, a preocupação e o medo vêm porque me esqueço do que realizaste por mim em Jesus Cristo. Tu derrotaste o pecado (por isso ele não pode me condenar) e a morte (por isso posso estar seguro da minha ressurreição). Enquanto isso, tu estás operando as coisas para o bem. Lembra-me, lembra-me de tudo isso, a fim de que eu possa descansar em ti. Amém.

25 de abril

Leia Salmos 54. ¹Salva-me, ó Deus, pelo teu nome, e faze-me justiça pelo teu poder. ²Ó Deus, ouve minha oração, dá ouvidos às minhas palavras. ³Porque estrangeiros se levantam contra mim, e homens violentos procuram tirar-me a vida; eles não têm nenhuma consideração por Deus. [Interlúdio] ⁴Deus é meu auxílio; o Senhor é quem sustenta minha vida. ⁵Retribui o mal sobre meus inimigos; destrói-os por tua verdade. ⁶Eu te oferecerei sacrifícios espontaneamente; louvarei teu nome, ó Senhor, porque és bom. ⁷Pois me livraste de toda angústia, e meus olhos viram a ruína dos meus inimigos.

O RECUO DO MAL. A mais básica das orações é: "Salva-me, ó Deus" (v. 1). Davi deixa sua vingança para Deus (v. 1) e para o desenlace natural das tendências autodestrutivas do mal (v. 5). A natureza autodestruidora do mal é retratada muito bem em *Perelandra*, o segundo livro da trilogia cósmica de C. S. Lewis. O personagem possuído pelo Diabo canta vitória com a morte do Filho de Deus até o dr. Ransom, o cristão, lhe perguntar basicamente: "E qual foi o resultado disso tudo para você?". O demônio joga a cabeça para trás e urra, pois lembra-se de que, ao matar a Cristo, ele derrotou a si próprio e acabou morto. O mal não está preso a um combate com o bem... O bem já triunfou e o mal, em toda parte, recua sobre si mesmo.²

Oração: Senhor, o mal se destrói porque tu és soberano e este é teu mundo. No fundo do meu coração eu não acredito nisso e, assim, sou tentado a errar e fico desanimado demais quando vejo outros "se dando bem". Louvo-te pelo fato de que, sendo quem és, o mal não pode prevalecer! Amém.

26 de abril

Leia Salmos 55.1-8. ¹Ó Deus, dá ouvidos à minha oração e não te escondas da minha súplica. ²Atende-me e ouve-me. Estou perturbado e ando perplexo, ³por causa do clamor do inimigo e da opressão do ímpio; pois agem contra mim com maldade e me perseguem com furor. ⁴Meu coração dispara dentro de mim, e o pavor da morte me domina. ⁵Temor e tremor me sobrevêm, e o horror toma conta de mim. ⁶Por isso, eu disse: Ah! Quem me dera ter asas como de pomba! Eu voaria e encontraria descanso. ⁷Fugiria para longe e me esconderia no deserto. [Interlúdio] ⁸E logo me protegeria da fúria do vento e da tempestade.

A TENTAÇÃO DE FUGIR. O impulso de Davi é fugir dos problemas e da dor e ir para algum outro lugar... qualquer lugar (v. 6-8). No caso dele, isso significaria abdicar da coroa e permitir que alguém assumisse as pressões da liderança. Em outros casos poderia significar ceder à tentação, ou seguindo o caminho da menor resistência, mentindo, prejudicando outra pessoa para se salvar. Isso pode envolver entregar-se a algum vício que lhe adormeça a dor. Mas não existe refúgio longe de Deus. *Devemos* continuar a confiar nele, pois todos os outros locais de "proteção" demonstrarão ser lugares de maior perigo. Não há para onde ir. Ele tem as palavras de vida eterna (Jo 6.66-69).

Oração: Senhor, muitas vezes eu só quero saber de fugir. Ser o amigo, o membro da família e o cristão que eu deveria ser parece tão difícil! Mas na tua presença percebo que, embora viver desse modo *seja* difícil, todas as alternativas são piores, infinitamente mais. Sê meu apoio e mantém-me no caminho da vida. Amém.

27 de abril

Leia Salmos 55.9-19. ⁹Senhor, confunde-os, frustra o que falam, pois vejo violência e conflito na cidade. ¹⁰Dia e noite andam ao seu redor, em torno de seus muros; violência e maldade também estão no meio dela. ¹¹Há destruição no seu interior; opressão e fraude não se afastam das suas ruas. ¹²Não é um inimigo que me afronta; isso eu poderia suportar. Nem é um adversário que me menospreza, porque dele eu poderia me esconder. ¹³Mas és tu, meu colega, meu companheiro e amigo chegado. ¹⁴Juntos tivemos momentos agradáveis; caminhávamos com a multidão para a casa de Deus. ¹⁵Que a morte os assalte e desçam vivos ao Sheol; porque na sua morada e no seu íntimo há maldade. ¹⁶Mas eu invocarei a Deus, e o Senhor me salvará. ¹⁷À tarde, de manhã e ao meio-dia me queixarei e me lamentarei; e ele ouvirá minha voz. ¹⁸Em paz livrará minha vida dos que me perseguem; pois há muitos que lutam contra mim. ¹⁹Deus ouvirá; aquele que está entronizado desde a antiguidade lhes responderá. [Interlúdio] Porque eles não mudam de ideia nem temem a Deus.

O DEUS QUE OUVE AS ORAÇÕES. Davi foi traído não por um colega apenas, mas por um amigo íntimo (v. 12-14). Como sobrevivemos a experiências semelhantes de dor e aflição internas extraordinárias? Davi ora três vezes por dia: de manhã, ao meio-dia e à noite (v. 7). Muitas igrejas e cristãos adotaram esse padrão como sua agenda diária de oração. Fizeram isso porque Deus é um Deus que ouve as orações (v. 18,19). Quanto mais pedimos, mais recebemos (Tg 4.3).

Oração: Senhor, há muitas coisas que estás disposto a me dar. Mas só se eu as pedir a ti elas serão espiritualmente seguras para me serem concedidas. Sendo assim, guia-me e fortalece-me para procurar-te mais e mais em minhas necessidades. Louvo-te por nos convidares a fazer isso, por meio de Jesus. Amém.

28 de abril

Leia Salmos 55.20-23. ²⁰Aquele meu companheiro levantou a mão contra os que viviam em paz com ele; quebrou o que havia tratado. ²¹O seu falar era macio como manteiga, mas havia rancor em seu coração; suas palavras eram mais brandas do que azeite, mas eram como espadas desembainhadas. ²²Entrega tuas ansiedades ao Senhor, e ele te dará sustentação; nunca permitirá que o justo seja abalado. ²³Mas tu, ó Deus, os farás descer ao poço da perdição; criminosos e traiçoeiros não viverão a metade dos seus dias; mas eu confiarei em ti.

ENTREGANDO SUAS ANSIEDADES A ELE. Você deve "entregar [s]uas ansiedades ao Senhor" (v. 22). O resultado não é que Deus vá resolver todos os problemas, mas ele vai sustentá-lo e dar-lhe forças para lidar com eles. Se estamos em uma tempestade e oramos a ele, Deus pode acalmá-la (Mc 4.39) ou então nos ajudar, como fez com Pedro, a atravessar a tempestade sem afundar (Mt 14.27-31). Como Pedro precisou manter os olhos em Jesus (Mt 14.30), também nós devemos olhar para nosso Salvador, sofrendo traição e rejeição com paciência, a fim de nos salvar. Se ele fez isso em nosso favor, podemos suportar as traições pacientemente, confiando nele.

Oração: Senhor, grande parte das minhas preocupações surge de uma convicção arrogante de que sei melhor do que tu o que precisa acontecer. Ensina-me a lançar os meus fardos sobre ti, confiando-os ao teu poder e sabedoria. Amém.

29 de abril

Leia Salmos 56.1-7. ¹Ó Deus, compadece-te de mim, pois há homens que me pressionam e oprimem, atacando-me o dia todo. ²Meus inimigos me pressionam o dia todo, pois são muitos os que me atacam com arrogância. ³Mas quando eu estiver com medo, confiarei em ti. ⁴Em Deus, cuja palavra eu louvo, em Deus ponho a minha confiança e não terei medo. Que poderá fazer o mortal? ⁵Todos os dias torcem minhas palavras; só inventam maldade contra mim. ⁶Ajuntam-se, escondem-se, espiam meus passos, como se estivessem aguardando a minha morte. ⁷Deixarás que eles escapem da sua culpa? Ó Deus, derruba os povos na tua ira!

QUE PODERÁ FAZER O MORTAL? A fé em Deus e o medo podem coexistir em nós mesmo no momento em que lentamente aprendemos a confiar nele. A fé não é uma ideia vaga de que "Deus vai dar um jeito". Ela vem da imersão nas Escrituras, a Palavra de Deus, em atitude de oração (v. 3,4). Jesus responde à pergunta de Davi ("Que poderá fazer o mortal?") em Mateus 10.28. Não devemos temer aqueles que podem matar nosso corpo, pois, se estamos seguros em Jesus, que já levou nossa sentença de morte, então nossa vida real e eterna está garantida. Davi ainda ora para ser liberto dos que o atacam, e nós podemos e devemos clamar a Deus por libertação, seja de pessoas perversas, seja de enfermidades obstinadas. No fim, estamos seguros em Jesus.

Oração: Senhor, não necessito apenas ler, mas também louvar tua Palavra: ter prazer e alegria no que ela me diz sobre tua glória e graça. Ajuda-me a tranquilizar e a silenciar meu coração temeroso com as promessas e declarações das Escrituras. Amém.

30 de abril

Leia Salmos 56.8-13. ⁸Tu contas minhas aflições; põe minhas lágrimas no teu odre; não estão elas registradas no teu livro? ⁹No dia em que eu te invocar meus inimigos retrocederão; estou certo de que Deus está comigo. ¹⁰Em Deus, cuja palavra eu louvo, no Senhor, cuja palavra eu louvo, ¹¹em Deus ponho minha confiança, e não terei medo. Que poderá fazer o mortal? ¹²Ó Deus, cumprirei os votos que fiz; eu te oferecerei ações de graças; ¹³pois livraste minha vida da morte e meus pés de tropeçar, para que eu ande diante de Deus na luz da vida.

SE DEUS É POR MIM. Davi pergunta outra vez: "Que poderá fazer o mortal?" (v. 11), mas só depois de afirmar que sabe que Deus é por ele (v. 9). Deus tem um cuidado tão detalhado e tão terno por nós que mantém um registro de cada lágrima (v. 8). Como podemos ter certeza disso? Paulo faz a mesma pergunta — "Se Deus é por nós, quem será contra nós?" (Rm 8.31) — e fundamenta sua confiança na obra de Jesus Cristo (Rm 8.37-39). Os cristãos vencem seus medos olhando não apenas para a Palavra escrita, a Bíblia, mas também para a Palavra encarnada, Jesus Cristo. Por intermédio de seu poder soberano e criativo, Deus é capaz de nos dar sua Palavra salvadora humana e divina, escrita e contorcida de dor na cruz.

Oração: Senhor, tu me *libertaste* da morte pela cruz e garantiste minha ressurreição e vida eterna. Se tu verdadeiramente me amas a ponto de notar e registrar cada lágrima minha, por que tenho medo de seja lá o que for? Assenta essa verdade no fundo do meu coração para que eu não tema ninguém. Amém.

1.º de maio

Leia Salmos 57.1-6. ¹Compadece-te de mim, ó Deus, compadece-te de mim, pois me refugio em ti; eu me refugiarei à sombra das tuas asas, até que passem as calamidades. ²Clamarei ao Deus altíssimo, ao Deus que tudo executa por mim. ³Ele enviará seu auxílio do céu e me salvará. Envergonhará meu opressor. [Interlúdio] Deus enviará sua misericórdia e sua verdade. ⁴Estou deitado no meio de leões; tenho de deitar-me no meio dos que me querem devorar. São homens, cujos dentes são como lanças e flechas, e cuja língua é como espada afiada. ⁵Ó Deus, sê exaltado acima dos céus; a tua glória esteja sobre toda a terra. ⁶Armaram um laço para os meus passos, minha alma ficou abatida; cavaram uma cova diante de mim, mas foram eles que caíram nela. [Interlúdio]

NA COVA DOS LEÕES. Davi está cercado pelo perigo, como se estivesse no meio de feras que rugem (v. 4). Ele grita por socorro (v. 1,2), mas de repente simplesmente louva a Deus: "Ó Deus, sê exaltado acima dos céus; a tua glória esteja sobre toda a terra" (v. 5). Mais profundo que a calamidade, o perigo e a agonia é o desejo de que Deus seja glorificado. Se isso puder ser feito ao sermos salvos das circunstâncias que enfrentamos, então louvemos a Deus! Se tal objetivo for mais bem alcançado diante de circunstâncias inalteradas, enquanto continuamos a mostrar confiança em Deus diante do mundo que nos observa, louvemos a Deus também. De uma forma ou de outra, Deus cumpre seu propósito para sua vida ao mesmo tempo que você tem prazer em honrá-lo.

Oração: Pai, teu Filho nos ensinou a orar: "... santificado seja o teu nome" antes de: "o pão nosso de cada dia nos dá hoje". Ajuda-me a não orar: "Tu *tens* de fazer tal coisa, Deus!", mas sim: "Sê glorificado em minha vida". É difícil a princípio; depois, é a própria liberdade. Amém.

2 de maio

Leia Salmos 57.7-11. ⁷Meu coração está firme, ó Deus, firme está meu coração. Cantarei louvores, sim, eu cantarei! ⁸Desperta, minha alma; despertai, lira e harpa; quero despertar a alva. ⁹Senhor, eu te louvarei entre os povos; cantarei louvores a ti entre as nações. ¹⁰Pois teu amor é grande até os céus, e tua verdade até as nuvens. ¹¹Ó Deus, sê exaltado acima dos céus; a tua glória esteja sobre a terra.

CÂNTICOS À NOITE. Como lidamos com tempos de grande perigo, quando estamos rodeados de forças predatórias (veja v. 1-4)? Davi continua a entoar louvores à glória de Deus, bem no meio da escuridão, com uma alegre animação (v. 7,8). Ele enxerga a grandiosidade de Deus nos céus e acima deles (v. 9-11). Há luz e grande beleza que estão eternamente fora do alcance de quaisquer sombras malignas neste mundo.[1] Não se trata de mero desafio estoico ("Não permitirei que me abata"), mas de esperança teológica. O Universo é um oceano infinito da alegria e da glória de Deus. Somos temporariamente capturados por uma pequena gota de tristeza aqui na terra, mas, no fim, ela será removida. Independentemente do que acontece de imediato aos crentes, no final tudo ficará bem.

Oração: Senhor, ajuda-me a ter uma perspectiva correta das coisas. Um dia tua glória se levantará como a última alvorada para pôr fim a toda noite e escuridão. Serei ressuscitado e viverei contigo nos prazeres inimagináveis do amor infinito. Levanta os olhos do meu coração para enxergar esse horizonte. Amém.

3 de maio

Leia Salmos 58.1-5. ¹Ó poderosos, por acaso falais com justiça? Ó filhos dos homens, julgais com retidão? ²Não, pelo contrário, tramais maldades no coração; fazeis pesar a violência das vossas mãos sobre a terra. ³Os ímpios se desviam desde o ventre; andam errados desde que nasceram, falando mentiras. ⁴Têm veneno semelhante ao veneno da serpente; são como a víbora surda, que tapa seus ouvidos, ⁵de modo que não ouve a voz dos encantadores, nem mesmo do encantador perito em encantamento.

O MAL NOS CORREDORES DO PODER. A corrupção política não é um fenômeno novo. Homens e mulheres foram encarregados de governar o mundo e de cultivar suas riquezas como administradores, encarando tudo que têm como pertencente a Deus (Gn 1.26-30). Mas debaixo do pecado eles governam por interesse próprio, explorando os outros para aumentar bens e poder. Davi está correto na denúncia que faz, mas sua descrição dos ímpios no versículo 3 é surpreendente, pois em Salmos 51.5 ele reconhece que também "em pecado minha mãe me concebeu". Sempre que confrontamos um malfeitor, por pior que ele seja, olhamos para um espelho. Se a você, diferentemente do que acontece com as pessoas que costuma ver, "Deus concedeu [...] o arrependimento para a vida" (At 11.18) ou para que "[conhecesse] plenamente a verdade" (2Tm 2.25), você só tem que "agradecer a Deus".²

Oração: Senhor, põe em posição de autoridade líderes honestos, sábios e generosos. E, quando eu vir aqueles que não são nada disso, não permitas que eu caia no erro de pensar que seria indiferente às tentações do poder. Estabelece a justiça em nossa terra. Amém.

4 de maio

Leia Salmos 58.6-11. **⁶**Ó Deus, quebra-lhes os dentes da boca; Senhor, arranca os caninos dos leões. **⁷**Sumam-se eles, como águas que se escoam; sejam pisados e murchem como a relva macia. **⁸**Sejam como a lesma que se derrete e se vai; como a criança abortada, que nunca viu o sol. **⁹**Que ele arranque os espinheiros antes que cheguem a aquecer vossas panelas, tanto os verdes como os secos. **¹⁰**O justo se alegrará quando vir a vingança; lavará os pés no sangue do ímpio. **¹¹**Então os homens dirão: Certamente há uma recompensa para o justo; certamente há um Deus que julga na terra.

O CLAMOR POR JUSTIÇA. As pessoas que levam uma vida confortável podem se incomodar com os versículos 6 a 10, mas os salmos se recusam a "permitir que nos habituemos com o escândalo do maligno nos lugares sagrados".³ Eles dão voz à ira do oprimido. Observe, no entanto, que o pedido não é: "Ajuda-*me* a quebrar os dentes dos ímpios" — isso é entregue a Deus (v. 6). O Novo Testamento usa linguagem intensa semelhante para o que acontecerá no dia do juízo (Ap 19.11-13), porém nesse meio-tempo não guerreamos contra o mal com espadas de verdade, mas com o evangelho (Ap 12.11). Se conhecemos o verdadeiro mal, haveremos de *desejar* um juiz divino que desembainhe a espada, a fim de que possamos nos abster de fazê-lo.

Oração: Senhor, torna-me um agente da reconciliação, perdoando de coração aqueles que praticam o mal, mas, ao mesmo tempo, insistindo na verdade e na responsabilidade. Essa é uma vida moldada pela cruz, honrando a um só tempo tanto a misericórdia quanto a justiça. Amém.

5 de maio

Leia Salmos 59.1-7. ¹Meu Deus, livra-me dos meus inimigos; protege-me daqueles que se levantam contra mim. ²Livra-me dos que praticam a maldade e salva-me dos homens sanguinários. ³Eles armam ciladas contra mim; os fortes conspiram contra mim, Senhor, sem que haja em mim transgressão ou pecado. ⁴Eles se apressam em me atacar sem que eu tenha culpa. Desperta para me ajudares e olha para mim. ⁵Tu, Senhor, Deus dos Exércitos, Deus de Israel, desperta para punir todas as nações! Não tenhas misericórdia de nenhum dos traidores perversos. [Interlúdio] ⁶Eles voltam à tarde, uivam como cães e andam rondando a cidade. ⁷Eles gritam, e seus lábios são como espada, pois pensam: Quem ouvirá?

GRITANDO. Hoje a mídia facilita muito "gritar" palavras "como espada" (v. 7). Diferentemente da escrita de cartas, enviamos e-mails e mensagens de texto para todo lado, sem pesá-los. Diferentemente do confronto face a face, falamos sem pensar e sem medo de vermos a mágoa ou a raiva no rosto do outro. Por causa do anonimato, pensamos que ninguém pode nos identificar. Dessa forma, as palavras hoje são mais convertidas em armas do que nos dias de Davi. Mas cada palavra — mesmo a informal e descuidada (Mt 12.36) — é um indício do que está no coração (Mt 12.34) e será julgada por Deus. Como nunca antes, dizemos: "Eu não queria dizer de verdade o que falei". Mas você falou. Observe e controle as palavras para conhecer e moldar seu coração (Tg 3.1-12).

Oração: Senhor, salva-me dos pecados da minha língua e das falhas de caráter que os alimentam. Que minhas palavras sejam sinceras (afastando meu medo), poucas (afastando minha presunção), sábias (afastando minha negligência) e gentis (afastando minha indiferença e irritabilidade). Amém.

6 de maio

Leia Salmos 59.8-13. ⁸Mas tu, Senhor, te rirás deles; zombarás de todas as nações. ⁹Esperarei em ti, força minha; pois Deus é meu alto refúgio. ¹⁰O meu Deus virá ao meu encontro com seu amor fiel. Deus me fará ver cumprido o meu desejo sobre meus inimigos. ¹¹Não os mates, para que meu povo não se esqueça; espalha-os com o teu poder e abate-os, ó Senhor, escudo nosso. ¹²Pelo pecado da sua boca e pelas palavras dos seus lábios fiquem presos na sua arrogância. Pelas maldições e mentiras que proferem, ¹³consome-os na tua indignação; consome-os, para que deixem de existir; para que saibam que Deus reina sobre Jacó, até os confins da terra. [Interlúdio]

O RISO DE DEUS. Sentimo-nos intimidados pelo mundo, mas Deus não. Ele ri de todas as forças que se opõem a ele (v. 8). No entanto, a história não se resume ao riso de Deus. Embora ele não se impressione com a rebeldia pecaminosa, ela não lhe é indiferente. O pecado também lhe causa pesar. Lemos em Gênesis 6.6 que Deus olhou para o mal do mundo e "isso lhe pesou no coração". Ele une o próprio coração a nós de tal modo que nosso pecado lhe causa sofrimento, e só na cruz aprendemos o quanto. Se vemos Jesus chorando pelo pecado (Lc 19.41-44) e denunciando-o (Lc 19.45-47), então podemos seguir a Deus em não nos deixar intimidar pelos malfeitores, nem endurecer o coração para com eles.

Oração: Senhor, dá-me um senso de tua graça imerecida, mas que nos preserva, para que, ao olhar para aqueles que te rejeitam e aos teus caminhos, eu não os menospreze, não os tema nem simplesmente deixe de me importar com eles. Ensina-me a falar a verdade em amor. Amém.

7 de maio

Leia Salmos 59.14-17. ¹⁴Eles voltam à tarde, uivam como cães e andam rondando a cidade; ¹⁵vagueiam em busca do que comer e se queixam se não se fartam. ¹⁶Eu, porém, cantarei a tua força; pela manhã, louvarei com alegria teu amor fiel, pois me tens sido fortaleza e refúgio no dia da minha angústia. ¹⁷Cantarei louvores a ti, força minha! Porque Deus é minha fortaleza, é o Deus que me mostra seu amor fiel.

PODE UIVAR — EU CANTAREI. Em contraste com os cães, que uivam e se queixam, o salmista canta e louva. Embora ainda sob ataque (os cães continuam uivando), ele louva a Deus no coração por ele ser sua fortaleza e refúgio. "Rocha eterna que feri, quero em ti me refugiar", diz o verso do famoso hino de Augustus Toplady. Jesus é o lugar para onde corremos quando estamos sob qualquer tipo de ataque, e podemos nos esconder nele em busca de segurança. O salmista chama Deus de "o Deus que me mostra seu amor fiel" e, literalmente, de "meu amor incondicional" (Sl 144.2). Os cristãos sabem que o amor deve ser incondicional, não baseado em nossos méritos, mas no fato de que Jesus foi "fendido", partido ao meio, para criar um esconderijo para nós.

Oração: Senhor, ensina-me a cantar regularmente sobre teu amor. Isso significará não apenas pensar em ti, mas regozijar-me em ti e ser regozijo para ti com meu respirar e pensamentos ao longo do dia. Ajuda-me a fazer isso, meu Deus de amor. Amém.

8 de maio

Leia Salmos 60.1-5. ¹Ó Deus, tu nos rejeitaste, tu nos esmagaste, tens estado indignado; restaura-nos. ²Balançaste e fendeste a terra; repara suas fendas, pois ela treme. ³Fizeste teu povo atravessar momentos difíceis; fizeste-nos beber o vinho que atordoa. ⁴Deste um estandarte aos que te temem, para que possam fugir do ataque dos arcos. [Interlúdio] ⁵Salva-nos com a tua mão direita e responde-nos, para que teus amados sejam livres.

COMO APRESENTAR UM DESASTRE EM ORAÇÃO. Israel fora atacada.⁴ Davi entende que a verdadeira ameaça ao seu povo não é a força militar, mas o julgamento de Deus (v. 1-3). Por conseguinte, o único "estandarte" de defesa é a oração (v. 4,5). Orar é desfraldar a bandeira da casa real suprema. Em oração, Davi diz que os israelitas foram rejeitados (v. 1), mas, ao mesmo tempo, são "teus amados" (v. 5). A ira de Deus é a de um pai incondicionalmente comprometido com os filhos, mas que, *por isso mesmo*, se enfurece com o pecado deles. Nada nos afeta mais que o descontentamento de alguém que amamos e adoramos. Essa ira paterna, cheia de amor infalível, quando compreendida, é uma motivação transformadora que nos torna dispostos a mudar e capazes de fazê-lo.

Oração: Senhor, se fosses apenas um Deus de perfeição santa, eu seria esmagado sob o senso de minha inadequação para mudar. Se fosses apenas um espírito genérico de amor, eu me acomodaria em meu pecado. Mas tu és um Deus de amor santo — ajuda-me a responder com arrependimento por meio de Jesus. Amém.

9 de maio

Leia Salmos 60.6-12. ⁶Deus falou do seu lugar santo: Exultante, repartirei Siquém e medirei o vale de Sucote. ⁷Meus são Gileade e Manassés; Efraim é meu capacete; e Judá, o meu cetro. ⁸Moabe é minha bacia de lavar; atirarei minha sandália sobre Edom; sobre a Filístia darei o brado de vitória. ⁹Quem me conduzirá à cidade forte? Quem me guiará até Edom? ¹⁰Ó Deus, tu não nos rejeitaste? Não deixaste, ó Deus, de sair com nossos exércitos? ¹¹Dá-nos auxílio contra o adversário, pois o socorro humano é inútil. ¹²Faremos proezas com Deus; porque é ele quem pisoteará nossos inimigos.

GUERRA ESPIRITUAL. Israel usou armas reais para infligir a ira de Deus sobre as nações pagãs. Mas Jesus suportou a ira divina contra o pecado na cruz (Rm 3.24-26) e voltará para destruir todo o mal (Ap 19.11-13). Enquanto isso, os cristãos lutam não contra inimigos de carne e sangue, mas espirituais (Ef 6.1-20).⁵ Para lutar contra o desânimo, a dúvida, o sofrimento, a tentação, as emoções descontroladas, o orgulho, a culpa, a vergonha, a solidão, a perseguição, a falsa doutrina, a aridez espiritual e a escuridão, Paulo diz que devemos nos "revestir" da armadura da salvação, do evangelho, da fé. Como Davi, temos de nos lembrar em oração de quem somos em Cristo — aceitos, perdoados e recebidos por adoção na família —, que recebemos o Espírito, acesso em oração e garantia de ressurreição. Com esse "auxílio contra o adversário", alcançaremos a vitória (v. 11,12).

Oração: Senhor, a vida é uma batalha contra forças do mundo que se opõem a ti, contra o pecado residual e a rebeldia do meu coração e contra o próprio Diabo. Como Davi, que eu olhe para as tuas promessas e sinta tua presença comigo para enfrentar esses inimigos espirituais com confiança. Amém.

10 de maio

Leia Salmos 61. ¹Ó Deus, ouve meu clamor; atende à minha oração. ²Clamo a ti desde a extremidade da terra; meu coração está abatido; leva-me até a rocha que é mais alta do que eu. ³Pois tu és o meu refúgio, uma torre forte contra o inimigo. ⁴Que eu possa habitar no teu tabernáculo para sempre e me abrigar no esconderijo das tuas asas. [Interlúdio] ⁵Pois tu, ó Deus, ouviste meus votos e me deste a herança dos que temem teu nome. ⁶Prolonga os dias do rei; que seus anos sejam como muitas gerações. ⁷Que ele permaneça para sempre no trono diante de Deus; que o amor e a fidelidade o preservem. ⁸Assim, cantarei louvores ao teu nome perpetuamente, para cumprir meus votos todos os dias.

PROTEÇÃO. Davi coleciona figuras de linguagem: Deus é sua rocha, um lugar seguro onde ele consegue enxergar as coisas pela perspectiva divina. Deus é sua torre forte, onde ele pode se refugiar dos agressores. Deus habita no tabernáculo, onde pode ser encontrado em adoração. Ele é como a ave que protege os filhotes debaixo de suas asas. Jesus reivindica todas essas figuras para si: ele é o templo (Jo 2.12-21), onde podemos ficar face a face com Deus; é a galinha que protege seus amados, abrigando-os e suportando perigo e dor ao mesmo tempo que os mantém ilesos (Lc 13.34,35); é também a rocha (1Co 10.4) ferida por nós, de modo que em Jesus permanecemos a salvo de todo inimigo, até da morte.

Oração: Deus, eu te louvo porque somente em ti estou verdadeira e definitivamente *seguro*. Tu operas todas as coisas soberanamente para tua glória e o meu bem. Tu removeste meu pecado em Cristo a fim de que meu futuro final seja o paraíso. Tu ouves minhas orações e cuidas de mim. Eu te agradeço por seres a rocha mais alta do que eu. Amém.

11 de maio

Leia Salmos 62.1-4. ¹Somente em Deus a minha alma descansa, dele vem a minha salvação. ²Só ele é minha rocha e minha salvação; ele é minha fortaleza; não serei muito abalado. ³Até quando todos vós atacareis um homem para derrubá-lo como se fosse um muro inclinado, uma cerca prestes a cair? ⁴Eles só pensam em como derrubá-lo da sua alta posição; gostam de mentiras; bendizem com a boca, mas maldizem no íntimo. [Interlúdio]

A LIÇÃO APRENDIDA. Esse é um salmo para quem se encontra debaixo de estresse, e o primeiro versículo é a chave para enfrentá-lo. Literalmente, ele diz: "Só diante de Deus minha alma se cala". Quando nos vemos em apuros, nossa alma nos tagarela: "*Temos* de fazer isso, ou não conseguiremos. Tal coisa *tem de* acontecer, ou tudo estará perdido". O pressuposto é que só Deus não será suficiente: alguma outra circunstância, condição ou posse é necessária para ser feliz e seguro. Davi, contudo, aprendeu a dizer a sua alma: "Só necessito de uma coisa para sobreviver e prosperar — e já a tenho. Necessito apenas de Deus e de seu todo-poderoso amor e cuidado paternais; tudo o mais é dispensável". Quando essa percepção calar fundo, você "não [será] muito abalado".

Oração: Senhor, eu te louvo por tua suficiência em tudo: porque tu és suficiente para meu coração, para minha vida e para minha alegria. Perdoa-me por não louvar e estimar a ti e a tua salvação até chegar ao lugar de descanso. Ajuda-me a fazê-lo agora. Amém.

12 de maio

Leia Salmos 62.5-8. **⁵**Ó minha alma, descansa somente em Deus, porque dele vem a minha esperança. **⁶**Só ele é minha rocha e minha salvação; ele é minha fortaleza; não serei abalado. **⁷**Minha salvação e minha glória estão em Deus; ele é meu forte rochedo e meu refúgio. **⁸**Ó povo, confiai nele em todo o tempo; derramai o coração perante ele; Deus é nosso refúgio. [Interlúdio]

A LIÇÃO RELEMBRADA. No versículo 5, Davi aconselha a si mesmo com a lição do versículo 1. A batalha para moldarmos o coração com as verdades que nossa mente conhece nunca termina. E aqui de fato está *a* grande verdade da Bíblia: o evangelho — a salvação vem de Deus somente, e não de nós mesmos ou de qualquer esforço que possamos produzir (Jn 2.9). "Contudo, ao que não trabalha, mas crê [descansa] naquele que justifica o ímpio, sua fé lhe é atribuída como justiça" (Rm 4.5). Davi fala não só a si mesmo, mas ao "povo" (v. 8). Podemos ajudar melhor as pessoas em seus temores e aflições quando passamos por nossas próprias dificuldades e descobrimos que Deus é fiel, nossa rocha e nosso refúgio.

Oração: Senhor, o impulso mais profundo do meu coração é *fazer* coisas para assegurar tua bênção em vez de descansar no que Cristo fez por mim. Isso só me deixa ansioso e, consequentemente, inseguro e presunçoso. Ensina-me a "lançar meus feitos 'mortais' no chão — aos pés de Jesus" e a "achar-me nele, só nele, gloriosamente completo".⁶ Amém.

13 de maio

LEIA Salmos 62.9-12. ⁹Certamente os plebeus são como um sopro, e os nobres, como um engano. Pesados juntos na balança, são mais leves do que um sopro. ¹⁰Não confieis na opressão, nem vos orgulheis do roubo; se vossas riquezas aumentarem, não coloqueis nelas o coração. ¹¹Deus falou isto uma vez, duas vezes eu ouvi: que o poder pertence a Deus. ¹²Senhor, a ti também pertence a fidelidade; pois retribuis a cada um de acordo com seus feitos.

SAUDÁVEL CETICISMO. Se confiamos em Deus somente, não confiamos plenamente em mais nada. Não confiamos mais nem no "povo" nem nas elites (v. 9). Nem o socialismo nem o capitalismo produzirão um mundo melhor. Não confiamos em nenhuma carreira profissional — respeitável ou nem tanto — para nos realizar. Qual a única coisa de que você pode depender? De que Deus é igualmente forte e amoroso (v. 11). Mas como ele pode ser amoroso *e* justo, se a justiça requer punição? Deus prescreveu a sentença de morte necessária por nosso pecado e então tomou sobre si o castigo na cruz. Nunca podemos questionar seu amor ou sabedoria nas circunstâncias de nossa vida quando vemos até que ponto ele chegou a fim de demonstrar tanto sua justiça quanto seu amor.

Oração: Senhor, ajuda-me a prosperar em meu trabalho, mas não permitas que os altos e baixos da minha profissão tenham poder sobre mim. Supre as necessidades financeiras de minha família, mas não deixes a riqueza ter domínio sobre mim. Não preciso amar menos essas coisas boas, mas, sim, amar-te muito mais do que a elas. Dá-me a liberdade que só vem por amar-te intensamente. Amém.

14 de maio

Leia Salmos 63.1-4. ¹Ó Deus, tu és o meu Deus; eu te busco ansiosamente. Minha alma tem sede de ti; meu ser anseia por ti em uma terra seca e exaurida, onde não há água. ²Assim, eu te contemplo no santuário, para ver teu poder e tua glória. ³Meus lábios te louvarão, pois teu amor é melhor que a vida. ⁴Assim eu te bendirei enquanto viver; em teu nome levantarei as minhas mãos.

ANSEIO ESPIRITUAL. Davi escreveu quando estava num deserto de verdade, levado para lá pela traição do filho, Absalão. Apesar da dor da sede física e do amor perdido, ele sabe que seus anseios mais profundos são por Deus (v. 1): só podem ser satisfeitos pela presença de Deus e experimentando seu amor, que é *melhor* do que as boas circunstâncias e até do que a própria vida (v. 3). Essa sede espiritual, não reconhecida como tal por não cristãos (Jo 4.7-21), está em todos nós. Contemplar o poder e a glória de Deus e adorar deve ser nosso primeiro cuidado, não só por ser correto, mas também porque só um relacionamento com Deus dura "enquanto [vivermos]" (v. 4) — e além ainda — e satisfaz nossa necessidade mais profunda.

Oração: Senhor Jesus, ao encontrar a mulher junto ao poço, tu lhe disseste que o que ela estava procurando no afeto de um homem só podia ser encontrado em ti e na vida eterna que dás. Permite-me entender que meus anseios por sucesso profissional, aceitação social e até pelo afeto familiar funcionam da mesma forma. Dá-me o amor que é melhor que a vida! Amém.

15 de maio

Leia Salmos 63.5-8. ⁵A minha alma se farta, como numa mesa de carnes; a minha boca te louva com alegria nos lábios, ⁶quando me lembro de ti no meu leito e medito em ti nas vigílias da noite, ⁷pois tens sido meu auxílio; eu canto de júbilo à sombra das tuas asas. ⁸Minha alma se apega a ti; tua mão direita me sustenta.

AS VIGÍLIAS DA NOITE. Noites insones, rolando na cama, cheias de ansiedade e medo... Quem nunca passou por essa experiência? Davi dá um emprego diferente à falta de sono: canta a Deus, louvando-o e meditando em seu amor, bondade e, acima de tudo, em sua proteção. As "vigílias da noite" se referem a mudanças de guarda militares, e Davi permanece acordado ao longo de todas elas, de modo que teria tempo para deixar a mente divagar. Mas, em vez disso, ele *se apega* a Deus, permanecendo perto dele o suficiente para sentir sua presença a ajudá-lo, tão perto quanto um pintinho debaixo da asa da mãe. Treinar nosso coração para passarmos as noites de insônia em louvor e comunhão com Deus compensará nossa frustração, convertendo-a em estimada intimidade com nosso Salvador.

Oração: Senhor, eu te louvo porque és um Deus que *sacia*. Ensina-me a louvar-te com tanta alegria, assombro e amor que, quando tiver terminado, eu me sinta pleno e satisfeito em ti. Ensina-me também a apegar-me a ti em oração com tamanha obstinação que, quando tiver terminado, eu me sinta completamente seguro. Amém.

16 de maio

LEIA Salmos 63.9-11. ⁹Mas aqueles que procuram destruir minha vida irão para as profundezas da terra. ¹⁰Serão entregues ao poder da espada, servirão de pasto aos chacais. ¹¹Mas o rei se regozijará em Deus; todo aquele que por ele jura se gloriará, pois a boca dos que proferem mentira será tapada.

EXPERIÊNCIA ESPIRITUAL. Davi anseia não só crer em Deus, mas também experimentá-lo. É possível "contemplar" o Senhor, não com os olhos físicos, mas com os olhos da fé (v. 2; 1Co 13.12; 2Co 3.18; 5.7). Isso é se deleitar em Deus não pelo que ele nos dá na vida, mas por quem ele é (v. 3).[7] O resultado da experiência de Davi é a reafirmação de sua identidade. "Mas [eu], *o rei*, [me regozijarei] em Deus" (v. 11, grifo do autor). Essa fundamentação jubilosa e enfática em quem somos nele é sempre fruto da experiência espiritual (Rm 8.16). Os cristãos também são reis e sacerdotes em Jesus (Ap 1.6). "Se a fé de Davi em seu chamado real era bem fundamentada, muito mais a dos cristãos."[8]

Oração: Senhor, eu te louvo por seres não apenas meu Rei, mas meu Pai, e o filho de um soberano real também é real! Toda a linguagem de "governo" e "reinado" relacionada a ti me assombra. Mas ajuda-me a apreendê-la o suficiente para não mais me magoar com facilidade, me sentir desprezado ou me sentir dependente da aprovação de outros. Amém.

17 de maio

Leia Salmos 64.1-6. ¹Ó Deus, ouve a voz da minha queixa, preserva minha vida do terror do inimigo. ²Esconde-me da conspiração dos perversos e do tumulto dos malfeitores, ³que afiaram a língua como espada e como flechas me apontaram palavras amargas; ⁴para, de lugares ocultos, atirar contra o íntegro; disparam contra ele de súbito e nada temem. ⁵Insistem em planos maliciosos; falam de armar laços secretamente e dizem: Quem nos verá? ⁶Planejam injustiças; ocultam planos bem traçados; pois o íntimo e o coração do homem são indecifráveis.

DANDO VOZ À QUEIXA. Davi dá voz à sua "queixa" para Deus. Os departamentos de reclamações têm pessoas cuja função é ouvir você e, por terem poder junto à instituição, fazer algo em seu favor. Deus é o departamento de reclamações supremo — ele nos convida a derramarmos nossas frustrações sobre ele a fim de que possa agir por nós (v. 1). Mas esse aspecto da natureza divina não é apenas um consolo para as vítimas; é uma advertência severa para aqueles que agem mal. Não pense que "ninguém está vendo" (v. 5), pois Agar, ela própria vítima da maldade de Sara, chama Deus de "aquele que me vê" (Gn 16.13). Você viveria, falaria e agiria diferente caso se lembrasse de que o Senhor Deus está sempre observando-o?

Oração: Ó Senhor, ajuda-me a lembrar-me de que ouves e vês tudo. Que isso derrame sobre minha vida diária conforto e a responsabilidade de prestar contas, de modo que, ao ver pessoas aparentemente se safando depois de praticar coisas terríveis, eu me lembre: "Deus está vendo". E, quando eu for tentado a mentir ou tomar atalhos, lembra-me também: "Deus está vendo". Amém.

18 de maio

Leia Salmos 64.7-10. ⁷Mas Deus disparará uma flecha contra eles, e de repente ficarão feridos. ⁸Tropeçarão, por causa da sua própria língua; todos os que os virem fugirão. ⁹Todos temerão e anunciarão a obra de Deus; entenderão seus feitos. ¹⁰O justo se alegrará no Senhor e confiará nele, e todos os de coração reto cantarão louvores.

O CONSOLO DO JUÍZO. O consolo de Davi, de novo, é a natureza autodestruidora do mal e o fato de que, no mundo de Deus, existem consequências naturais para o pecado. Enredamo-nos em nossas próprias mentiras; nossa calúnia se volta contra nós (v. 7,8). Deus é um Deus de semeadura e colheita (Gl 6.7; Lc 6.38). Mesmo nesta vida, o ganancioso será ao menos espiritualmente pobre, ao passo que o generoso terá uma vida rica, seja ele rico ou não. No fim, todos ficarão maravilhados com o julgamento do pecado por Deus (v. 9,10). Davi não sabia o que sabemos: que todos os confins da terra se maravilharão e se regozijarão com o modo pelo qual Deus julgou o pecado em Jesus Cristo, de forma que no fim dos tempos ele possa destruir o mal sem nos destruir.

Oração: Senhor, muitos recuam diante de um Deus de juízo. Mas eu não poderia viver em um mundo mau assim se não soubesse que julgarás todas as coisas em tua sabedoria e com tua justiça. E eu não teria nenhuma esperança se não soubesse que todo o julgamento que mereço foi carregado em amor por teu Filho. Amém.

19 de maio

Leia Salmos 65.1-4. ¹Ó Deus, a ti se deve o louvor em Sião; e a ti se cumprirão os votos. ²Ó tu, que ouves a oração! A ti virão todas as pessoas. ³Nossas culpas pesam contra nós; mas tu perdoarás nossas transgressões. ⁴Bem-aventurado aquele a quem escolhes e levas a ti, para habitar em teus átrios! Ficaremos satisfeitos com a bondade da tua casa, do teu santo templo.

ESCOLHIDOS PELA GRAÇA. Deus nos ouve e perdoa, embora não o mereçamos (v. 1-3), e aqueles que o escolhem entendem que foi ele quem os escolheu primeiro e os atraiu (v. 4; Jo 6.44; 15.16). Só no Novo Testamento vemos o quanto a graça foi radical. Deus nos atrai para vivermos em seus átrios não como simples convidados, mas como seus filhos e herdeiros (Jo 1.12,13). O mais alto louvor a Deus é daqueles que sabem que foram levados para casa para viverem com ele por meio de Jesus, o verdadeiro filho de Deus, que morreu para nos tornar seus irmãos (Hb 2.10-18). Nossa salvação é absolutamente gratuita para nós, mas infinitamente cara para ele. Essa é a graça maravilhosa.

Oração: Senhor, porque tua graça é imerecida, eu devo ser humilde; porque ela é cara, eu devo ser santo e amoroso; porque ela é incondicional, eu devo estar em paz. Oh, que tua graça terna e amorosa me purifique de todas essas estruturas pecaminosas e iníquas do coração e me dê alegria. Amém.

20 de maio

Leia Salmos 65.5-8. **⁵**Tu nos respondes com prodígios de justiça, ó Deus da nossa salvação, esperança de todas as extremidades da terra e do mais remoto dos mares; **⁶**tu, que consolidas os montes pela tua força, cingido de poder; **⁷**que aplacas o ruído dos mares, o ruído das suas ondas e o tumulto dos povos. **⁸**Os que habitam nos confins da terra são tomados de medo diante dos teus sinais; fazes exultar de júbilo os que vêm do oriente e do ocidente.

AS EXTREMIDADES DA TERRA. Davi de novo fala profeticamente sobre um tempo em que "a ti virão todas as pessoas" (v. 2) e em que "o tumulto dos povos" (v. 7) — guerras, contendas, conflitos e opressão — chegará ao fim. Deus é o Salvador e esperança até daqueles que vivem nos extremos mais longínquos da terra (v. 5). A salvação de Deus começou com a família de Abraão, que depois se tornou a nação de Israel, e agora rompeu todas as fronteiras de nação, raça, língua, origem étnica ou localização geográfica. Devemos preparar nosso coração para a rica diversidade do céu (Ap 7.9) demonstrando amor a todos, e em especial ao povo de Deus na terra que está distante de nós social, econômica e politicamente ou em qualquer outro sentido.

Oração: Senhor, estou de tal forma absorto em meus próprios problemas que não vejo o que estás fazendo mundo afora nem o louvo por isso. Ajuda-me a fugir do mecanismo de defesa da superioridade racial a fim de poder abraçar meus irmãos e irmãs além das fronteiras de raça, classe e nacionalidade, com eles aprender e neles me regozijar. Amém.

21 de maio

Leia **Salmos 65.9-13**. ⁹Visitas a terra e a regas; tu a enriqueces com fartura; as águas do rio de Deus transbordam. Tu preparas o cereal, pois assim tens ordenado; ¹⁰enches de água os sulcos da terra, nivelas os seus torrões; tu a amoleces com a chuva e abençoas os seus frutos. ¹¹Coroas o ano com tua bondade; tuas veredas destilam riqueza; ¹²destilam sobre as pastagens do deserto, e cobrem-se os montes de alegria. ¹³As pastagens ficam repletas de rebanhos, e os vales se cobrem de cereal; por isso eles se regozijam, por isso eles cantam.

DEUS DE BONDADE. Deus se importa de modo pessoal com o mundo que criou (v. 9). Ele o rega e fertiliza, e os ciclos de crescimento e fertilidade são baseados em sua própria natureza vivificante. Ele é o autor de *toda* vida, — desde a vida de uma flor até o novo nascimento que salva eternamente (1Tm 6.13). Como o Espírito de Deus tanto prega aos corações (Jo 16.8-10) quanto cultiva o solo (Sl 104.30), a obra do pregador, bem como a do agricultor, tem dignidade divina. O povo de Deus deve estar na dianteira daqueles que se importam com a criação. Nos versículos finais temos uma visão da grande Primavera, quando, por meio de Cristo, todo o mundo se livra não apenas do frio do inverno, mas também do pecado e da morte (Sl 96.11-13).

Oração: Senhor, ajuda-me a receber a beleza e a riqueza da natureza como dons conferidos por ti e que refletem tua abundância e vida. Ensina-me a me gloriar nesses dons para que eu não roube nada nem do que te é devido nem da minha alegria. Amém.

22 de maio

Leia Salmos 66.1-5. ¹Aclamai a Deus, toda a terra. ²Cantai a glória do seu nome, dai glória em seu louvor. ³Dizei a Deus: Como as tuas obras são grandiosas! Teus inimigos se submetem a ti pela grandeza do teu poder. ⁴Toda a terra te adora e te canta louvores; eles louvam teu nome. [Interlúdio] ⁵Vinde e vede as obras de Deus, seus feitos tremendos para com os filhos dos homens.

DAI GLÓRIA EM SEU LOUVOR. Todo o mundo é chamado para louvar a Deus (v. 1). A essência desse louvor é o nome de Deus (v. 2): tudo o que ele é e tem feito. O caráter desse louvor é ser *glorioso* (v. 2). O que é isso? "Glória" tem conotações de importância, dignidade, magnificência e beleza. A adoração gloriosa é exuberante, jamais indiferente. É atraente, não desagradável. Impressionante, nunca sentimental. Brilhante, não descuidada. Aponta para Deus, não para os falantes. Está de acordo com seu grande objetivo: busca ser tão gloriosa quanto aquele a quem louva. Portanto, a adoração "nunca é trivial, nunca pretensiosa."⁹ Não existe nada mais evangelístico, nada que ganhe mais o mundo do que a adoração gloriosa (Sl 100; 105.1,2).

Oração: Senhor, grande porção da adoração pública de tua igreja é de fato trivial e pretensiosa. Permite que minha igreja — e as igrejas mundo afora — comecem a louvar-te "no Espírito e em verdade" (Jo 4.24). Concede-nos a adoração ungida, tão bela que atraia até aqueles cujo coração está endurecido para contigo. Amém.

23 de maio

Leia Salmos 66.6-12. **⁶**Converteu o mar em terra seca, e eles atravessaram o rio a pé; ali nos alegramos nele. **⁷**Pelo seu poder, ele governa para sempre, seus olhos vigiam as nações; que os rebeldes não se exaltem. [Interlúdio] **⁸**Ó povos, bendizei o nosso Deus e fazei ouvir o som do seu louvor; **⁹**aquele que nos preserva a vida e não permite que nossos pés tropecem. **¹⁰**Pois tu, ó Deus, nos provaste; tu nos refinaste como se refina a prata. **¹¹**Tu nos deixaste cair na armadilha; colocaste uma carga pesada sobre nossos ombros. **¹²**Fizeste com que os homens cavalgassem sobre nossa cabeça; passamos pelo fogo e pela água, mas nos levaste para um lugar de fartura.

TRATANDO COM ASPEREZA. Surpreendentemente, o salmista louva a Deus por permitir que tantas coisas ruins aconteçam a ele e ao povo de Deus (v. 10-12). Ele entende que Deus está presente em cada um dos sofrimentos listados nesses versículos. O Senhor "nos preserva a vida e não permite que nossos pés tropecem" (v. 9). É ele quem está por trás da armadilha, da carga pesada e da opressão, tudo isso resumido na expressão "passamos pelo fogo e pela água". Mas Deus permite tais coisas a fim de nos refinar em algo precioso, grande e belo (v. 10). Como José pareceu tratar os irmãos com aspereza — mas apenas como uma forma de quebrar o gelo de seus corações e salvá-los (Gn 42) —, assim o modo de agir de Deus, aparentemente áspero, é sempre uma graça concedida.

Oração: **Senhor Deus, concede-me saber no meu interior que, quando sofro, mesmo que teu coração se entristeça por me ver assim, tu o permitiste em amor e sabedoria infinitos, pois isso é para o meu bem. Amém.**

24 de maio

Leia Salmos 66.13-16. ¹³Entrarei em tua casa com sacrifícios; cumprirei meus votos, ¹⁴votos que meus lábios pronunciaram e minha boca prometeu, quando eu estava angustiado. ¹⁵Oferecerei animais gordos em holocausto, com a fumaça de carneiros; prepararei novilhos com cabritos. [Interlúdio] ¹⁶Todos vós que temeis a Deus, vinde e ouvi, e eu contarei o que ele tem feito por mim.

SEU AMOR EM TEMPOS PASSADOS. O salmista passa o início desse hino de adoração narrando grandes feitos de Deus no passado, ele agora está cheio de gratidão e confiança. Cabe a nós recordar esses feitos e louvar a Deus, para que nosso coração permaneça seguro e confiante em todas as circunstâncias. Como menciona John Newton em um dos seus hinos: "Seu amor em tempos passados me proíbe de pensar que enfim me deixará naufragar em problemas".[10] Esses feitos de Deus não são apenas coisas que ele fez por você pessoalmente, mas incluem acima de tudo o sacrifício de Jesus, entregando a própria vida em seu favor. Lembrar-se do amor passado de Deus é o único modo de enfrentar o estresse presente com confiança e serenidade.

Oração: Senhor: "Como tudo que encontro cooperará para o meu bem, o amargo é doce, o remédio, alimento; embora doloroso no momento, cessará em pouco tempo. E então, oh, que prazer, o cântico do conquistador!"[11] Amém.

25 de maio

Leia Salmos 66.17-20. [17]A ele clamei com minha boca, e ele foi exaltado pela minha língua. [18]Se eu tivesse guardado o pecado no coração, o Senhor não me teria ouvido. [19]Mas, na verdade, Deus me ouviu; ele tem atendido à voz da minha oração. [20]Bendito seja Deus, que não rejeitou minha oração, nem afastou de mim o seu amor.

DOIS PRINCÍPIOS PARA A ORAÇÃO. O louvor deve acompanhar a petição. O salmista clamou quando em apuros (veja v. 17, cf. v. 14), mas, ao mesmo tempo, "ele foi exaltado pela minha língua" (v. 17). Expressões de necessidade devem ser acompanhadas de uma confissão da grandiosidade de Deus (2Cr 20.12) e de agradecimentos a ele antes de qualquer resposta, independentemente da resposta e do tempo do Senhor. A outra exigência para a oração não é a perfeita santidade, mas uma disposição sincera de afastar-se do pecado (v. 18). "Pureza de coração é desejar uma só coisa."[12] Como Josué descobriu (Js 7.12,13), não adianta nada pedir coisas a Deus quando se está sendo desobediente.

Oração: Senhor, mostra-me os meus pecados guardados no coração: aqueles que confesso, mas nos quais vivo caindo. Isso acontece porque quero parar, mas não quero parar. Não permitas que eu desonre a ti ficando dividido em minha lealdade. Amém.

26 de maio

LEIA Salmos 67. ¹Que Deus se compadeça de nós e nos abençoe; e faça resplandecer seu rosto sobre nós, [Interlúdio] ²para que se conheçam seu caminho na terra e sua salvação entre todas as nações. ³Louvem-te os povos, ó Deus, louvem-te todos os povos. ⁴Alegrem-se e regozijem-se as nações, pois julgas os povos com equidade e guias as nações sobre a terra. [Interlúdio] ⁵Louvem-te os povos, ó Deus, louvem-te todos os povos. ⁶A terra tem produzido seu fruto; e Deus, o nosso Deus, nos tem abençoado. ⁷Deus nos tem abençoado; e todos os confins da terra o temerão!

ABENÇOADO PARA ABENÇOAR. Como Abraão, somos abençoados (v. 1) apenas para que possamos *ser* bênção a todos os povos da terra (v. 2; Gn 12.2,3). Se você aprecia alguma coisa de verdade, instintivamente quer ajudar os outros a enaltecê-la também. Elogiá-la para outras pessoas "completa o prazer".[13] Portanto, o verdadeiro prazer em Deus deve levar naturalmente à missão: a ajudar outros a enxergarem a beleza que você vê. Deus nunca nos atrai exceto para nos enviar, com o intuito de servir e alcançar pessoas. Desejamos uma igreja multiétnica e internacional de adoradores e um mundo de justiça (v. 3,4). Não devemos ficar com o crédito por nossas bênçãos, mas apontar para além de nós mesmos: para Deus.

Oração: Senhor, "o louvor do louvável está acima de todas as recompensas".[14] Se tu, em toda a tua excelsa beleza, te deleitaste em nós e nos abençoaste pela graça, isso deve remover todo medo e toda letargia para que possamos falar às pessoas de tua glória e bondade. Faz de mim uma testemunha. Amém.

27 de maio

Leia **Salmos 68.1-6**. ¹Deus se levanta! Seus inimigos são dispersos; os que o odeiam fogem de diante dele! ²Tu os desfazes assim como se desfaz a fumaça; pereçam os ímpios diante de Deus como a cera que derrete no fogo. ³Mas alegrem-se os justos, regozijem-se na presença de Deus e se encham de júbilo. ⁴Cantai a Deus, cantai louvores ao seu nome! Louvai aquele que cavalga sobre as nuvens, pois seu nome é Senhor; exultai diante dele! ⁵Pai de órfãos e juiz de viúvas, é Deus na sua santa morada. ⁶Deus faz o solitário viver em família; liberta os presos e os faz prosperar; mas os rebeldes habitam em terra árida.

ELE FAZ O SOLITÁRIO VIVER EM FAMÍLIA. Neste mundo, o "mais forte engole o mais fraco", como afirma o ditado, mas a força de Deus é vista em seu cuidado pelo fraco (v. 5). Deveríamos, portanto, ser conhecidos por amar sacrificialmente o pobre e o marginalizado. Isso reflete o próprio evangelho, pois Deus não chama pessoas para conquistar a salvação pela força. Ele veio em fraqueza para morrer por nós, para salvar apenas aqueles que reconhecem a própria impotência espiritual. Deus também criou indivíduos para se desenvolverem melhor em família (Gn 2.21-25). Mas, para aqueles sem cônjuge, pais ou filhos, existe a família de Deus, a igreja (Mc 3.31-35), unida pelo "sangue vivificante" do Espírito (Gl 4.4-6), que provê pais, mães, irmãos, irmãs e filhos (1Tm 5.1,2) para o solitário (v. 6).

Oração: Senhor, eu te louvo por nos teres criado à tua imagem: para vivermos bem apenas em relacionamentos profundos de amor. Obrigado por teu grande dom da igreja, tua família. Ajuda-me a fazer de minha igreja não um simples clube ou associação, mas sim um grupo de irmãos e irmãs, em especial para aqueles que do contrário estariam sós. Amém.

28 de maio

LEIA Salmos 68.7-18. ⁷Ó Deus, quando saías à frente do teu povo, quando caminhavas pelo deserto, [Interlúdio] ⁸a terra tremia e os céus gotejavam na presença de Deus. O próprio Sinai tremeu na presença de Deus, do Deus de Israel. ⁹Tu, ó Deus, mandaste chuva abundante; restauraste tua herança, quando estava cansada. ¹⁰Teu rebanho nela habitava; da tua bondade, ó Deus, proveste o pobre. ¹¹O Senhor proclama a palavra. Grande é a companhia dos que anunciam as boas-novas! ¹²Os reis com seus exércitos fogem sem parar; as mulheres em casa repartem os despojos. ¹³Quando estais descansando no curral, as asas da pomba estão cobertas de prata, e suas penas, de ouro brilhante. ¹⁴Quando o Todo-poderoso dispersou os reis dali, caiu neve em Zalmom. ¹⁵Os montes de Basã são altíssimos; montes com muitos picos são os montes de Basã! ¹⁶Por que tendes tantos picos, ó montes, invejando o monte que Deus escolheu para sua habitação? Na verdade, o SENHOR habitará nele para sempre. ¹⁷Os carros de Deus são numerosos, milhares de milhares. O Senhor está no meio deles, como no Sinai, no santuário. ¹⁸Quando subiste ao alto, levando teus cativos, recebeste homens como dádivas, até mesmo rebeldes, para que o SENHOR Deus habitasse entre eles.

DEUS LUTA POR NÓS. Esse salmo celebra o Êxodo e a jornada até a Terra Prometida (v. 10). Deus lutou por seu povo (v. 12-16) e subiu ao seu trono (v. 18) quando a Arca da Aliança foi colocada dentro do tabernáculo no monte Sião (2Sm 6.12,17). Paulo viu isso como a imagem de uma ascensão maior, em que Cristo nos liberta do pecado e da morte e então compartilha conosco os dons do Espírito (Ef 4.7-16; At 2.33).¹⁵ Ativamos esses dons usando a Bíblia como arma em nossa guerra contra a tentação e a dúvida (Ef 6.10-20). Se o fizermos, descobriremos que Deus ainda peleja por nós.

Oração: Senhor, às vezes me sinto tão fraco; só o que consigo fazer é pedir: "Luta por mim". Amém.

29 de maio

Leia Salmos 68.19-23. ¹⁹Bendito seja o Senhor, que diariamente leva nossa carga, o Deus que é nossa salvação. [Interlúdio] ²⁰O nosso Deus é um Deus libertador; ele é o Senhor, o Senhor que nos livra da morte. ²¹Mas Deus esmagará a cabeça de seus inimigos, o crânio cabeludo daqueles que insistem no pecado. ²²O Senhor disse: Eu os farei voltar de Basã; e os trarei de volta das profundezas do mar; ²³para que mergulhes teu pé em sangue, e para que a língua dos teus cães receba sua porção.

O GRANDE LIVRAMENTO. Eis um Deus de quem ansiamos ouvir falar mais: o que "diariamente leva nossa carga" e prové um caminho para nos livrar da morte (v. 19,20). Levar a carga de outra pessoa é ter empatia, identificar-se com ela e envolver-se em sua vida para que ela não precise enfrentá-la sozinha. Em Cristo, Deus literalmente se identifica conosco, tornando-se humano, suportando não apenas as dores da mortalidade, mas também o julgamento que merecemos pelo pecado (descrito de maneira assustadora nos versículos 21-23), um peso que o esmagou de fato (Is 53.4,5; Lc 22.41-44). A morte costumava ser um algoz justo, mas para quem está em Cristo ela é agora um jardineiro, "um porteiro a escoltar-nos a alma além dos mais distantes astros e polos".[16]

Oração: Deus, tu removeste o único fardo capaz de me esmagar: o esforço de salvar a mim mesmo e de alcançar minha importância e segurança próprias. Obrigado por vires a mim quando eu estava sobrecarregado e me dares teu maravilhoso descanso (veja Mt 11.28-30). Amém.

30 de maio

LEIA **Salmos 68.24-31**. ²⁴Ó Deus, já se vê a tua entrada no santuário, a entrada do meu Deus, meu Rei. ²⁵Os cantores vão à frente; atrás, os que tocam instrumentos; no meio, as moças que tocam tamborins. ²⁶Vós, da descendência de Israel, bendizei a Deus nas assembleias, bendizei o SENHOR. ²⁷Ali está Benjamim, o menor deles, na frente; os príncipes de Judá com suas tropas; os príncipes de Zebulom e os príncipes de Naftali. ²⁸Ó Deus, ordena tua força; ó Deus, confirma o que já fizeste por nós. ²⁹Os reis te trarão presentes, por amor do teu templo em Jerusalém. ³⁰Repreende as feras dos juncos, os muitos touros entre os bezerros dos povos. Pisa suas peças de prata; dissipa os povos que têm prazer na guerra. ³¹Que venham embaixadores do Egito; que a Etiópia estenda as mãos para Deus ansiosamente.

A ORAÇÃO DE TODAS AS NAÇÕES. Nosso Deus um dia será adorado pelos povos de todas as nações (v. 27,31), não porque os subjugamos, mas porque Deus lhes conquistou o coração rebelde. Essa assembleia internacional jamais aconteceu no templo físico de Jerusalém (v. 24). Só em Jesus — o templo final unindo um Deus santo à humanidade pecadora (Jo 2.18-22) por intermédio do seu sacrifício final — os povos de todas as nações têm sido reunidos. Jesus diz que a oração em sua casa haveria de unir todas as nações (Mc 11.17), e, de fato, como descrito nesse salmo, nada une os povos, atravessando barreiras raciais e culturais, como a oração e o louvor. Mesmo diferenças de língua podem ser superadas nessas assembleias. A adoração a Deus é a chave para curar as divisões da raça humana.

Oração: Senhor, possa a tua igreja jamais ser devedora a nenhuma cultura humana em particular, mas permita que ela se torne cada vez mais internacional, multirracial e rica em diversidade cultural. E que possamos fortalecer a unidade que temos em ti e exibi-la ao mundo por meio da adoração gloriosa e da oração em conjunto. Amém.

31 de maio

Leia Salmos 68.32-35. ³²Reinos da terra, cantai a Deus, cantai louvores ao Senhor, [Interlúdio] ³³àquele que vai montado sobre os céus, os céus da antiguidade; ele faz ouvir sua voz, voz poderosa. ³⁴Tributai a Deus força! Sua majestade está sobre Israel, e sua força, no firmamento. ³⁵Ó Deus, tu és tremendo desde o teu santuário! O Deus de Israel é quem dá força e poder ao seu povo. Bendito seja Deus!

DEUS DE ASSOMBRO E INTIMIDADE. Esse coro final de louvor é caracterizado pelo entusiasmo quase incontrolável, que é uma das marcas da adoração verdadeira. Ele também exibe os dois polos entre os quais a adoração bíblica se move: assombro e intimidade. "Enquanto reafirma o poder cósmico de Deus (v. 33,34), ainda o chama de *Deus de Israel* (v. 35), não uma divindade difusa e anônima. O salmo [...] oferece provas de seu entendimento dessa realidade, dessa união de poder imenso com cuidado intenso, no Deus *cuja majestade está sobre Israel* [e] *cuja força está no firmamento*".¹⁷ Se nossa vida de oração reconhecer em Deus apenas um ser imponente, ela será fria e temerosa; se reconhecer Deus somente como um espírito de amor, será sentimental.

Oração: Deus, tu és imensamente elevado e assustadoramente grande, e estás além da minha compreensão. Contudo, tu te tornaste um bebê humano e me ofereceste tua amizade por meio de Jesus Cristo. Só posso me maravilhar com tua glória e graça! Que minha vida seja marcada *tanto* pelo assombro santo diante de ti quanto pela alegre intimidade contigo. Amém.

1.º de junho

Leia Salmos 69.1-6. ¹Ó Deus, salva-me, pois as águas sobem até o meu pescoço. ²Atolei-me em lamaçal profundo, onde não se pode firmar o pé; entrei nas profundezas das águas, onde a corrente me submerge. ³Estou cansado de clamar; minha garganta secou-se; meus olhos desfalecem de tanto esperar pelo meu Deus. ⁴Aqueles que me odeiam sem motivo são mais do que os cabelos da minha cabeça; são poderosos os que procuram destruir-me, os que me atacam com mentiras. Por isso, tenho de restituir o que não extorqui. ⁵Ó Deus, tu conheces bem minha insensatez, e minhas culpas não te são ocultas. ⁶Não fiquem frustrados por minha causa os que esperam em ti, ó Senhor, Deus dos Exércitos; não passem vexame por minha causa os que te buscam, ó Deus de Israel.

ODIADO SEM MOTIVO. Aqui está um homem profundamente ferido pela difamação (v. 1-3). A falsa acusação (v. 4) leva à autoacusação (v. 5), pois ele conhece seus pecados genuínos. Mas, em vez de pensar apenas na própria reputação, ele se preocupa com a possibilidade de outros crentes se desgraçarem por sua culpa (v. 6). Por irônico que pareça, um homem mais egocêntrico e duro não se importaria tanto. Quanto mais santos somos, mais nosso coração está apegado a outros e a Deus; por isso sentimos mais a tristeza do mundo. Jesus, o homem perfeito, era um "homem de dores". A piedade nos leva a estar muito mais felizes e muito mais tristes ao mesmo tempo, embora o cântico final seja sempre de alegria (Sl 30.5).

Oração: Senhor, quando as pessoas se encontram em apuros, percebo-me com medo de me envolver para não ser engolido pela dor delas. Mas quando tu me amaste, te envolveste eternamente, e isso te custou uma dor infinita. Fortalece-me com tua graça para que eu possa estar disponível e aberto às necessidades das pessoas à minha volta. Amém.

2 de junho

Leia Salmos 69.7-12. ⁷Porque por amor a ti tenho suportado afrontas; meu rosto se cobriu de vexame. ⁸Tornei-me um estranho para meus irmãos, e um desconhecido para os filhos de minha mãe. ⁹Pois o zelo pela tua casa me consome, e as afrontas dos que te afrontam caíram sobre mim. ¹⁰Quando chorei e jejuei, isso se tornou motivo de insulto. ¹¹Quando me vesti de pano de saco, fui alvo de zombaria. ¹²Aqueles que ficam na entrada da cidade falam de mim; e sou objeto das cantigas dos bêbados.

INCOMPREENDIDO. Davi está sendo alvo de zombaria por causa do zelo de sua devoção a Deus (v. 9). Quando ele ora e se arrepende, riem dele (v. 10,11). Seu mundo não é tão diferente do nosso. Mesmo quando o cristianismo era aceito sem objeção pela sociedade ocidental, os crentes mais dedicados eram motivo de riso silencioso. Hoje também eles são desprezados. O mundo não compreende o evangelho da graça, em que o viver santo é o resultado de humilde e grata alegria, não uma maneira de merecer o céu. Por isso, o mundo enxerga toda vida reta como arrogância e fanatismo do *ego*. Não deveríamos nos surpreender com isso (2Tm 3.12), mas sim desestruturar essa falsa narrativa levando uma vida de humildade, perdão e serviço sacrificial ao próximo.

Oração: Pai, tu disseste que todos os que levam uma vida piedosa serão perseguidos. Não permitas que eu me acovarde a ponto de jamais ser capaz de enfrentar as críticas à minha fé, mas não me deixes cair na arrogância e hipocrisia dignas de desdém. Amém.

3 de junho

LEIA Salmos 69.13-18. ¹³Eu, porém, faço minha oração a ti em tempo aceitável, ó SENHOR; ouve-me, ó Deus, pela grandeza do teu amor, pela fidelidade da tua salvação. ¹⁴Tira-me do lamaçal e não me deixes afundar; que eu seja salvo dos meus inimigos e das profundezas das águas. ¹⁵Não permitas que a corrente das águas me faça submergir, nem que o abismo me devore, nem que a cova me engula. ¹⁶Ouve-me, SENHOR, pois o teu amor é grande; volta-te para mim pela tua imensa compaixão. ¹⁷Não escondas do teu servo o teu rosto; ouve-me depressa, pois estou angustiado. ¹⁸Aproxima-te de mim e salva-me; resgata-me, por causa dos meus inimigos.

O TEMPO DE DEUS. Davi continua a orar, suplicando a Deus que o ouça não por sua própria bondade, mas por causa da bondade e da misericórdia de Deus (v. 16). Pede que Deus o liberte depressa (v. 17) e utiliza uma linguagem extremamente emotiva ("Não permitas [...] que a cova me engula [...] salva-me"). Contudo, reconhece que Deus responderá "em tempo aceitável" (v. 13). Sempre que oramos, é pertinente que sejamos veementes e demonstremos desespero, mas também que estejamos dispostos a esperar o tempo do Senhor. Nada nos torna tão dependentes do amor e sabedoria soberanos de Deus como ter de perseverar em oração e aguardar o tempo aceitável dele. "A incredulidade fala em demora; a fé sabe que na verdade tal coisa não pode existir."[1]

Oração: Deus, tu deixaste Abraão, José e Davi esperando décadas antes de responder às orações deles, e tua demora foi sempre perfeita em sua sabedoria. Ajuda-me enquanto — devo admitir — luto vigorosamente para confiar e descansar em teu juízo e tempo. Amém.

4 de junho

Leia **Salmos 69.19-21.** ¹⁹Tu conheces minha humilhação, minha vergonha e meu vexame; todos os meus adversários estão diante de ti. ²⁰Afrontas quebrantaram meu coração; estou debilitado. Esperei por compaixão, mas nada achei; esperei por consoladores, mas não os encontrei. ²¹Deram-me fel para comer, e quando senti sede me deram vinagre para beber.

Oração não respondida. Davi não encontra alívio do sofrimento, apesar de suas orações. De repente, surge uma lembrança surpreendente de Jesus: de como na cruz *ele* foi desprezado, desonrado, envergonhado, abandonado, deixado sem amigos e de como lhe ofereceram vinagre para beber (v. 21; Jo 19.28,29). Jesus conheceu — e ainda conhece — a dor da oração não respondida quando perguntou se não se poderia encontrar outro modo de nos salvar que não fosse a agonia da cruz (Lc 22.42). Deus respondeu a essa oração dizendo, na verdade: *"Não existe* outro modo de salvá-los... Se quiser salvá-los, não tenho como salvar *você".* Isso não apenas responde à pergunta. "Há algum outro modo de ser salvo que não seja por Jesus?" "Não", mas é também o consolo supremo quando não vemos nenhuma resposta para nossas orações.

Oração: Senhor, se tu suportaste com paciência a dor da oração não respondida por minha causa, então posso ser paciente, por ti, com o que me parece uma oração não respondida. A cruz prova que tu me amas, portanto posso confiar que estás me ouvindo e cuidando de meu pedido da forma que eu gostaria se tivesse tua sabedoria. Amém.

5 de junho

Leia Salmos 69.22-28. ²²Que a mesa deles se transforme em um laço, e suas ofertas pacíficas, em uma armadilha. ²³Que os seus olhos se escureçam, para que não vejam; faze com que o corpo deles trema constantemente. ²⁴Derrama tua indignação sobre eles, e que o ardor da tua ira os alcance. ²⁵Fique deserta sua habitação, e ninguém habite nas suas tendas. ²⁶Pois perseguem a quem afligiste, e aumentam a dor daqueles a quem feriste. ²⁷Aumenta o pecado deles, e não lhes permitas encontrar absolvição no teu julgamento. ²⁸Sejam riscados do livro da vida, e não sejam inscritos com os justos.

AUMENTA O PECADO DELES. O salmista ora para que quem o traiu seja amaldiçoado (v. 22-28). Como interpretamos isso? Primeiro, a reação "nos surpreende e faz com que experimentemos um pouco do desespero que a produziu", evitando que nos acostumemos com a injustiça no mundo.² Mas os prenúncios do sofrimento de Jesus (v. 4,7,21) nos lembram que ocupamos uma posição diferente da dos salmistas: estamos do outro lado da cruz. Estêvão se voltou para Jesus em busca de justificação, não retribuição, e orou pelos inimigos enquanto eles o matavam (At 7.54-60), como fez o próprio Jesus (Lc 23.34). O salmista está certo em desejar o julgamento do mal, mas Jesus o toma sobre si. Isso muda para sempre a visão que temos dos nossos desertos e de como buscamos a justiça.

Oração: Senhor, mais uma vez sou lembrado de que não devo nem desistir de buscar a justiça, nem buscá-la com o menor desejo de vingança ou hostilidade. Ajuda-me a perdoar qualquer pessoa que me prejudique ou aqueles com os quais me importo, lembrando-me do meu próprio perdão imerecido em Jesus. No entanto, permite-me ainda ter a coragem e a paixão necessárias para consertar erros sempre que possível. Amém.

6 de junho

Leia Salmos 69.29-33. ²⁹Eu, porém, estou aflito e triste; ó Deus, que tua salvação me ponha em um alto refúgio. ³⁰Louvarei o nome de Deus com um cântico, e o engrandecerei com ação de graças. ³¹Isso agradará mais o Senhor do que um boi, ou um novilho com chifres e cascos. ³²Vejam isso os humildes e se alegrem; vós, que buscais a Deus, animai o coração. ³³Porque o Senhor atende aos necessitados e não despreza os seus, embora sejam prisioneiros.

NÃO DESPERDICE SUAS AFLIÇÕES. O que fazemos quando nos sentimos aflitos e sofremos? Em geral, entregamo-nos à autopiedade, à amargura, ao medo ou à inveja. Pois "tudo o que é difícil indica algo mais do que nossa teoria de vida abrange até o momento".³ Davi, no entanto, não resvala para nada disso porque tem um entendimento da vida que inclui o sofrimento: ele usa-o para glorificar a Deus (v. 29,30). Louvar a Deus é um antídoto contra a introspecção excessiva que pode nos tomar de assalto quando sofremos. Isso não só honra a Deus como também encoraja outras pessoas (v. 32). Ao sofrer, não se permita ser sugado para dentro de si mesmo: volte-se para fora em louvor a Deus e ministre aos necessitados.

Oração: **Senhor, ajuda-me a enxergar o problema e o sofrimento como situações não apenas a serem suportadas, mas nas quais investir. Servir-te e servir aos outros quando não quero nem pensar nisso é o maior ato de amor possível. Ajuda-me a perceber o privilégio de sofrer com paciência e a ser agradecido por ele. Amém.**

7 de junho

Leia Salmos 69.34-36. ³⁴Louvem-no os céus e a terra, os mares e tudo quanto neles se move. ³⁵Porque Deus salvará Sião e edificará as cidades de Judá; seus servos habitarão ali e dela tomarão posse. ³⁶A descendência de seus servos a herdará, e os que amam seu nome nela habitarão.

USANDO O FUTURO NO PRESENTE. Não há indício de que a dor ou as circunstâncias da vida de Davi tenham mudado, portanto essa explosão final de louvor é impressionante. Davi anseia por um tempo em que não haverá enfermidade, mal ou opressão, quando todas as coisas serão acertadas. E Paulo diz que de uma maneira inexplicável, mas maravilhosa, nossos sofrimentos atuais tornarão a glória futura ainda mais brilhante e excelente (2Co 4.16-18). Se cremos em Cristo, essa é uma herança garantida que não pode ser corroída pela traça ou roubada pelo tempo (Mt 6.19-25). Hoje, quando recebemos curas e libertações, elas são pequenas janelas para as grandes coisas do porvir. Aprenda a olhar através dessas janelas, a apegar-se à salvação que ele promete e a louvá-lo.

Oração: Senhor, *tenho* de aprender a louvar-te, pois é a única coisa que te honrará e me satisfará. "Por isso, com minha arte maior a ti cantarei; e o que houver de melhor em todo o meu coração, a ti entregarei."[4] Amém.

8 de junho

Leia Salmos 70. ¹Ó Deus, apressa-te em livrar-me; Senhor, apressa-te em socorrer-me! ²Passem vexame e humilhação os que procuram tirar-me a vida; voltem atrás, envergonhados, os que se alegram com minha ruína. ³Sejam cobertos de vergonha os que dizem: Bem feito! Bem feito! ⁴Regozijem-se e alegrem-se em ti todos os que te buscam; e aqueles que amam tua salvação digam continuamente: Seja Deus engrandecido. ⁵Eu, porém, estou aflito e necessitado; apressa-te, ó Deus! Tu és meu amparo e meu libertador; Senhor, não te demores.

O SEGREDO. Há lugar na oração para a urgência piedosa. O próprio Jesus aprova a "audácia" (Lc 11.8, NIV), uma inflexibilidade desavergonhada no clamor a Deus. Contudo, mesmo no meio desse tipo de oração, Davi usa sua necessidade para estimular o louvor (v. 4). As circunstâncias podem nos levar a buscar a Deus, mas, antes mesmo que elas mudem (v. 5), podemos dizer: "Seja Deus engrandecido", ao descobrir que ele e sua salvação (v. 4) bastam. Como disse Elisabeth Elliot: "O segredo é Cristo em mim, não eu em um conjunto diferente de circunstâncias".⁵

Oração: Senhor, como é pobre minha oração! Ou sou vago e desinteressado, ou acalorado, dizendo-te em tom de acusação exatamente o que *tens* de fazer. Ensina-me a orar com disciplina e paixão, mas também com alegria em teu amor e vontade. Então, por meio de minhas orações, farás grande bem ao mundo e ao meu coração. Amém.

9 de junho

Leia Salmos 71.1-6. ¹Senhor, em ti me refugio; que eu nunca seja envergonhado. ²Livra-me pela tua justiça e resgata-me; inclina os ouvidos para mim e salva-me. ³Sê tu a rocha de refúgio para onde eu sempre possa ir; ordena que eu seja salvo, pois tu és minha rocha e minha fortaleza. ⁴Meu Deus, livra-me da mão do ímpio, do poder do homem injusto e cruel. ⁵Pois tu és minha esperança, Senhor Deus; tu és minha confiança desde a minha mocidade. ⁶Tenho me apoiado em ti desde que nasci; tu és aquele que me tirou do ventre materno. Eu sempre te louvarei.

LIVRA-ME PELA TUA JUSTIÇA. O salmista pede socorro porque Deus é justo (v. 2). Mas isso não deveria levá-lo a nos punir em vez de nos ajudar? "Senhor, se atentares para o pecado, quem resistirá, Senhor?" (Sl 130.3). Como Deus pode nos amar e ainda ser fiel à própria justiça? A Bíblia é uma longa e grandiosa resposta para essa pergunta. Só acontece por meio de Jesus. Quem mais dependeu completamente de Deus desde o nascimento e sempre o louvou (v. 6)? Ele conquistou a bênção da salvação que não merecemos e levou sobre si a maldição do pecado que, de fato, nos é devida (Gl 3.10-14). Se estamos em Cristo, a confiança que Davi tinha (v. 5) se torna nossa pela graça.

Oração: "Ó Senhor, tu és mais pronto para ouvir do que eu para orar, e estás inclinado a me dar mais do que desejo ou mereço. Pelo fato de ter me refugiado na obra salvadora de Jesus em meu benefício, dá-me a proteção e a alegria que seria presunçoso pedir de outra maneira."⁶ Amém.

10 de junho

Leia Salmos 71.7-18. ⁷Sou um testemunho para muitos, pois tu és meu refúgio forte. ⁸Minha boca se enche do teu louvor e da tua glória continuamente. ⁹Não me rejeites na minha velhice; não me desampares, quando minhas forças se forem. ¹⁰Porque meus inimigos falam contra mim, e os que me espreitam conspiram contra mim, ¹¹dizendo: Deus o desamparou; persegui-o e prendei-o, pois ninguém o livrará. ¹²Ó Deus, não te afastes de mim; meu Deus, socorre-me depressa! ¹³Sejam envergonhados e destruídos os meus adversários; cubram-se de vergonha e humilhação aqueles que procuram a minha ruína. ¹⁴Mas eu esperarei continuamente e te louvarei cada vez mais. ¹⁵Minha boca falará todo o dia da tua justiça e das tuas obras de salvação, que são incontáveis. ¹⁶Virei na força do Senhor Deus; proclamarei tua justiça, a tua somente. ¹⁷Ó Deus, tu me ensinaste desde a minha mocidade, e até aqui tenho anunciado tuas maravilhas. ¹⁸Agora, que estou velho e de cabelos brancos, não me desampares, ó Deus, até que eu tenha anunciado tua força a esta geração, e teu poder, às gerações do futuro.

Não me rejeites na minha velhice. Na velhice as forças decaem (v. 9) e não conseguimos mais realizar tudo o que fazíamos antes (v. 10,11). Nosso valor, no entanto, é medido não por nosso status na sociedade, mas aos olhos de Deus (v. 7). Quando Charles Simeon, pregador anglicano do século 19, aposentou-se depois de 54 anos de ministério, um amigo descobriu que ele ainda se levantava às 4h todos os dias para orar e estudar as Escrituras. Quando lhe sugeriram que fosse menos rigoroso nesse aspecto, ele rebateu: "Não devo correr com todo afinco agora que avisto a linha de chegada?".⁷

Oração: Senhor, ajuda-me a me preparar para a velhice agora, mostrando-me, por teu Espírito, que meu valor não tem como base renda, produtividade ou popularidade. Ele se baseia em ser membro do povo e da família de Deus. Amém.

11 de junho

Leia Salmos 71.19-24. [19]Ó Deus, tua justiça atinge os altos céus; tu tens feito grandes coisas, ó Deus! Quem é semelhante a ti? [20]Tu, que me fizeste passar por muitas e árduas tribulações, de novo me restituirás a vida e de novo me tirarás dos abismos da terra. [21]Tu me engrandecerás e me consolarás novamente. [22]Eu também te louvarei ao som do saltério, pela tua fidelidade, ó meu Deus; eu te cantarei ao som da harpa, ó Santo de Israel. [23]Meus lábios, assim como a minha vida, que remiste, exultarão quando eu cantar teus louvores. [24]Minha língua também falará da tua justiça o dia todo; pois aqueles que procuram minha ruína estão envergonhados e humilhados.

TU ME RESTITUIRÁS A VIDA. Nesse salmo há uma oração que quase nem se nota, mas que deveria nos fazer parar e pensar: "Tu, que me fizeste passar por muitas e árduas tribulações, [...] me restituirás a vida..." (v. 20). O salmista confia na sabedoria e no amor soberanos de Deus, mesmo que Deus tenha enviado problemas amargos a sua vida. Ele sabe que, no fim, tudo o que acontece é com o propósito supremo de restaurar nossa vida, aprofundando o amor, a sabedoria e a alegria da nossa vida espiritual e, por fim, ressuscitando nossos corpos no mundo novo, purificados de toda morte e escuridão (Rm 8.18-25). De fato, então, "tudo que ele envia é necessário; nada que ele retém pode ser necessário."[8]

Oração: Senhor, não permitas que a velhice aumente o orgulho ou a preocupação em mim. Em vez disso, que eu cresça em humildade à medida que eu vir aumentar o número de pecados dos quais me perdoaste e me tens protegido. E permite-me crescer em paciência ao enxergar o quanto tens sido paciente comigo. Amém.

12 de junho

Leia Salmos 72.1-7. ¹Ó Deus, dá teus juízos ao rei, e ao filho do rei, tua justiça, ²para que ele julgue teu povo com justiça, e teus pobres com equidade. ³Que as montanhas, assim como os montes, tragam ao povo prosperidade com justiça. ⁴Que ele julgue os aflitos do povo, salve os filhos do necessitado e esmague o opressor. ⁵Viva ele enquanto existir o sol, e enquanto durar a lua, por todas as gerações. ⁶Desça como a chuva sobre a planície, como os aguaceiros que regam a terra. ⁷Que a justiça floresça nos seus dias, e haja plena paz enquanto durar a lua.

BOM GOVERNO. Só vivendo em um país em que o Estado é corrupto e o domínio da lei fracassou você consegue apreciar a bênção de um bom governo. O grande rei retratado aqui oferece justiça social para os pobres e marginalizados (v. 2-4). A economia é pujante graças à boa administração dos ativos e à profunda confiança entre o povo, que é necessária ao comércio (v. 3,6,7). O Senhor é um Deus profundamente preocupado com essas coisas. Mas o título afirma tratar-se de um salmo "de Salomão", e até ele, o filho de Davi, tornou-se um opressor do seu povo (1Rs 12.4). Portanto, o salmo nos leva a ansiarmos por um rei melhor do que o melhor governo jamais ofereceu.

Oração: "Concede, ó Senhor, que o curso deste mundo possa ser ordenado de maneira tão pacífica por teu governo que teu povo, com toda tranquilidade piedosa, possa servir-te com alegria."⁹ Amém.

13 de junho

Leia **Salmos 72.8-14**. ⁸Governe ele de mar a mar, e desde o rio até as extremidades da terra. ⁹Inclinem-se diante dele seus adversários, e seus inimigos lambam o pó. ¹⁰Paguem-lhe tributo os reis de Társis e das ilhas; os reis de Sabá e de Seba ofereçam-lhe presentes. ¹¹Todos os reis se prostrem perante ele; todas as nações o sirvam. ¹²Porque ele livra o necessitado que clama, e também o aflito e o que não tem quem o ajude. ¹³Ele se compadece do pobre e do necessitado; salva a vida dos que estão em necessidade. ¹⁴Ele os liberta da opressão e da violência; a vida deles é preciosa aos seus olhos.

CURANDO AS NAÇÕES. Tribos e nações, sempre em guerra entre si, agora se oferecem para servir (v. 10,11), não por terem sido conquistadas, mas sim por terem sido atraídas como um ímã pela justiça e compaixão perfeitas desse rei (v. 12-14). Nunca houve rei igual na terra. Essa cura da rivalidade racial e a eliminação da pobreza e da injustiça são marcas do reino de Deus, mas os governos, mesmo os melhores, não lhe chegam aos pés. Contudo, quando Jesus nasceu, foram-lhe oferecidos presentes vindos de longe (Mt 2.1-12), e, no estabelecimento da igreja, as tribos começaram a ser unificadas (Ef 2.11-22), e os necessitados, amparados (At 2.44,45; 4.32-36). O reino de Deus entrara na História.

Oração: Senhor, dá poder à tua igreja para vencer o mundo não apenas pela proclamação da tua Palavra, mas também encarnando-a. Faz de nossas congregações locais em que vejamos raças e classes reconciliadas de tal maneira como não acontece em nenhum outro lugar sobre a face da terra. Amém.

14 de junho

Leia Salmos 72.15-20. ¹⁵Tenha ele vida longa e receba ouro de Sabá; que se interceda por ele continuamente em oração, e o bendigam em todo o tempo. ¹⁶Haja fartura de cereal na terra que ondule até o topo dos montes; seja o seu fruto como o Líbano, e floresçam habitantes nas cidades como a relva da terra. ¹⁷Que seu nome permaneça eternamente, e sua fama continue enquanto o sol durar; nele sejam abençoados os homens; todas as nações o chamem bem-aventurado. ¹⁸Bendito seja o Senhor Deus, o Deus de Israel, o único que faz maravilhas. ¹⁹Bendito seja para sempre seu nome glorioso, e toda a terra encha-se da sua glória. Amém e amém. ²⁰Terminam aqui as orações de Davi, filho de Jessé.

O verdadeiro rei. O domínio desse rei é infinito (v. 5) e ilimitado (v. 8), mas seriam tais qualidades apenas parte de uma antiga hipérbole? Não. As afirmações desse trecho não poderiam ser feitas em relação a nenhum rei terreno. A imagem de colheita plena no topo de colinas e montes, onde o solo não aguenta tamanha produção (v. 16), indica um mundo renovado de maneira sobrenatural. Esse rei só pode ser Jesus. Colocar-nos sob o seu reinado produz vida e crescimento sobrenaturais hoje (Gl 5.22-26). Fomos criados com a necessidade de obedecer a ele como a relva necessita de chuva (v. 6). E Cristo um dia curará e unirá tudo (Cl 1.15-20; Rm 8.18-21). Todas as velhas lendas de um grande rei que voltará para colocar tudo em ordem encontram cumprimento nele.

Oração: Senhor, a cultura em que vivo exige que eu não entregue a autoridade sobre mim mesmo a mais ninguém. Mas violaria tua glória e minha natureza *não* conceder-te o senhorio sobre minha vida. De hoje em diante, obedecerei de bom grado a tudo o que disseres e aceitarei tudo o que enviares, quer eu o compreenda, quer não. Amém.

15 de junho

Leia Salmos 73.1-3. ¹Certamente Deus é bom para Israel, para os que têm coração limpo. ²Quanto a mim, meus pés quase tropeçaram; faltou pouco para que eu escorregasse. ³Pois eu tinha inveja dos arrogantes, ao ver a prosperidade dos ímpios.

O MAL DA INVEJA. O salmista se confessa nas garras da inveja (v. 3). Invejar é querer a vida do outro. É sentir não apenas que ele não merece a vida boa que tem, mas que você a merece, *sim*, e que Deus não tem sido justo. Essa autopiedade espiritual — que se esquece do seu pecado e do que de fato você merece de Deus — exaure sua vida de toda alegria, impedindo-o de desfrutar daquilo que você possui. O poder da inveja é tamanho que deu a impressão de que nem o jardim do Éden era suficiente. Não é de admirar que o salmista quase "escorregasse" e se afastasse de Deus (v. 2). Não se deixe escorregar para a inveja ou destruirá sua própria alegria.

Oração: Senhor, os bens deste mundo são distribuídos de modo tão desigual! No entanto, confesso que, se *eu* tivesse mais prosperidade, não me aborreceria tanto com as injustiças. Minha inveja está cheia de arrogância e me rouba a alegria. Perdoa-me e transforma-me. Amém.

16 de junho

Leia Salmos 73.4-9. **⁴**Eles não têm problemas, o corpo deles é forte e sadio. **⁵**Não passam pelas tribulações dos mortais, nem são afligidos como os demais homens. **⁶**Por isso, a soberba é para eles como um colar no pescoço; a violência os cobre como um vestido. **⁷**Os olhos deles cobiçam as riquezas; do seu coração brotam fantasias. **⁸**Zombam e falam com malícia; com arrogância fazem ameaças. **⁹**Desandam a falar contra os céus, e sua língua percorre a terra.

AUTOSSUFICIÊNCIA. A descrição feita pelo salmista das elites da sua época é quase atemporal. Têm corpos fortes e sadios; hoje poderíamos chamá-los de gente bonita (v. 4). Estabelecem conexões poderosas para evitar as responsabilidades opressivas que a maior parte das pessoas enfrenta (v. 5,12). São o que chamaríamos de afortunados, mas assumem todo o crédito por isso, sentindo-se superiores a todos que estão abaixo deles (v. 6,8). A raiz de tudo isso é não verem nenhuma necessidade de Deus. Se existir um céu, acham que fazem por merecê-lo (v. 9,11). Os crentes deveriam se lembrar de que nós também temos essa autossuficiência espiritual em nosso interior. Por que oramos menos quando as coisas vão bem na vida? E por que nutrimos o sentimento secreto de que *nós* merecemos a vida que *eles* têm?

Oração: Senhor, nunca houve uma sociedade humana sem orgulho presunçoso por cima e inveja amarga por baixo. Por isso, mesmo se o grupo dos que não têm um dia derrubar o grupo dos que têm, tudo haverá de se tornar igual. Pai, concede tua graça a nossa cultura, tornando humildes tanto líderes quanto seguidores e dando-nos paz. Amém.

17 de junho

Leia **Salmos 73.10-14**. ¹⁰Por isso, o povo se volta para eles e bebe à vontade de suas águas. ¹¹Eles dizem: Como Deus sabe? Por acaso o Altíssimo tem conhecimento? ¹²Os ímpios são assim; sempre seguros, aumentam suas riquezas. ¹³Por certo é em vão que tenho mantido puro o coração e lavado as mãos na inocência, ¹⁴pois todo dia tenho sido afligido, e castigado a cada manhã.

O QUE GANHEI COM ISSO? O salmista conclui que a vida boa não lhe trouxe riqueza nem isenção dos problemas (v. 12) e, portanto, foi "em vão" (v. 13). Mas a atitude lhe desmascara o coração. Sua obediência não era uma forma de agradar a Deus, mas sim um meio de fazer com que Deus lhe agradasse. Quando dizemos ao Senhor: "Eu te servirei desde que *tal coisa* aconteça", então é essa *tal coisa* que amamos, sendo Deus apenas um aparato necessário para obtê-la. O impacto dessa confissão aos poucos vai clareando a mente do salmista. Em toda circunstância difícil podemos ouvir Deus nos dizendo: "Agora veremos se você veio a mim para fazer com que eu o sirva ou a fim de poder me servir".

Oração: Senhor, ressinto-me do serviço a ti quando minha vida não acontece como eu gostaria. Não te amo tanto quanto as coisas boas que espero receber de ti. Oh, ilumina minha mente e meu coração para enxergar tua beleza e amar-te só por quem tu és. Além de ser o que é certo a fazer, essa também é minha real alegria. Amém.

18 de junho

Leia Salmos 73.15-20. ¹⁵Se eu tivesse dito: Falarei como eles, eu teria traído a geração de teus filhos. ¹⁶Quando me esforçava para compreender isso, achei que era uma tarefa muito difícil para mim, ¹⁷até que entrei no santuário de Deus. Então compreendi o destino deles. ¹⁸Certamente tu os pões em lugares escorregadios e os fazes cair em ruína. ¹⁹Como são destruídos de repente! Ficam totalmente aterrorizados. ²⁰Como alguém que acorda de um sonho, assim, ó Senhor, quando acordares, tu os desprezarás.

O SONHO DO MUNDO. O primeiro passo para sair do buraco do ressentimento e da inveja é a adoração. O salmista entra no santuário e, na presença do verdadeiro Deus, sua visão clareia e ele começa a obter a perspectiva de longo prazo (v. 16,17). Ele vê que os ricos sem Deus estão a caminho de ser eternamente pobres, e que as celebridades sem Deus estão a caminho de ser infinitamente ignoradas (v. 18,19). Nos limites de um sonho, você talvez se sinta bastante intimidado por algum ser poderoso, mas, assim que desperta, ri da impotência que ele tem de causar dano a sua vida real. Todo o poder e a riqueza do mundo são como um sonho. Não podem nem aprimorar nem arruinar a mais profunda identidade, felicidade e herança do cristão.

Oração: Senhor, eu te louvo por seres mais real que as montanhas, e em ti sou mais rico do que se eu tivesse todas as joias que se encontram debaixo da terra. Pelo poder do teu Espírito, que os meus olhos experimentem o que diz o antigo hino: "Ante a glória e a graça da sua luz, o que é terreno perde o valor".[10] Amém.

19 de junho

LEIA Salmos 73.21-23. ²¹Quando meu coração estava amargurado e no meu interior me perturbava, ²²eu estava embrutecido e ignorante; era como animal perante ti. ²³Todavia estou sempre contigo; tu me seguras com a mão direita.

GRAÇA ELETRIZANTE. A antitoxina para a inveja e a autocompaixão é a humildade. O salmista primeiro viu que seu pecado o prejudica (v. 2) e depois que prejudica os outros (v. 15), mas, por fim, vê que tem sido tão arrogante para com *Deus* quanto o povo que desprezava. Existe em nós uma obstinação feroz e instintiva, tão irrefletida e desumana quanto a de um animal selvagem (v. 22). Agostinho se lembrava de roubar peras só por ser proibido.[11] Em nosso interior, algo rosna: "*Ninguém me* diz o que devo fazer". Só pelo reconhecimento dessas trevas internas a gloriosa palavra da graça — "todavia" (v. 23) — pode amanhecer para o salmista. Deus nunca o abandona. Apenas quando virmos a profundidade do nosso pecado seremos eletrizados pela maravilha da graça.

Oração: Senhor, quanto mais profundas as trevas, mais visíveis e lindas as estrelas. E, quanto mais reconheço meu pecado, mais tua graça se converte em realidade, em vez de uma ideia abstrata. Só então tua graça me torna humilde e me confirma, purifica e molda. Torna tua graça maravilhosa ao meu coração. Amém.

20 de junho

Leia Salmos 73.24-28. ²⁴Tu me guias com teu conselho e depois me recebes com honra. ²⁵Quem mais eu tenho no céu, senão a ti? E na terra não desejo outra coisa além de ti. ²⁶Meu corpo e meu coração desfalecem; mas Deus é a fortaleza da minha vida e minha herança para sempre. ²⁷Os que se afastam de ti perecerão; tu exterminas todos os que se desviam de ti. ²⁸Mas, para mim, bom é estar junto a Deus; ponho minha confiança no Senhor Deus, para proclamar todas as suas obras.

NADA ALÉM DE TI. O salmista faz uma descoberta. "Quem mais eu tenho no céu, senão a ti?" (v. 25) quer dizer: "Se não tiver a ti, não tenho nada; mais nada satisfará ou durará". É justo que queiramos nos reunir aos entes queridos no céu. O que faz do céu o *céu*, no entanto, é o fato de Deus estar lá. Os que partiram antes não estão olhando para baixo a observar-nos carinhosamente, antes se encontram imersos em fonte inesgotável de alegria, deleite e adoração. Agostinho escreve: "Só Deus é o lugar de paz que não pode ser perturbado — e ele não abrirá mão do seu amor a menos que você retenha seu amor dele".[12] A vida na glória com Deus (v. 24) bastará para a cura de todas as feridas, para dar resposta a todas as perguntas. Jesus assim prometeu.

Oração: Senhor, eu te agradeço pela maneira como o sofrimento me faz penetrar mais fundo, como um prego, em teu amor. Não são minhas alegrias, mas minhas dores terrenas que me mostram a suficiência da tua graça. "Vivo para mostrar o teu poder, que um dia fez primeiro chorar minhas alegrias, e agora faz cantar as minhas dores."[13] Amém.

21 de junho

Leia Salmos 74.1-8. ¹Ó Deus, por que nos rejeitaste para sempre? Por que tua ira se acende contra o rebanho que pastoreias? ²Lembra-te do teu povo, que compraste desde a antiguidade, que remiste para ser a tribo da tua herança, e do monte Sião, onde tens habitado. ³Dirige teus passos para as ruínas perpétuas, para toda destruição que o inimigo provocou no santuário. ⁴Teus inimigos gritaram no meio da tua assembleia; hastearam suas bandeiras como sinal de vitória. ⁵Pareciam os que abrem com machados uma densa floresta. ⁶Despedaçaram com machados e martelos toda obra entalhada. ⁷Atearam fogo no teu santuário; profanaram a morada do teu nome e a arrasaram. ⁸Disseram no coração: Acabemos com ela de uma vez. E queimaram todos os santuários desta terra.

DIANTE DO COLAPSO ABSOLUTO. O salmista examina a completa destruição de Jerusalém e do templo (v. 3,7) pelo exército babilônico. Em geral se presume que, embora Deus possa permitir algumas dificuldades, ele jamais deixaria que tragédias terríveis e cataclísmicas acontecessem ao povo que nele crê. Todavia, a Bíblia mostra que esse desastre em particular não foi total, que Deus não os estava abandonando. A pessoa mais fiel que já viveu, Jesus Cristo, também sofreu terrivelmente por propósitos redentores. Portanto, lembre-se: "Deus é Deus. Se ele é Deus, é digno da minha adoração e do meu serviço. Não encontrarei descanso em nenhum outro lugar a não ser em sua vontade, e essa vontade é infinita, imensurável e indizivelmente maior que meus conceitos mais abrangentes do que ele pretende".[14]

Oração: Senhor, eu te louvo porque não apenas extrais glória da escuridão, força da fraqueza e alegria da aflição, mas com frequência tornas o que há de bom mais rico e poderoso *por meio* dessas coisas ruins. Ajuda-me a fim de que minha mente e coração descansem nessa verdade. Amém.

22 de junho

Leia Salmos 74.9-17. ⁹Não vemos mais nossos símbolos, não há mais profetas; ninguém entre nós sabe até quando isso durará. ¹⁰Ó Deus, até quando o adversário afrontará? O inimigo blasfemará teu nome para sempre? ¹¹Por que reténs tua mão, tua mão direita? Tira-a do teu peito e destrói a todos eles. ¹²Mas Deus é o meu Rei, desde a antiguidade; ele é quem opera a salvação no meio da terra. ¹³Tu dividiste o mar pela tua força; nas águas, esmagaste a cabeça dos monstros marinhos. ¹⁴Tu esmagaste as cabeças do Leviatã e o deste como alimento aos habitantes do deserto. ¹⁵Abriste fontes e ribeiros; secaste os rios perenes. ¹⁶Teu é o dia e tua é a noite; firmaste a luz e o sol. ¹⁷Estabeleceste todos os limites da terra; verão e inverno, tu os fizeste.

ENFRENTANDO COLAPSO ABSOLUTO. Agora o salmista começa a processar esse desastre em oração. Há duas coisas que ele *não* faz. Não se resigna passivamente ao *status quo* perverso, nem tampouco se afasta com raiva de Deus, supondo saber mais. Em vez disso, expressa sua aflição e lamentos, mas sempre para o Senhor. Lembra-se de que Deus tem todo o poder (v. 13-17). Ele está dizendo: "... Senhor, para quem iremos? Tu tens as palavras de vida eterna" (Jo 6.68). Se cremos em Deus apenas quando ele está operando coisas grandiosas em nosso favor, não o servimos de verdade; apenas o usamos.

Oração: Senhor, em tempos obscuros, sinto que obtenho pouco indo até o trono da graça em oração — mas dá-me forças para ir e lá permanecer mesmo assim. Amém.

23 de junho

Leia **Salmos 74.18-23.** [18]Lembra-te disto: o inimigo te afrontou, ó Senhor, e um povo insensato blasfemou teu nome. [19]Não entregues a vida da tua pomba aos animais selvagens; não te esqueças para sempre da vida dos teus aflitos. [20]Atenta para a tua aliança, pois os lugares sombrios da terra estão cheios das moradas de violência. [21]Não permitas que o oprimido volte envergonhado; louvem o teu nome o aflito e o necessitado. [22]Levanta-te, ó Deus, defende tua própria causa; lembra-te da afronta que o insensato te faz continuamente. [23]Não te esqueças da gritaria dos teus adversários; o tumulto daqueles que se levantam contra ti cresce cada vez mais.

LEMBRE-SE DA SUA ALIANÇA. O templo destruído, local de sacrifício e expiação, era onde o povo, apesar de seu pecado, podia se aproximar do Deus santo. Essa provisão fazia parte da aliança que o Senhor fizera com eles, por meio de Moisés, de que seria o Deus deles. No fim, o salmista descansa por saber que Deus não se esquecerá de sua aliança (v. 20). Também podemos deixar de lado nossos temores, sabendo que Deus *confirmou* sua aliança em Jesus Cristo, cujo sacrifício supremo pelo pecado e mediação são o novo e definitivo templo.[15] Agora sabemos que a promessa da aliança "serei o seu Deus" na verdade quer dizer "não importa o que aconteça", pois em Cristo vemos que ele não terá limites para nos amar.

Oração: Senhor, nossas vidas são cheias de escuridão e de luz, de pecado e de graça. Por isso ajuda-me a responder como devo em oração — reclamando e louvando, lamentando e confiando —, mas suavizado pelo conhecimento de que, no fim, tudo acabará em alegria e glória. Amém.

24 de junho

Leia Salmos 75.1-5. ¹Damos-te graças, ó Deus, damos-te graças, pois perto está teu nome; os que invocam o teu nome anunciam tuas maravilhas. ²Deus diz: Quando chegar o tempo determinado, julgarei com retidão. ³A terra e todos os seus moradores derretem-se de pavor, mas eu lhe fortaleci as colunas. [Interlúdio] ⁴Eu digo aos arrogantes: Não sejais arrogantes; e aos ímpios: Não vos vanglorieis; ⁵não vos vanglorieis, nem faleis com arrogância.

HUMILHANDO O SOBERBO. Nosso discurso público de hoje em dia é cheio de jargões sobre como as tecnologias, políticas ou ideias "virarão o jogo" ou "transformarão o mundo". Do nosso ponto de vista o mais ilustre, poderoso e rico é quem estabelece o curso dos acontecimentos. Deus, no entanto, diz que é *ele* quem fortalece as colunas da terra (veja v. 3), quem literalmente sustenta o mundo (At 17.28; Hb 1.3). Todo talento (Tg 1.17), sabedoria (Rm 2.14,15) e sucesso (Mt 5.45) humanos são apenas dádivas suas. Ele está no controle de tudo o que acontece na História, e até os mais poderosos acabam apenas cumprindo os propósitos divinos (v. 2; cf. Jo 19.11). Portanto, não devemos pensar com arrogância que somos competentes para conduzir nossa própria vida. Não somos.

Oração: Senhor, eu te louvo porque és soberano sobre tudo. Como isso é ameaçador, pois não tenho nenhum controle sobre minha vida. Mas como é reconfortante, pois não sou capaz de sustentar minha vida, mas devo descansar em ti. Clareia minha visão para enxergar essa verdade e receber os desafios e consolações que ela traz todos os dias. Amém.

25 de junho

Leia Salmos 75.6-10. ⁶Porque a exaltação não vem do oriente, nem do ocidente, nem do deserto. ⁷Mas Deus é quem julga; ele abate um e exalta outro. ⁸Porque na mão do Senhor há um cálice, com vinho espumante e misturado. Ele o derrama, e todos os ímpios da terra bebem, sugando até o fim. ⁹Mas, quanto a mim, exultarei para sempre, cantarei louvores ao Deus de Jacó. ¹⁰Aniquilarei todas as forças dos ímpios, mas as forças dos justos serão exaltadas.

O CÁLICE. No imaginário bíblico, o cálice era uma provação. O cálice "com vinho espumante" é o da ira divina contra os ímpios (v. 8), a provação suprema do castigo infinito que fez tremer até o coração do Filho de Deus (Mt 26.42). Contudo, na cruz Jesus submeteu-se à vontade de Deus e bebeu desse cálice em nosso favor, sabendo que, por mais aterrorizante que ele fosse, do outro lado haveria o regozijo de estar conosco. Somos sua recompensa (Is 40.10). Quando confrontados com um aspecto da vontade de Deus em nossa vida do qual desejamos fugir, devemos apegar-nos fortemente a Jesus e sussurrar: "Seja feita a tua vontade". Podemos então esperar a alegria de estar com ele.

Oração: Pai, não sei nem por onde começar a louvar-te e a agradecer-te por teu dom inestimável. "Pois Cristo, meu amado Salvador, / bebeu do vinho da tua ira feroz. Que cálices amargos haveriam de servir, / não os tivesse ele bebido por mim."¹⁶ Amém.

26 de junho

Leia Salmos 76.1-6. ¹Deus é conhecido em Judá; seu nome é grande em Israel. ²Sua tenda está em Salém, e a sua morada, em Sião. ³Ali ele quebrou as flechas do arco, o escudo, a espada e os instrumentos de guerra. [Interlúdio] ⁴Tu és glorioso, e mais majestoso do que montes de despojo. ⁵Os valentes foram saqueados, dormiram seu último sono; nenhum dos homens corajosos pôde reagir. ⁶Ó Deus de Jacó, diante da tua repreensão, cavaleiros e cavalos ficaram paralisados.

O DEUS QUE LUTA POR NÓS. Cavalos e bigas (v. 6, NIV) representavam a última palavra em tecnologia de guerra moderna. Nenhum soldado a pé lhes resistiria e venceria. No entanto, Deus é infinitamente mais poderoso do que qualquer força humana (v. 5). Um dos grandes temas da Bíblia é que Deus luta por nós contra nossos inimigos. Quando ela diz que basta uma repreensão de Deus para um exército ficar paralisado (v. 6), pensamos em Cristo aquietando o vendaval com uma palavra (Mc 4.39). Os cristãos sabem que Jesus veio para lutar contra nossos maiores inimigos — o pecado e a morte — subindo à cruz. Em todo perigo ele nos protege, e ou ele estará conosco, ou estaremos com ele, de modo que tudo ficará bem.

Oração: Senhor, eu te louvo por seres um Deus majestoso e magnificente. Tu és eminente por toda a eternidade, tudo o mais é secundário; tu és permanente para sempre, tudo o mais é efêmero. Não permitas que eu fique fascinado pelo poder e beleza humanos. Amém.

27 de junho

Leia Salmos 76.7-12. ⁷Somente tu és tremendo. Quem poderá permanecer na tua presença quando estiveres irado? ⁸Fizeste ouvir dos céus teu juízo; a terra tremeu e se aquietou, ⁹quando Deus se levantou para julgar, para salvar todos os humildes da terra. [Interlúdio] ¹⁰Até a ira contra os homens será para teu louvor, e com o restante da ira te armarás. ¹¹Fazei votos ao Senhor, vosso Deus, e cumpri-os; todos os que vivem ao seu redor tragam dádivas àquele que deve ser temido. ¹²Ele quebra o desejo dos príncipes; é temido pelos reis da terra.

O SENHOR FAZ COM A IRA DOS HOMENS O LOUVE. O versículo 10 é muito interessante. Não apenas todos os esforços para se rebelar contra Deus ou derrotá-lo no final só servirão para cumprir seu plano (Gn 50.20; At 4.27,28), como também tornarão maiores a alegria e a glória supremas do mundo renovado e do povo de Deus. Será a derrota definitiva do mal. O maior exemplo é a morte de Jesus: "ele, que foi entregue pelo conselho determinado e pela presciência de Deus, vós o matastes, crucificando-o pelas mãos de ímpios" (At 2.23). Isso nos leva de fato a temê-lo, a nos admirarmos de sua grandeza e a nos submetermos a seu senhorio (v. 7).

Oração: "Senhor, faz com que tenhamos temor e amor perpétuos ao teu nome santo, pois nunca deixaste de ajudar e governar quem despertaste em teu amor imutável."¹⁷ Amém.

28 de junho

Leia Salmos 77.1-4. ¹Elevo minha voz a Deus; a Deus levanto minha voz, para que ele me ouça. ²Busco o Senhor no dia da minha angústia; à noite, minha mão fica estendida e não se cansa; minha alma se recusa a ser consolada. ³Lembro-me de Deus e começo a gemer; medito, e meu espírito desfalece. [Interlúdio] ⁴Manténs meus olhos atentos; estou tão perturbado que não consigo falar.

A IMPORTÂNCIA DA MEDITAÇÃO. O salmista enfrenta sofrimentos e angústias inominados (v. 2). Em resposta, medita (v. 3,6,11,12). No inglês, a palavra *muse*, além de querer dizer "meditar", também faz referência às musas mitológicas, relacionadas ao termo "música", cuja raiz grega remete à arte dessas musas. Quando colocamos letras em uma música, elas vão direto ao coração. Ao meditarmos, processamos a verdade até que ela toque o coração. Eis a chave para lidar com as dificuldades. O salmista não está sendo um estoico apenas, rangendo os dentes até a tempestade passar. Tampouco dá vazão a seus sentimentos. Ele redireciona pensamentos e sentimentos para a verdade acerca de Deus. Seus primeiros esforços, descritos nos versículos 1 a 4, parecem não ajudar muito. Ou seja, não se trata de trabalho de um momento, e aprendê-lo requer uma vida inteira.

Oração: Senhor, teus discípulos te pediram para ensiná-los a orar, mas eu te peço também para me ensinar a meditar em tua Palavra. Dá-me a paciência e os hábitos da mente capazes de marcar e observar, saborear e apreciar, e digerir internamente tuas palavras. Que elas habitem ricamente em mim. Amém.

29 de junho

Leia Salmos 77.5-9. ⁵Penso sobre os dias passados, os anos dos tempos que se foram. ⁶À noite, lembro-me do meu cântico; consulto o coração, e meu espírito indaga: ⁷O Senhor rejeita para sempre e não será mais favorável? ⁸Seu amor cessou para sempre? Acabou-se sua promessa para todas as gerações? ⁹Deus esqueceu-se de ser compassivo? Na sua ira, encerrou suas ternas misericórdias? [Interlúdio]

PERGUNTANDO. Outra expressão importante na meditação é "meu espírito indaga" (v. 6). Ela consiste na maior parte em fazer as indagações certas. Meditar é se propor perguntas sobre a verdade, como: "Que diferença isso faz? Estou levando isso a sério? Caso me esqueça, como isso me afetará? Já o esqueci? Estou vivendo à luz disso?". As indagações do salmista sobre o "amor infalível" (v. 8, NIV) começam a sugerir as próprias respostas. Enquanto contamos cada minuto de sofrimento como uma eternidade, as misericórdias de Deus são renovadas a cada manhã que despertamos respirando. Ele não nos esquecerá nem nos desapontará e, embora possamos clamar e lhe falar da nossa sensação de abandono, Deus jamais nos deixará.

Oração: Senhor, obrigado por seres um Deus que aceita perguntas! Mantém minha mente lúcida à medida que as proponho, pois perguntas sinceras, feitas diante de tua santidade, sempre levam à confiança em ti. Em quem devo eu confiar mais do que em ti? Em mim? Seria a maior de todas as tolices. Amém.

30 de junho

Leia Salmos 77.10-15. **¹⁰**Então eu digo: Este é o motivo da minha agonia: a mão direita do Altíssimo mudou. **¹¹**Recordarei os feitos do Senhor; sim, eu me lembrarei das tuas maravilhas da antiguidade. **¹²**Também meditarei em todas as tuas obras, e ponderarei teus feitos poderosos. **¹³**Ó Deus, teus atos são santos; que deus é tão grande como o nosso Deus? **¹⁴**Tu és o Deus que faz maravilhas; tens feito notória a tua força entre os povos. **¹⁵**Com teu braço, remiste teu povo, os filhos de Jacó e de José. [Interlúdio]

DEFENDENDO SUA CAUSA. Finalmente o salmista resolve conduzir uma meditação embasada (v. 12). Ele "apela" ("A isso apelo: aos anos em que o Altíssimo estendeu sua mão direita" v. 10, NIV) para o relato dos milagres redentores de Deus durante o Êxodo. Os advogados apelam quando esperam uma conclusão diferente da que receberam da instância inferior. O salmista, portanto, argumenta, contrariando o próprio coração, que "decidira" que não havia esperança. Sua causa: "Se um Deus poderoso assim (v. 14) nos ama, então do que estou com medo?". Ele pondera sobre o poder e o amor de Deus como demonstrados no passado, a fim de esmagar seus temores no presente.

Oração: Senhor, eu te louvo porque as maiores manifestações do teu poder na história têm sido ao demonstrar misericórdia e amor salvador. Por isso, abre meus olhos agora e leva meu coração a confiar em cada uma de tuas promessas, para que eu possa viver na paz que tens para todos que te conhecem. Amém.

1.º de julho

Leia Salmos 77.16-20. ¹⁶As águas te viram, ó Deus, as águas te viram e tremeram; os abismos também se abalaram. ¹⁷As nuvens derramaram chuva; houve trovões nos céus; teus raios também atravessaram de um lado para o outro. ¹⁸O som do teu trovão estava no redemoinho; os relâmpagos clarearam o mundo; a terra se abalou e tremeu. ¹⁹Teu caminho passou pelo mar e tuas veredas, pelas grandes águas, e teu rastro não foi encontrado. ²⁰Pelas mãos de Moisés e Arão, guiaste teu povo como um rebanho.

O ÊXODO SUPREMO. Os versículos de 13 a 20 são exemplo de meditação bem-sucedida, em que o salmista prega ao próprio coração sobre a graça de Deus revelada no Êxodo. O resultado é que seu coração crê novamente, e ele é capaz de enfrentar seus problemas. Nós, cristãos, temos um modo muito melhor de nos assegurarmos de que Deus jamais nos abandonará ou deixará. Jesus realizou o maior de todos os êxodos, libertando-nos não só da escravidão social ou política, mas do pecado e da morte (Lc 9.31). Além disso, sua morte na cruz é um modelo de como Deus costuma operar seus propósitos graciosos por meio de aparentes derrotas. Ao meditarmos *nisso*, teremos um recurso para enfrentar absolutamente qualquer coisa.

Oração: Senhor, eu te agradeço porque tu és um Deus de poder infinito, e por isso até os oceanos e os vendavais atendem ao teu comando. Todavia, tu és um terno pastor para nós. Se o poder infinito no universo é nosso pastor amoroso, então podemos viver sem medo. Amém.

2 de julho

Leia Salmos 78.1-8. ¹Meu povo, escutai meu ensino, inclinai os ouvidos às palavras da minha boca. ²Abrirei minha boca em parábolas; proporei enigmas da antiguidade, ³o que temos ouvido e aprendido, e nossos pais nos têm contado. ⁴Não os encobriremos aos seus filhos, contaremos às gerações vindouras sobre os louvores do Senhor, seu poder e as maravilhas que tem feito. ⁵Porque ele estabeleceu um testemunho em Jacó e instituiu uma lei em Israel, ordenando aos nossos pais que os ensinassem a seus filhos; ⁶para que a futura geração os conhecesse, para que os filhos que nasceriam se levantassem e os contassem a seus filhos, ⁷a fim de que pusessem sua confiança em Deus e não se esquecessem das suas obras, mas guardassem seus mandamentos; ⁸e que não fossem como seus pais, geração teimosa e rebelde, geração inconstante, cujo espírito não foi fiel para com Deus.

A RELIGIÃO DO CORAÇÃO. O salmo relata a história de Israel desde sua libertação do Egito até o reinado de Davi. Sua lição negativa é que essa história não deve se repetir na vida dos ouvintes (v. 8). A positiva é que os crentes devem ser marcados pela fé verdadeira (v. 7). Devemos não apenas conhecer a verdade acerca de quem é Deus (v. 7), mas confiar nele de coração (v. 7,8) e demonstrar essa fé que salva por meio de uma vida transformada de obediência (v. 7). Ao longo da história, muitos honraram a Deus com seu comportamento exterior, mas fracassaram em ter o coração convertido (Is 29.13; Jr 4.4) Você apenas cumpre rituais religiosos ou nasceu de novo (Jo 3.1-16)?

Oração: Senhor, posso obedecer-te com todo respeito, mas isso não te satisfará. Tu queres meu coração. Mas, como Paulo, vejo impulsos em mim que resistem a ti. Substitui meu coração, ainda de pedra, por um de carne. Ajuda-me a amar-te e desejar-te. Amém.

3 de julho

Leia Salmos 78.9-16. ⁹Os filhos de Efraim, armados de arcos, retrocederam no dia da batalha. ¹⁰Não guardaram a aliança de Deus e se recusaram a andar na sua lei; ¹¹esqueceram-se das suas obras e das maravilhas que lhes fizera ver. ¹²Ele fez maravilhas à vista de seus pais, na terra do Egito, no campo de Zoã. ¹³Dividiu o mar e fez que o atravessassem; fez as águas ficarem como um muro. ¹⁴Também os guiou de dia por uma nuvem, e a noite toda por um clarão de fogo. ¹⁵No deserto, partiu rochas e deu-lhes de beber à vontade, águas que enchem as profundezas. ¹⁶Da pedra fez sair fontes, e fez correr águas como rios.

NÃO SE ESQUEÇA. Esses "filhos de Efraim" são as tribos ao norte de Israel (v. 9,10) que caíram em idolatria (1Rs 12), foram expulsas e perderam-se para a história (2Rs 17). A raiz de seu problema foi o esquecimento espiritual (v. 11). Os cristãos também podem estagnar porque "... [têm-se] esquecido da purificação dos seus antigos pecados" (2Pe 1.9). A chave é manter o coração constantemente vitalizado pela recordação deliberada do custoso sacrifício de Jesus. Devemos nos lembrar de que, por nossos pecados, Jesus foi esquecido, por assim dizer ("... por que me desamparaste?" [Mt 27.46]), para que, agora, Deus não possa mais se esquecer de nós, assim como uma mãe não se esquece do filho que amamenta (Is 49.14-16). Lembrar-se disso lhe dará um grande coração.

Oração: Senhor, preocupo-me porque me esqueço de tua sabedoria, ressinto-me porque me esqueço de tua misericórdia, cobiço porque me esqueço de tua beleza, peco porque me esqueço de tua santidade, temo porque me esqueço de tua soberania. Tu sempre te lembras de mim; ajuda-me a sempre me lembrar de ti. Amém.

4 de julho

Leia Salmos 78.17-25. ¹⁷Mesmo assim, continuaram a pecar contra ele, rebelando-se contra o Altíssimo no deserto. ¹⁸Provocaram a Deus no coração, pedindo comida segundo seu próprio gosto. ¹⁹Também falaram isto contra Deus: Por acaso, pode Deus preparar uma mesa no deserto? Por acaso, dará carne ao seu povo? ²⁰É verdade que ele feriu a rocha e as águas fluíram, ribeiros jorraram a valer, mas ele poderá dar-nos alimento ou preparar carne para seu povo? ²¹Quando o Senhor os ouviu, indignou-se e lançou fogo contra Jacó; enfureceu-se contra Israel; ²²porque não creram em Deus nem confiaram na sua salvação. ²³Contudo, ele ordenou às altas nuvens e abriu as portas dos céus; ²⁴fez chover maná sobre eles para que comessem e deu-lhes cereal dos céus. ²⁵Cada um comeu o alimento dos poderosos; mandou-lhes comida com fartura.

COLOCANDO DEUS À PROVA. No deserto, o povo exigiu mais sinais e provas do amor de Deus por eles, como se a libertação do Egito não bastasse. "[Pôr] Deus à prova..." (v. 18, NVI) é um dos impulsos básicos do coração humano. Não importa o que Deus tenha feito por nós, nosso coração diz: "Mas o que tens feito por mim *ultimamente*?". O mal disso é que trocamos de lugar com Deus. Nós o pomos à prova, condicionando nosso relacionamento à avaliação que fazemos do seu desempenho. Mas Deus criou o universo com uma palavra do seu poder, e até as galáxias são como pó diante dele. É esse o tipo de pessoa que você convida a entrar em sua vida para ser seu assistente pessoal?

Oração: Senhor Jesus, como posso impor condições para obedecer-te e amar-te quando me amaste incondicionalmente? Da cruz olhaste para baixo e nos viste traindo-te, negando-te, abandonando-te e, no entanto, tu persististe. Ajuda-me a apegar-me a ti e a obedecer-te aconteça o que acontecer. Amém.

5 de julho

Leia Salmos 78.26-31. ²⁶Fez soprar nos céus o vento oriental, e pelo seu poder trouxe o vento sul. ²⁷Também fez chover sobre eles carne como poeira e um bando de aves como a areia do mar; ²⁸e as fez cair no meio do acampamento em volta de suas tendas. ²⁹Então eles comeram e se fartaram, pois deu-lhes o que desejavam. ³⁰Mas não estando satisfeitos, quando a comida ainda estava na boca, ³¹a ira de Deus se acendeu contra eles, e ele matou os mais fortes; sim, derrubou os jovens de Israel.

O PECADO EM FORMA DE TÉDIO. Esse salmo faz referência a Números 11, quando os israelitas reclamaram dizendo-se cansados da provisão divina de maná como alimento diário. Eles ansiavam por carne. Deus lhes enviou um bando de codornizes, mas previu acertadamente que eles viriam a detestar o que tanto tinham desejado (Nm 11.20). Uma das marcas do vício é o "efeito tolerância", ou seja, o viciado necessita de doses cada vez maiores de determinada droga para obter a mesma sensação de antes. De modo semelhante, qualquer coisa além de Deus da qual extraiamos o sentido de nossa vida ou em que depositemos nossa esperança, depois de um "barato" inicial, haverá de nos entediar cada vez mais. Só Deus e seu amor se tornam mais e mais atraentes, cativantes e suficientes para sempre.

Oração: Senhor, confesso que costumo achar a oração entediante e o pecado fascinante. Mas isso ocorre porque minha mente está distorcida pelo pecado. Só tu és capaz de satisfazer os anseios mais profundos da minha alma. Só tu és eternamente interessante. Comprometo-me a encontrar-te de novo em oração e na Palavra. Ajuda-me a cumprir essa promessa. Amém.

6 de julho

Leia Salmos 78.32-37. ³²Mas, mesmo assim, eles pecaram, e não creram nas suas maravilhas. ³³Por isso, fez seus dias se dissiparem em um sopro, e seus anos, em repentino terror. ³⁴Quando ele os castigava com a morte, então o procuravam; arrependiam-se, e de madrugada buscavam a Deus. ³⁵Lembravam-se de que Deus era sua rocha, e o Deus Altíssimo, seu redentor. ³⁶Mas eles o adulavam com a boca, e com a língua mentiam para ele. ³⁷Pois seu coração não era constante para com ele, nem foram fiéis à sua aliança.

UMA VIDA DE MEDO EGOÍSTA. Alguns parecem ansiar muito por seguir a Deus (v. 34). Falam com eloquência da própria fé (Os 6.1-3) e demonstram muita alegria em crer (Mt 13.20,21). No entanto, sua fé nunca dura. Voltam-se para Deus apenas quando seu pecado traz consequências dolorosas ("Quando [Deus] os castigava com a morte, então o procuravam", v. 34). Podem, por exemplo, ser honestos, mas só por medo de serem descobertos ou pelo desejo de parecerem virtuosos e corretos. Ironicamente, toda a sua moralidade baseia-se em profundo egoísmo. Achegam-se a Deus para evitar dor para si próprios, não para lhe dar honra e alegria. Adulam-no, mas não o amam (v. 36). Você leva uma vida virtuosa e decente? Por quê?

Oração: Senhor, tua Palavra diz que o coração é enganoso e que ninguém pode conhecê-lo (Jr 17.9) sem o auxílio radical do teu Espírito. Dá-me esse auxílio agora. Expõe as motivações em meus alicerces. Mostra-me teu amor e glória em oração para que minha obediência se torne mais e mais um dom de gratidão e disposição. Amém.

7 de julho

Leia Salmos 78.38-43. ³⁸Mas ele, sendo compassivo, perdoou-lhes a maldade e não os destruiu; pelo contrário, muitas vezes desviou deles sua ira e não se enfureceu contra eles. ³⁹Porque se lembrou de que eram frágeis, como um vento que passa e não volta. ⁴⁰Quantas vezes se rebelaram contra ele no deserto e o ofenderam no lugar ermo! ⁴¹Voltaram atrás e tentaram a Deus; provocaram o Santo de Israel. ⁴²Não se lembraram do seu poder, nem do dia em que os resgatou do adversário, ⁴³nem de como realizou seus sinais no Egito, e suas maravilhas no campo de Zoã...

A PACIÊNCIA DE DEUS. A história relatada nesse salmo demonstra como Deus é paciente (v. 38,39). Ele é "tardio em irar-se" (Êx 34.6; Sl 86.15). Ele diz: "Porque não tenho prazer na morte de ninguém [...] convertei-vos e vivei" (Ez 18.32; cf. Rm 2.4). Só há quem seja salvo porque ele é paciente conosco, sem jamais dar a nenhum de nós o que merecemos quando merecemos (2Pe 3.15). Ao lermos que ele "... se lembrou de que [não passamos] de carne..." (v. 39, NIV), ouvimos Jesus procurando seus discípulos, que haviam adormecido no momento em que ele mais precisava, e dizendo: "... o espírito está pronto, mas a carne é fraca" (Mt 26.41). Em outras palavras: "Sei que vocês tinham boa intenção". Que Salvador paciente!

Oração: Senhor Jesus, o antigo significado de paciência é "sofrimento prolongado", e tu, de fato, sofreste infinitamente, em vez de me dar o castigo que meus pecados mereciam. Tua paciência para comigo é indescritível. Permite que essa verdade me torne paciente para com as pessoas à minha volta, em relação às minhas circunstâncias e em relação à maneira em que queres me usar. Amém.

8 de julho

Leia **Salmos 78.44-53.** **44**... convertendo em sangue os rios, para que não pudessem beber das suas correntes. **45**Também lhes mandou enxames de moscas que os consumiram, e rãs que os destruíram. **46**Entregou suas colheitas às larvas, e o fruto do seu trabalho, aos gafanhotos. **47**Destruiu suas vinhas com granizo, e seus sicômoros, com geadas. **48**Também entregou seu gado ao granizo, e seus rebanhos, aos raios. **49**Lançou contra eles o furor da sua ira, a fúria, a indignação e a angústia, como uma legião de anjos destruidores. **50**Deu livre curso à sua ira; não os poupou da morte, mas entregou a vida deles à praga. **51**Feriu todos os primogênitos no Egito, as primícias da sua força nas tendas de Cam. **52**Mas tirou seu povo como ovelhas e como um rebanho o conduziu pelo deserto. **53**Guiou-os com segurança, de modo que não temeram; mas seus inimigos afundaram no mar.

A PRAGA DAS PRAGAS. As pragas infligidas por Deus ao Egito eram catástrofes naturais. Ele tornou o rio Nilo intragável. Isso expulsou os sapos dos brejos, fazendo com que morressem. As carcaças dos animais provocaram a praga das moscas e mosquitos, a qual, por sua vez, levou às epidemias. O colapso da natureza no Egito aponta para uma verdade crucial. Deus criou o mundo, então, quando lhe desobedecemos, liberamos forças do caos e da desordem. Quando você, um ser criado para viver para Deus, em vez disso vive para si mesmo, viola seu desígnio. A praga maior é o pecado, que o desintegrará se você não tiver o antídoto — a graça de Deus em Jesus Cristo.

Oração: Senhor, a praga do pecado contamina cada parte do meu ser. Torna-me miserável e cruelmente cheio de mim mesmo. Torna-me espiritualmente impotente para mudar sem tua graça e intervenção. Ajuda-me: mostra-me quem sou, livra-me dos pecados que me afligem e faz com que eu *ame* obedecer-te. Amém.

9 de julho

Leia Salmos 78.54-58. ⁵⁴Sim, conduziu-os até a fronteira da sua terra santa, até o monte que sua mão direita conquistou. ⁵⁵Expulsou as nações da presença deles, dividindo suas terras por herança e fazendo as tribos de Israel habitar em suas tendas. ⁵⁶Contudo, eles tentaram e provocaram o Deus Altíssimo e não guardaram seus testemunhos. ⁵⁷Mas se rebelaram e agiram com infidelidade para com seus pais; desviaram-se como um arco traiçoeiro. ⁵⁸Pois o provocaram à ira com seus altares e lhe incitaram ciúmes com seus ídolos.

IDOLATRIA. O epítome do fracasso de Israel é que o povo se desviou do Deus vivo para adorar ídolos (v. 58). A idolatria está na base do que há de errado com a raça humana (Rm 1.21-25). Qualquer coisa mais importante para você na prática do que Deus é um ídolo. Qualquer coisa que você ame mais do que Deus — mesmo algo bom, como o cônjuge, ou um filho, ou uma causa social — é um falso deus. Pelo fato de amar demais essas coisas, somos assolados por medos e raiva incontroláveis quando são ameaçadas, e ficamos inconsoláveis quando as perdemos. Enquanto não conseguir identificar seus ídolos, você não tem como se conhecer. Enquanto não se afastar deles, você não pode conhecer a Deus e andar com ele.

Oração: Senhor, tenho propensão para converter coisas boas em ídolos. Coisas que deveria apenas receber com gratidão, eu as busco pela satisfação e segurança que só tu podes dar. "O ídolo mais querido que já conheci, seja ele qual for — ajuda-me a rasgá-lo do teu trono e adorar somente a ti".[1] Amém.

10 de julho

Leia **Salmos 78.59-64.** ⁵⁹Quando ouviu isso, Deus se indignou e rejeitou totalmente Israel. ⁶⁰Então, ele abandonou o tabernáculo em Siló, a tenda da sua morada entre os homens, ⁶¹entregando seu poder ao cativeiro e sua glória na mão do inimigo. ⁶²Entregou seu povo à espada e se enfureceu contra sua herança. ⁶³Destruiu seus jovens pelo fogo e suas moças não tiveram cântico nupcial. ⁶⁴Seus sacerdotes caíram à espada, e suas viúvas não fizeram luto.

ICABODE. Israel tornou-se tão indiferente às coisas de Deus, que ele permitiu que a Arca da Aliança — o sinal de sua presença no meio deles — fosse capturada pelos filisteus (v. 61). A uma criança nascida naquele dia deram o nome de Icabode — que quer dizer "A glória se foi" (1Sm 4.21). Como Deus é santo, o pecado nos separa de sua presença (Is 59.2). Mesmo em cristãos cujos pecados são perdoados, Jesus encontra uma indiferença espiritual tão repugnante para ele quanto um alimento não cozido. "... porque [...] não és quente nem frio, estou a ponto de vomitar-te da minha boca" (Ap 3.16). Você se tornou insensível ao pecado em sua vida porque diz: "Deus é amor"? Deus *é* amor, por isso mesmo não apoiará que você viva longe dele.

Oração: Deus, tenho me deixado levar para longe de ti. "Que paz contigo já desfrutei! Como ainda é doce tua lembrança! Mas deixou um vazio doloroso que o mundo jamais pode preencher. Volta, ó Espírito, por favor, volta — doce mensageiro do descanso. Abomino os pecados que te fizeram lamentar e te afastaram do meu seio."² Amém.

11 de julho

Leia **Salmos 78.65-72**. ⁶⁵Então, o Senhor despertou como de um sono, como um guerreiro motivado pelo vinho. ⁶⁶E fez retroceder a golpes seus adversários; e entregou-os ao desprezo perpétuo. ⁶⁷Além disso, rejeitou a tenda de José e não escolheu a tribo de Efraim; ⁶⁸mas escolheu a tribo de Judá, o monte Sião, que ele amava. ⁶⁹Edificou seu santuário como os lugares elevados, como a terra que estabeleceu para sempre. ⁷⁰Também escolheu Davi, seu servo, e o tirou do cuidado das ovelhas; ⁷¹ele o trouxe da lida com as ovelhas e suas crias para apascentar Jacó, seu povo, e Israel, sua herança. ⁷²Ele os apascentou, segundo a integridade do seu coração, e os guiou com mãos hábeis.

ELE ESCOLHEU DAVI. Esse salmo termina com chave de ouro. Ele relata como, apesar da desobediência de Israel, Deus construiu seu templo (v. 68,69) e escolheu um líder, Davi, para ser o rei-pastor (v. 70,71). No entanto, sabemos que, contrariando as esperanças do salmista, a história, de fato, se repetiu, e a linhagem de reis davídicos também fracassou em obedecer a Deus. A raça humana necessitava de um Rei maior, o descendente de Davi que fora profetizado (1Sm 7.11-18), o Salvador que também seria o templo definitivo e o sacrifício pelo pecado (Jo 2.19-21; Hb 9.11-14). Jesus é nosso verdadeiro Rei-Pastor. Somente ele é sábio e habilidoso o suficiente para dirigir nossa vida. Não se entregue às mãos de nenhum outro, nem às suas. Confie sua vida a ele e você não passará necessidade.

Oração: Senhor, confesso meu excesso de confiança. Não me sinto uma ovelha que precisa do pastor para fazer absolutamente *tudo* por ela, mas é isso que sou. Confio em minha própria sabedoria, em minha profissão, em minha conta bancária, em meus amigos bem relacionados, em vez de confiar em ti. Meu grande pastor, tu és minha única segurança. Coloco-me em tuas mãos. Amém.

12 de julho

Leia Salmos 79.1-8. ¹Ó Deus, as nações invadiram tua herança; profanaram teu santo templo; deixaram Jerusalém em ruínas. ²Entregaram os cadáveres dos teus servos como alimento às aves dos céus, e a carne dos teus santos, aos animais da terra. ³Derramaram o sangue deles como água ao redor de Jerusalém, e não houve quem os sepultasse. ⁴Somos alvo de desprezo dos nossos vizinhos, objeto de chacota e de zombaria dos que estão ao nosso redor. ⁵Até quando, Senhor? Ficarás irado para sempre? Arderá teu ciúme como fogo? ⁶Derrama teu furor sobre as nações que não te conhecem e sobre os reinos que não invocam teu nome; ⁷porque eles devoraram Jacó e assolaram sua morada. ⁸Não cobres de nós os pecados de nossos ancestrais; que a tua compaixão venha depressa ao nosso encontro, pois estamos muito abatidos.

O CIÚME DE DEUS. Deus permitiu a destruição de Jerusalém pelo exército babilônico por causa de seu "ciúme" (v. 5). Paulo fala em sentir um "... ciúme [que] vem de Deus..." por seus amigos (2Co 11.2). É o amor enfurecido por qualquer coisa que deforme ou destrua o ser amado. O amor de um pai, por exemplo, tem "ciúme" do sucesso e felicidade do filho e é zeloso por afastar quaisquer pecados que sirvam como barreiras para essas conquistas. Se Deus permitisse a Israel continuar no caminho da adoração a ídolos, o povo ficaria completamente perdido para ele. Os cristãos sabem que em Cristo seus pecados não podem levá-los à condenação (Rm 8.1), mas é *por* sermos tão amados que Deus também nos disciplinará se nos desviarmos (Hb 12.4-11).

Oração: Deus, tu me amas como um pai e te angustias quando sofro. Contudo, como um pai, tu me amas demais para me abandonares quando vivo como um tolo. Ao surgirem os problemas, em vez de esbravejar: "Que injusto!", ajuda-me a pedir: "Há algo que estejas tentando me mostrar?". Então me mostra. Amém.

13 de julho

Leia Salmos 79.9-13. ⁹Ó Deus da nossa salvação, ajuda-nos pela glória do teu nome; livra-nos e perdoa nossos pecados, por amor do teu nome. ¹⁰Por que diriam as nações: Onde está o Deus deles? Perante nossa vista, mostra às nações a vingança do sangue derramado dos teus servos. ¹¹Chegue à tua presença o gemido dos presos; segundo a grandeza do teu braço, preserva os condenados à morte. ¹²Senhor, retribui aos nossos vizinhos sete vezes a ofensa que fizeram a ti. ¹³Assim nós, teu povo, ovelhas de teu pasto, te louvaremos eternamente; proclamaremos teus louvores através das gerações.

O SANGUE CLAMA. O salmista ouve o sangue da vítima clamando por vingança (v. 10). A Bíblia costuma falar da injustiça "clamando" a Deus, como fez o sangue derramado de Abel contra Caim (Gn 4.10,11). O salmista pede a Deus que se vingue dos invasores (v. 12). O que ele não sabe é que o sangue de Cristo também seria um dia derramado em Jerusalém, sangue esse que "... fala melhor do que o sangue de Abel" (Hb 12.24). O sangue exige perdão em vez de retribuição para aqueles que creem. Os cristãos também podem louvar a Deus diante dos maus-tratos (v. 13). Mas, além disso, eles amam seus inimigos e oram por sua salvação (Mt 5.43-48).

Oração: Senhor, como posso eu, que só vivo por tua misericórdia e graça, retê-las de quem quer que seja? Obrigado por retirar de mim o fardo insustentável esse julgamento de pensar que sei o que merece aquele que me prejudicou. Ajuda-me a deixar esse julgamento contigo. Amém.

14 de julho

Leia Salmos 80.1-7. ¹Ó pastor de Israel, dá ouvidos; tu, que guias José como um rebanho, que estás entronizado sobre os querubins, mostra teu esplendor. ²Diante de Efraim, Benjamim e Manassés, desperta teu poder e vem salvar-nos. ³Ó Deus, restaura-nos; faze resplandecer teu rosto, para que sejamos salvos. ⁴Ó Senhor, Deus dos Exércitos, até quando te indignarás contra a oração do teu povo? ⁵Tu os alimentaste com pão de lágrimas e, para beber, deste-lhes lágrimas à vontade. ⁶Tu nos fazes objeto de chacota entre nossos vizinhos; e nossos inimigos zombam de nós no meio deles. ⁷Ó Deus dos Exércitos, restaura-nos; faze resplandecer teu rosto, para que sejamos salvos.

APOSTASIA. Receber a luz do rosto de Deus (v. 3,7) não é apenas crer nele, mas experimentar sua presença. É também ter uma vida conformada à sua, não por simples compulsão, com um senso de dever, mas pelo desejo interior, com um senso de sua beleza. A maioria dos crentes vive na área cinzenta entre esses dois polos. Quando começamos a escorregar em direção a um deles, para uma religiosidade mecânica, necessitamos de renovação espiritual que nos livre de nossas "apostasias" (Ez 37.23). Como? O único elemento constante em todos os avivamentos espirituais é a oração prevalecente e extraordinária. Três vezes (v. 3,7,19) o salmista pede para ser renovado e restaurado à realidade espiritual.

Oração: Senhor, tu disseste à igreja em Éfeso que eles tinham deixado "o [...] primeiro amor" (Ap 2.4,5), e às vezes tenho a impressão de que a mesma coisa está acontecendo comigo. Como posso perder a atração que sinto pelo rosto mais belo do universo? Reaviva minha alma e reabre meus olhos para tua glória e graça. Amém.

15 de julho

Leia Salmos 80.8-13. ⁸Trouxeste uma videira do Egito; expulsaste as nações e a plantaste. ⁹Tu lhe preparaste lugar; ela lançou profundas raízes e encheu a terra. ¹⁰Os montes cobriram-se com sua sombra, e os cedros de Deus, com seus galhos. ¹¹Ela estendeu sua folhagem até o mar e seus brotos até o Rio. ¹²Por que derrubaste suas cercas, para que todos os que passem pelo caminho colham suas uvas? ¹³O javali da floresta a devasta, e os animais selvagens alimentam-se dela.

A VIDEIRA DE DEUS. O povo de Deus é como uma videira. Ela não é obra da engenhosidade humana, mas é algo vivo (v. 8,9). Assim também, os cristãos são criações do Espírito de Deus, cuja vida é implantada dentro deles (Rm 8.9,10), produzindo o fruto espiritual do amor e da alegria, da paz e da humildade (Gl 5.22-25). As videiras não são muito altas e seria incoerente que fizessem sombra para montes e árvores mais altas (v. 10). Portanto, os cristãos são criações da graça sobrenatural de Deus. Por si mesmos são tolos, fracos e insignificantes (1Co 1.26-31), mas, por meio de Cristo, podem mudar o mundo (At 17.6). Você é apenas uma pessoa boa ou uma nova criatura espiritualmente? Seu caráter está sedo transformado, crescendo em frutos espirituais?

Oração: Senhor, eu deveria estar crescendo em amabilidade, coragem e desprendimento a cada ano. Mas te confesso que não estou. Ajuda-me a enxergar onde não estou dando frutos. Obrigado por seres um Deus de vida! Ajuda-me a fincar minhas raízes mais fundo em ti para que possa honrar-te ao crescer à tua semelhança. Amém.

16 de julho

Leia Salmos 80.14-19. ¹⁴Ó Deus dos Exércitos, volta-te, nós te rogamos; atende do céu, vê e cuida dessa videira, ¹⁵a videira que tua mão direita plantou, o ramo que fortaleceste para ti. ¹⁶Está queimada pelo fogo, está cortada; eles perecem pela repreensão do teu rosto. ¹⁷Que tua mão esteja sobre o que está ao teu lado direito, sobre o filho do homem que fortaleceste para ti. ¹⁸Então não nos afastaremos de ti. Vivifica-nos, e invocaremos teu nome. ¹⁹Senhor, Deus dos Exércitos, restaura-nos; faze resplandecer teu rosto, para que sejamos salvos.

avivamento. Como a renovação espiritual ocorre? Cada vez que clamamos a Deus (v. 3,7,19), seu nome aparece mais completo, demonstrando um crescendo constante de oração. A renovação também requer arrependimento, uma volta para Deus (v. 18,19). Por fim, o avivamento espiritual requer "o que está ao teu lado direito" (literalmente, o *Benjamim*, v. 17). Na história dos avivamentos da igreja, Deus com frequência escolheu operar por meio de um líder dinâmico e ungido. Mas Jesus é o verdadeiro Benjamim, aquele que dá pleno acesso à presença de Deus (Ef. 2.18). E Jesus é a videira verdadeira (Jo 15.1-6). Só pela união com ele por meio da fé podemos nos tornar galhos e ter a vida de Deus fluindo em nós. Por meio dele, podemos ser avivados.

Oração: "Ó Jesus, faz de ti uma realidade viva e brilhante para mim. Mais presente para a visão arguta da fé que qualquer objeto exterior. Mais perto, mais intimamente próximo do que o mais doce laço terrenal."³ Amém.

17 de julho

Leia Salmos 81.1-4. ¹Cantai alegremente a Deus, nossa fortaleza; erguei vozes alegres ao Deus de Jacó. ²Entoai um salmo e fazei soar o tamborim, a harpa suave e o saltério. ³Tocai a trombeta na lua nova, na lua cheia, no dia da nossa festa. ⁴Pois esse é um estatuto para Israel, uma ordenança do Deus de Jacó.

A ORDEM PARA NOS REGOZIJARMOS. A força desse chamado à adoração suscita indagações. Não somos meramente convidados, mas recebemos o mandamento, como *decreto* e *estatuto*, para adorarmos a Deus com alegria (v. 4). Como podemos nos regozijar em cumprimento a uma ordem? Existem várias maneiras de fazermos isso. Como há razões muito consistentes para os cristãos terem alegria, há "meios válidos de despertá-la e seduzi-la".⁴ Em Efésios 5.19 aprendemos a usar música de qualidade para mergulhar nos salmos e aprender a voltar o coração para Deus em gratidão a cada momento ao longo do dia. Além disso, recebemos a ordem de nos reunirmos uns com os outros regularmente para a adoração pública (Hb 10.25), e isso não deve ser negligenciado. Você tem se regozijado em Deus?

Oração: Senhor, minha mente não tem a menor propensão para fixar-se em ti e em tua dignidade, pureza e beleza. Meus pensamentos se prendem a coisas inúteis. Ajuda-me a voltá-los em tua direção e para tua graça por hábito, o dia todo, para que eu possa "... [louvar] ao Senhor no coração" (Ef 5.19). Amém.

18 de julho

Leia Salmos 81.5-10. ⁵Ele o ordenou como lei a José, quando atacou a terra do Egito. Ouvi uma voz que não conhecia, dizendo: ⁶Livrei o peso do seu ombro; suas mãos ficaram livres dos cestos. ⁷Na angústia clamaste, e te livrei; eu te respondi do meio dos trovões; coloquei-te à prova junto às águas de Meribá. [Interlúdio] ⁸Meu povo, ouve-me e eu te advertirei; ah, Israel, se apenas me escutasses! ⁹Não haja no meio de ti deus estranho, nem te prostres perante um deus estrangeiro. ¹⁰Eu sou o Senhor, teu Deus, que te tirei da terra do Egito; abre bem a tua boca, e eu a encherei.

O PRAZER DA OBEDIÊNCIA. Os versículos 8 a 10 fazem eco a Êxodo 20.2: "Eu sou o Senhor teu Deus, que te tirou da terra do Egito...". Imediatamente depois de proferir essas palavras, Deus dá os Dez Mandamentos — não adore outro Deus, não mate, não diga falso testemunho (Êx 20.2-17). Aqui, no entanto, exatamente quando esperamos que Deus relacione os mandamentos, ele faz uma promessa: "... abre bem a tua boca, e eu a encherei" (v. 10). As leis de Deus não são tarefas árduas e impositivas. São para o nosso bem, a fim de que possamos prosperar (Dt 6.24); elas refletem sabedoria plena; ajudam-nos a viver de tal forma que satisfaça nossa natureza. Esse texto significa que o propósito supremo da obediência é a alegria, a realização de conhecer o Deus que você foi feito para amar.

Oração: Senhor, eu te louvo por tua lei santa. Por ter sido salvo pela obra de Jesus, tua lei não é um caminho de salvação para mim, mas uma regra de *vida*. De fato, quanto mais obedeço a ela, mais espiritualmente vivo eu fico, mais me torno a pessoa que me criaste para ser. Ajuda-me a obedecer-te mais e mais. Amém.

19 de julho

Leia Salmos 81.11-16. **¹¹**Mas meu povo não ouviu minha voz, e Israel não quis saber de mim. **¹²**Por isso, eu os entreguei à teimosia de coração, para que andassem segundo seus próprios conselhos. **¹³**Ah, se o meu povo me escutasse! Ah, se Israel andasse nos meus caminhos! **¹⁴**Logo eu derrotaria seus inimigos e voltaria minha mão contra seus adversários. **¹⁵**Os que odeiam o Senhor se entregariam a ele e permaneceriam assim para sempre. **¹⁶**E eu te sustentaria com o trigo mais fino e te saciaria com o mel tirado da rocha.

MEL TIRADO DE ROCHA. Se você se regozija em Deus (v. 1-5) e lhe obedece (v. 6-10), então uma promessa extraordinária se torna sua. Até os tempos difíceis e o sofrimento (a "rocha") produzirão crescimento espiritual e o "mel" (v. 16): a doçura da comunhão com ele. Esse princípio aparece sob várias formas ao longo da Bíblia. "... Do que come saiu comida e do forte saiu doçura..." (Jz 14.14). "... Pois, quando sou fraco, então é que sou forte" (2Co 12.10). Deus usa os problemas para nos mostrar onde as verdadeiras alegrias devem ser encontradas. "Ele dá o melhor, e tira doçura do azedo, do proibido e do absolutamente desfavorável."⁵ Na cruz, temos o exemplo máximo de triunfo vindo da derrota, do mel que sai da dureza.

Oração: Querido Senhor, tu estás comigo há tempo suficiente para provar quem és. De uma rocha atrás da outra, tu tens tirado uma doçura que acaba com o amargor. Contudo, eis-me aqui, em mais uma situação difícil, em que duvido de ti. Perdoa-me. Confiarei em ti nessa situação. Amém.

20 de julho

Leia Salmos 82. ¹Deus preside a assembleia divina; ele estabelece seu juízo no meio dos deuses. ²Até quando julgareis injustamente e favorecereis os ímpios? [Interlúdio] ³Fazei justiça ao pobre e ao órfão; procedei com retidão para com o aflito e o desamparado. ⁴Livrai o pobre e o necessitado, livrai-os das mãos dos ímpios. ⁵Eles nada sabem, nem entendem; vagueiam pelas trevas; todos os fundamentos da terra se abalam. ⁶Eu disse: Vós sois deuses, e todos sois filhos do Altíssimo. ⁷Todavia, como homens, morrereis e, como qualquer dos príncipes, caireis. ⁸Ó Deus, levanta-te, julga a terra; pois a ti pertencem todas as nações.

DEUS ACIMA DOS DEUSES. Esses "deuses" talvez sejam governantes do mundo (v. 6,7), embora o termo também possa se referir a forças espirituais do mal por trás deles (Ef 6.12). Deus preocupa-se intensamente com o fraco, o órfão, o pobre e o desamparado (v. 3,4). Os cristãos serão levados a ajudar o necessitado e o pobre se a fé deles for genuína (Tg 2.14-17; 1Jo 3.16-18). Deus está comprometido com a justiça, pois, por incrível que pareça, ele se identifica com o pobre. Oprimir o pobre é insultar a Deus (Pv 14.31). Só em Jesus Cristo aprendemos até onde Deus seria capaz de ir para identificar-se com o pobre e o oprimido. Ele se tornou um ser humano pobre que morreu na cruz, uma vítima da injustiça humana.

Oração: Senhor, por viver em uma parte do mundo e da sociedade relativamente confortável e segura, não sou tão sensível às necessidades dos fracos como tu és. Ajuda-me a odiar a injustiça que odeias e a amar o pobre e o necessitado aos quais amas. Amém.

21 de julho

Leia Salmos 83.1-8. ¹Ó Deus, não guardes silêncio; não te cales nem fiques impassível, ó Deus. ²Pois teus inimigos se alvoroçam, e os que te odeiam levantam a cabeça. ³Com astúcia tramam contra teu povo e conspiram contra teus protegidos. ⁴Dizem: Vinde, e vamos dar fim à nação, para que o nome de Israel não seja mais lembrado. ⁵Pois tramam juntos e se aliam contra ti ⁶as tendas de Edom e os ismaelitas, Moabe e os hagarenos, ⁷Gebal, Amom e Amaleque, e a Filístia com os habitantes de Tiro. ⁸Também a Assíria tornou-se aliada deles; eles são o braço forte dos filhos de Ló. [Interlúdio]

REPENSANDO SEUS INIMIGOS. Esse é um salmo sobre inimigos. Como devemos responder a eles? Os primeiros versículos dizem a Deus: "Pois *teus* inimigos se alvoroçam, e os que *te* odeiam levantam a cabeça" (v. 2, grifos do autor). Essa perspectiva é crucial. Todo pecado é lutar contra Deus, usurpar sua autoridade, tomar seu lugar. Até os crentes devem reconhecer que em todo erro fazem-se inimigos de Deus. ("Pequei contra ti, e contra ti *somente...*" [Sl 51.4], grifo do autor). Portanto, se alguém está prejudicando você, olhe para ele antes de mais nada como alguém em guerra com Deus. Isso o impedirá de se sentir sozinho diante dele. Também o consolará saber que, em última análise, a tarefa de lidar com essa pessoa pertence a Deus.

Oração: Senhor Jesus, de fato há pessoas que me maltratam, mas nenhuma delas me crucificou como teus inimigos te fizeram. Mas tu oraste pelo perdão deles e entregaste teu Espírito nas mãos de Deus. Ajuda-me a fazer o mesmo. Amém.

22 de julho

Leia Salmos 83.9-13. ⁹Faze-lhes como fizeste a Midiã, a Sísera, a Jabim, à beira do rio Quisom, ¹⁰os quais foram destruídos em En-Dor; tornaram-se esterco para a terra. ¹¹Faze a seus nobres como a Orebe e a Zeebe, e a todos os seus príncipes, como a Zebá e a Zalmuna, ¹²que disseram: Conquistemos para nós as pastagens de Deus. ¹³Meu Deus, torna-os como folhas secas levadas pelo redemoinho.

REPOSICIONANDO SEUS INIMIGOS. Como reagir a esses salmos "imprecatórios", que pedem a Deus para destruir os inimigos em vez de perdoá-los? Devemos reconhecer algo importante aqui, a saber, que mesmo no Antigo Testamento o salmista não está tentando se vingar. Esses salmos, então, "nos permitem entregar nossa raiva a Deus para que ele aja como julgar conveniente"⁶ e nos alinham com o conselho de Paulo: "Amados, não vos vingueis a vós mesmos, mas dai lugar à ira de Deus..." (Rm 12.19). A partir do momento em que reposiciona seus inimigos — tirando-os das próprias mãos e depositando-os nas de Deus —, você pode se descobrir desenvolvendo simpatia por eles. No final das contas, ninguém levará embora coisa alguma (v. 9-13).

Oração: Senhor, ensina-me a não me ressentir daqueles que me maltratam, mas sim a ter pena deles. É contra *ti* que eles lutam, e tu és o juiz que não deixará passar nada. Eu os coloco, e a mim mesmo, em tuas mãos. Amém.

23 de julho

Leia Salmos 83.14-18. ¹⁴Como o fogo destrói uma floresta, e como a chama incendeia as montanhas, ¹⁵persegue-os assim com tua tempestade e assombra-os com teu furacão. ¹⁶Senhor, cobre-lhes o rosto de vergonha para que busquem teu nome. ¹⁷Sejam envergonhados e apavorados perpetuamente, e pereçam frustrados, ¹⁸para que saibam que só tu, cujo nome é o Senhor, és o Altíssimo sobre toda a terra.

CONVERTENDO SEUS INIMIGOS. O salmista parece só desejar a morte de seus inimigos, mas a surpresa dos versículos 14 a 16 é sua oração para que os malfeitores sejam levados a enxergar a verdade e a conhecer o nome de Deus (v. 18). Nos tempos bíblicos, essa seria uma possibilidade remota para as nações pagãs em volta de Israel. E o salmista está mais interessado na defesa de Deus do que na salvação dos inimigos. Mas à luz de Cristo e da cruz, vemos que essa é a principal forma pela qual haveremos de derrotar o mal. Cristo nos dá grandes recursos para transformar os inimigos em amigos de Deus. Ele morreu por nós enquanto ainda éramos inimigos de Deus (Rm 5.10), o que nos motiva para vencer o mal com o bem (Rm 12.14-21).

Oração: Senhor, eu te louvo porque, quando eu era teu inimigo, tu me atraíste carinhosamente a ti mesmo. Como posso responder de modo diferente àqueles que dificultam minha vida? Ajuda-me a perdoar de coração os que me maltratam, e então buscar seu bem, mesmo se e quando eu lhes disser coisas que não queiram ouvir. Amém.

24 de julho

Leia Salmos 84.1-4. ¹Ó Senhor dos Exércitos, como os teus tabernáculos são amáveis! ²Minha alma suspira e desfalece pelos átrios do Senhor; meu coração e meu corpo clamam pelo Deus vivo. ³Junto aos teus altares, até o pardal encontrou casa, e a andorinha, ninho para si, onde possa proteger seus filhotes, ó Senhor dos Exércitos, meu Rei e meu Deus. ⁴Bem-aventurados os que habitam em tua casa; louvam-te continuamente. [Interlúdio]

CANÇÃO DE AMOR. Essa é a linguagem intensa da poesia de amor. Até os átrios do templo o salmista acha lindos (v. 1,2), não por suas qualidades arquitetônicas, mas porque Deus está lá (v. 2). Ele tem plena consciência de que todos os anseios mais profundos do seu coração serão satisfeitos, não pela crença em uma força divina distante e impessoal, mas só por causa de um Deus *vivo* — que é encontrado como uma presença pessoal e viva (v. 2). Faça da comunhão constante e imediata com Deus uma prioridade. Pare de voar de um lado para outro como um pássaro e aprenda a viver perto de Deus (v. 3).

Oração: Senhor, minha comunhão contigo vai e vem. Minha proximidade de ti aumenta e diminui. Mas hoje resolvo viver minha vida inteira perto de ti, edificar minha casa junto ao teu altar. Mostra-me o que isso ocasionará, e dá-me amor e graça suficiente para fazê-lo. Amém.

25 de julho

Leia Salmos 84.5-8. ⁵Bem-aventurados os homens cuja força está em ti, em cujo coração se encontram os caminhos para Sião. ⁶Passando pelo vale de Baca, fazem dele um manancial; a primeira chuva o cobre de bênçãos. ⁷Vão sempre aumentando a força; cada um deles comparece perante Deus em Sião. ⁸Senhor, Deus dos Exércitos, escuta minha oração; inclina os ouvidos, ó Deus de Jacó! [Interlúdio]

PEREGRINAÇÃO ESPIRITUAL. O anseio por estar próximo a Deus (v. 1-4) não será satisfeito de uma só vez. Qualquer um que deseje Deus também deve empreender uma jornada (v. 5). Passamos de um degrau de força para outro (v. 7). Como Paulo expõe, quando encontramos o Senhor em sua Palavra, vendo, pela fé, mais e mais quem ele é de fato, somos transformados de um degrau de glória para o próximo (2Co 3.18). Os versículos 5 a 8 nos dizem para esperar o "vale de Baca" (um lugar sem água), tempos de sequidão e dificuldade. Mas esses tempos são cruciais para o progresso (v. 6,7). Deus o ajuda a encontrar novo crescimento *por meio* do sofrimento. É de novo "mel tirado da rocha" (Sl 81.16).

Oração: Senhor, já tenho história suficiente contigo para ver que meus períodos mais secos e pobres são os mais ricos. Ainda receio esses períodos, isso é certo, mas ajuda-me a não desistir no meio deles nem me esquecer de que estás operando grandes coisas. Amém.

26 de julho

Leia **Salmos 84.9-12**. ⁹Ó Deus, nosso escudo, olha e contempla o rosto do teu ungido. ¹⁰Um dia nos teus átrios é melhor do que mil em outro lugar. Prefiro estar à porta da casa do meu Deus a habitar nas tendas da perversidade. ¹¹Porque o Senhor Deus é sol e escudo; o Senhor dará graça e glória; não negará bem algum aos que andam com retidão. ¹²Ó Senhor dos Exércitos, bem-aventurado o homem que confia em ti.

É MELHOR UM DIA. Um dia perto de Deus é melhor que mil experimentando qualquer outra coisa (v. 10). Conhecer a Deus e ocupar até a posição mais modesta na vida (como porteiro "da casa do meu Deus", v. 10) é infinitamente melhor do que viver no luxo sem Deus (v. 10). Não se trata de uma hipérbole, pois ele "não negará bem algum" (v. 11) aos que nele confiam (v. 12). O Novo Testamento revelará o alcance inimaginável disso. Se ele não nos deu de má vontade seu próprio Filho, "... como não nos dará também com ele todas as coisas?" (Rm 8.32). Ele faz isso por causa do seu ungido (v. 9). Para os cristãos, esse só pode ser Jesus.

Oração: Senhor, a comunhão contigo é "uma pérola de grande valor" (Mt 13.45,46). É o único tesouro que faz tudo o mais parecer bugiganga. Ajuda-me a enxergar isso e inclina meu coração a desejar-te, ou não resistirei nessa peregrinação espiritual à tua presença. Amém.

27 de julho

Leia Salmos 85.1-8. ¹Senhor, favoreceste tua terra; restauraste os cativos de Jacó. ²Perdoaste a maldade do teu povo; cobriste todos os seus pecados. [Interlúdio] ³Retraíste toda a tua fúria; refreaste o furor da tua ira. ⁴Ó Deus da nossa salvação, restabelece-nos e retira de nós a tua ira. ⁵Permanecerás para sempre irado contra nós? Estenderás tua ira a todas as gerações? ⁶Não tornarás a vivificar-nos, para que teu povo se alegre em ti? ⁷Senhor, mostra-nos teu amor e estende-nos tua salvação. ⁸Escutarei o que Deus, o Senhor, disser, porque ele promete paz ao seu povo e aos seus santos; que eles jamais voltem à insensatez.

MANUAL DO AVIVAMENTO. Esse salmo é um manual sobre como reagir quando a comunidade de sua igreja diminui. Estude épocas passadas de avivamento e reforma (v. 1). A história da igreja nos traz convicção e encorajamento, mostrando até que ponto caímos, mas também o que Deus pode fazer. Em seguida deve vir o arrependimento, o reconhecimento de que nosso coração endurecido e nosso pecado estabeleceram uma barreira entre Deus e nós (v. 4,5). Também devemos clamar a Deus em oração para que ele nos mostre seu amor infalível (v. 7). Avivamentos sempre envolvem uma "visão" renovada do evangelho da graça: compreendendo-o teologicamente e conhecendo-o pela experiência. Por fim, devemos esperar em Deus, sendo fiéis em ouvir sua Palavra (v. 7-9).

Oração: Senhor, estou espiritualmente seco; envia-me a água do teu Espírito. Fui criado e destinado para "desfrutar de ti para sempre";⁷ contudo, não estou fazendo isso nem agora. "Não tornarás a vivificar-nos, para que teu povo se alegre em ti?" Amém.

28 de julho

Leia Salmos 85.9-13. ⁹Certamente sua salvação está perto dos que o temem, para que a glória habite em nossa terra. ¹⁰O amor e a fidelidade se encontraram; a justiça e a paz se beijaram. ¹¹A fidelidade brota da terra, e a justiça procede do céu. ¹²O Senhor dará o que é bom, e nossa terra produzirá seu fruto. ¹³A justiça irá adiante dele, marcando o caminho com suas pegadas.

CONCORDÂNCIA VERDADEIRA. Amor e verdade (o significado de "fidelidade") devem se encontrar em harmonia (v. 10). Mas como pode Deus punir o pecado com fidelidade e, no entanto, também abraçar os pecadores com amor? Cristo reconcilia todas as coisas no céu e na terra fazendo paz pelo seu sangue (Cl 1.20). Quando Jesus levou sobre si nosso castigo na cruz, amor e santidade se "beijaram" — ambos se consumaram de imediato. Amor sem santidade é mero sentimento; justiça e lei sem o entendimento da graça é farisaísmo. Nossos temperamentos naturais nos inclinam para um ou para o outro lado, mas o evangelho mantém verdade e amor juntos em nossa vida. E, quanto mais eles estão unidos em nós, mais somos levados ao mais profundo relacionamento com aqueles que também creem em Deus.

Oração: Senhor, tua salvação une todas as coisas, no entanto não me entrego às pessoas em amizade e comunhão. Tenho receio demais de me abrir. Permite que teu amor me cure de meus medos. Leva-me mais para perto de teus outros filhos para que eu possa ter tudo o que desejas me dar. Amém.

29 de julho

Leia **Salmos 86.1-7**. ¹Senhor, inclina teus ouvidos e ouve-me, pois sou pobre e necessitado. ²Preserva minha vida, pois sou piedoso; ó meu Deus, salva teu servo, que confia em ti. ³Ó Senhor, compadece-te de mim, pois a ti clamo continuamente. ⁴Alegra o coração do teu servo, pois a ti, Senhor, elevo minha alma. ⁵Porque tu, Senhor, és bom, pronto a perdoar e cheio de amor para com todos os que te invocam. ⁶Senhor, escuta minha oração e atende à voz das minhas súplicas. ⁷No dia da minha angústia, clamo a ti, porque tu me respondes.

DEUS NO CONTROLE. Esse é um salmo do rei Davi, que estava sendo atacado por muitos inimigos (v. 14). De novo os salmos oferecem uma aula sobre como enfrentar a vida quando ela parece fora de controle. Davi se sente solitário e indefeso. Ele reage lembrando-se vezes e mais vezes de quem é Deus. Na maior parte desses momentos, ele chama Deus de "Senhor", a palavra hebraica *adonai*, que quer dizer "soberano". Davi está treinando o próprio coração para lembrar-se de que Deus está no controle. Procure discernir quantas de suas emoções mais difíceis, de suas piores atitudes e de seus atos mais tolos são o resultado de você perder de vista, naquele instante, quem é Deus.

Oração: Senhor, eu te peço constantemente que me dês tua força, me transformes e me cures. Mas nada confere mais poder e transformação de vida do que apenas adorar-te. Insere a verdade de tua sabedoria, do teu amor, de tua santidade e de tua soberania no fundo do meu coração, até que ele pegue fogo e me renove. Amém.

30 de julho

Leia Salmos 86.8-13. ⁸Senhor, não há deuses semelhantes a ti, nem há obras como as tuas. ⁹Todas as nações que fizeste virão e se prostrarão diante de ti, Senhor, e glorificarão teu nome. ¹⁰Pois tu és grande e operas maravilhas. Somente tu és Deus. ¹¹Senhor, ensina-me teu caminho, e andarei na tua verdade; prepara meu coração para temer o teu nome. ¹²Senhor, meu Deus, eu te louvarei de todo meu coração e glorificarei teu nome para sempre. ¹³Teu amor para comigo é grande, pois me livraste das profundezas da morte.

UM CORAÇÃO NÃO DIVIDIDO. Davi pede um "coração não dividido" (v. 11, NIV). O coração dividido pode ter muitas formas. Há o coração não sincero, no qual o que é dito em voz alta não condiz com a atitude interior (Sl 12.1). Há o coração indeciso, incapaz de se comprometer por inteiro (Tg 1.6-8). Até os corações regenerados pelo Espírito e por nosso Deus amoroso conservam muito do velho ressentimento obstinado contra a autoridade divina (Rm 7.15-25).⁸ O objetivo de Davi não é a cura psicológica visando seu próprio bem, mas o "temor" a Deus — dedicar-lhe amor com alegria e reverência com todo o seu ser. O caminho para esse novo coração não é a introspecção, mas a adoração deliberada (v. 12). "Eu te *louvarei*", diz ele.

Oração: Senhor, eu te louvo porque te louvar também é meu maior bem. Agora, com toda sinceridade de que sou capaz, entrego-me a ti, "pois o desejo do meu coração diante de ti se prostra: aspiro à plena concordância."⁹ Amém.

31 de julho

Leia Salmos 86.14-17. **¹⁴**Ó Deus, os soberbos têm-se levantado contra mim, e um bando de violentos procura tirar-me a vida; eles não te levam em consideração. **¹⁵**Mas tu, Senhor, és um Deus compassivo e benigno, paciente e grande em misericórdia e verdade. **¹⁶**Volta-te para mim e compadece-te; fortalece teu servo e salva o filho da tua serva. **¹⁷**Mostra-me um sinal do teu favor, para que aqueles que me odeiam vejam e sejam humilhados, pois tu, Senhor, me socorres e consolas.

APRENDA COM SEUS CRÍTICOS. Homens orgulhosos atacam Davi, homens que não levam Deus em consideração (v. 14). Ao considerarmos o caráter deles, os versículos 15 e 16 são notáveis. Em vez de invocar a justiça de Deus e pedir a destruição dos inimigos, o salmista volta a luz do refletor para si mesmo. Apela para a misericórdia de Deus, grato por sua paciência com ele. Davi está aberto à correção, disposto a se examinar para ver se, apesar das motivações perversas dos inimigos, há alguma coisa nele que justifique a repreensão e necessite ser mudada. Se alguém está criticando você e a crítica é equivocada na maior parte, identifique uma parte da acusação que *seja* justa. Sem desculpas, disponha-se a considerar a questão seriamente. Os cristãos mais fortes são aqueles mais prontos a se arrependerem.

Oração: Deus, tu não apenas nos mostras a nós mesmos por meio da tua Palavra e dos nossos amigos. Tu também tens mensagens para nós transmitidas por nossos críticos e oponentes. Dá-me a segurança em teu amor de que necessitarei para me beneficiar delas. Amém.

1.º de agosto

Leia Salmos 87. ¹Sobre o monte santo está a cidade que ele fundou, ²o Senhor ama as portas de Sião mais do que todas as habitações de Jacó. ³Ó cidade de Deus, coisas gloriosas se dizem de ti. [Interlúdio] ⁴Entre os que me conhecem mencionarei Raabe e Babilônia; também se dirá da Filístia e de Tiro, juntamente com a Etiópia: Este nasceu ali. ⁵Sim, a respeito de Sião se dirá: Todos estes nasceram ali, e o próprio Altíssimo lhe dará segurança. ⁶O Senhor, ao registrar os povos, dirá: Este nasceu ali. [Interlúdio] ⁷Tanto os cantores como os que tocam instrumentos dirão: A minha origem está em ti.

TODO MEU PRAZER. Eis uma visão da nova cidade mundial do futuro, com cidadãos vindos de toda língua, tribo, povo e nação. Até antigos inimigos se reconciliaram (v. 4-6). Pela fé em Cristo, nós, seus antigos inimigos, estamos registrados no livro da vida (Fp 4.3). Já somos cidadãos da cidade futura, que está cheia de fontes ("todas as minhas fontes estão em ti", v. 7, NIV) de prazer infinito (v. 6; Fp 3.20). Uma fonte pode ser feia? A música da água correndo e a beleza de quando ela salta e cai são sempre prazerosas de um modo especial. Aqueles a quem Deus conta entre seu povo sabem que todo seu prazer vem de Deus, saltando, dançando, subindo e descendo como uma fonte.

Oração: Senhor Jesus, só tu tens a "água da vida" tua graça e a vida eterna que traz satisfação e alegria. Impede-me de procurar minha felicidade em qualquer outro lugar. "Quem há de desfalecer enquanto um rio desses, sempre a fluir, nossa sede abranda? Graça que, como o Senhor, o Doador, nunca falha de geração em geração?"[1] Amém.

2 de agosto

Leia **Salmos 88.1-9.** ¹Ó Senhor, Deus da minha salvação, dia e noite clamo a ti. ²Que a minha oração chegue à tua presença. Inclina os ouvidos ao meu clamor; ³porque a minha alma está cheia de angústia, e a minha vida se aproxima da morte. ⁴Já sou contado entre os que descem à cova; estou como um homem sem forças, ⁵atirado entre os mortos; como os feridos de morte que jazem na sepultura, afastados do teu cuidado e dos quais já não te lembras. ⁶Tu me lançaste na cova mais profunda, em lugares escuros, nas profundezas. ⁷Tua ira pesa sobre mim; tu me arrasaste com todas as tuas ondas. [Interlúdio] ⁸Afastaste de mim meus amigos e me transformaste em abominação para eles; estou preso e não posso sair. ⁹Meus olhos desfalecem por causa da aflição. Clamo a ti todo dia, Senhor, e levanto minhas mãos a ti.

NAS PROFUNDEZAS ESCURAS. O salmista se sente arrasado e esquecido. Essa oração acabará em escuridão, sem uma nota de esperança. Mas o título do salmo nos revela que o autor foi Hemã, líder do grupo de músicos coatitas e autor de diversos salmos, parte da mais excelente literatura da história mundial. Suas experiências com a escuridão converteram-no em um artista que tem ajudado milhões de pessoas. Em seu desespero, ele pensou que Deus o abandonara, mas não. Os cristãos sabem que Jesus tomou para si a escuridão suprema da ira de Deus (Mt 27.45). Porque ele levou sobre si o abandono que nós merecíamos, sabemos que Deus não nos abandonará (Hb 13.5). Ele está conosco, mesmo quando não o sentimos de forma nenhuma.

Oração: Senhor, esses salmos ensinam que podemos levar nossa ira, medo e desespero e depositá-los diante de ti do jeito que estão. Tu compreendes. Contudo, ao fazer isso, oro para que tu te tornes real ao meu coração a fim de que, como a névoa da manhã, essas coisas possam se dissipar à luz da tua presença. Amém.

3 de agosto

Leia Salmos 88.10-18. ¹⁰Acaso mostrarás tuas maravilhas aos mortos? Será que os mortos se levantam para te louvar? [Interlúdio] ¹¹Teu amor será anunciado na sepultura, ou tua fidelidade no Abismo? ¹²Tuas maravilhas serão conhecidas nas trevas, e tua justiça, na terra do esquecimento? ¹³Eu, porém, Senhor, clamo a ti; de madrugada minha oração chega à tua presença. ¹⁴Por que me rejeitas, Senhor? Por que escondes de mim tua face? ¹⁵Desde jovem estou em aflição e à beira da morte; sob os teus terrores fiquei desorientado. ¹⁶Teu furor ardente tem passado sobre mim; teus terrores me arrasaram. ¹⁷Todos os dias me rodeiam como águas; cercam-me completamente. ¹⁸Afastaste de mim amigos e companheiros; meus conhecidos me deixaram em trevas.

SATANÁS DERROTADO. Esse é um dos poucos salmos que terminam sem nenhuma luz, sem uma expressão de esperança e confiança. Por que Deus o incluiu nas Escrituras, nas quais seria recitado e entoado por milhares de anos? Primeiro, essa passagem nos ensina que às vezes os períodos de escuridão espiritual podem durar muito tempo. Também nos mostra o que fazer nessas ocasiões: contar a Deus do nosso desalento. Podemos adorar a Deus mesmo com nosso desespero. E as orações em meio à escuridão são mais vitoriosas do que parecem. Satanás disse a Deus que ninguém o serve a menos que ganhe alguma coisa com isso (Jó 1.9), mas vemos aqui um homem orando e servindo a Deus em troca de nada. Assim, Satanás é derrotado.

Oração: Senhor, te louvo porque tu és um Deus que compreende o que é ser humano! Porque compreendes o que é estar desesperado na escuridão. Porque foste provado e tentado de todas as maneiras, como nós. Então, quando passo por dificuldades, posso ir a ti, meu conselheiro maravilhoso, em minha necessidade. Amém.

4 de agosto

Leia Salmos 89.1-8. ¹Cantarei para sempre o amor do Senhor; com minha boca proclamarei tua fidelidade a todas as gerações. ²Direi: Teu amor será renovado para sempre; tu confirmarás tua fidelidade até nos céus, dizendo: ³Fiz uma aliança com meu escolhido; jurei ao meu servo Davi: ⁴Estabelecerei tua descendência para sempre e firmarei teu trono por todas as gerações. [Interlúdio] ⁵Ó Senhor, os céus louvarão tuas maravilhas e tua fidelidade na assembleia dos santos. ⁶Pois quem nos céus é comparável ao Senhor? Quem entre os seres angelicais é semelhante ao Senhor, ⁷um Deus tremendo na assembleia dos santos, mais temível do que todos os que estão ao seu redor? ⁸Ó Senhor, Deus dos Exércitos, quem é poderoso como tu, Senhor, com a tua fidelidade que te cerca?

APRESENTANDO SUA DEFESA. Deus nos convida por meio desse salmo a argumentarmos com ele, como o advogado que defende um caso. O salmista fala para Deus não apenas o que deseja, mas por que seu desejo está de acordo com o caráter e os propósitos do próprio Deus. Ele começa a defesa apontando para a fidelidade do Senhor em relação a sua aliança (v. 1,2) e para a promessa de estabelecer a linhagem de Davi *para sempre* (v. 2,4). Trata-se de um modelo para nossas orações. Deveríamos apresentar razões teológicas para o que pedimos, explicando como elas estão de acordo com o caráter e a salvação de Deus e com seus objetivos para o mundo. Se fizermos nossas petições desse modo, aprofundaremos o entendimento que temos dos caminhos do Senhor e sentiremos que realmente lançamos nossos fardos sobre ele.

Oração: Senhor, minha vida de oração é muito escassa e superficial. Move-me e ensina-me a depositar minhas necessidades e preocupações diante de ti, fundamentando meus pedidos em tuas promessas e Palavra. Essas orações honram a ti e me tornam profundo, elevam meu coração e transformam o mundo. Amém.

5 de agosto

Leia Salmos 89.9-18. ⁹Tu dominas o ímpeto do mar; quando suas ondas se levantam, tu as fazes aquietar. ¹⁰Abateste o monstro Raabe como se tivesse sido ferido de morte; com teu braço poderoso espalhaste teus inimigos. ¹¹Teus são os céus, e tua é a terra; tu estabeleceste o mundo e tudo que há nele. ¹²O Norte e o Sul, tu os criaste; o Tabor e o Hermom regozijam-se em teu nome. ¹³Tu tens um braço poderoso; tua mão é forte, e tua mão direita, exaltada. ¹⁴Justiça e juízo são os alicerces do teu trono; amor e verdade vão à tua frente. ¹⁵Ó Senhor, bem-aventurado o povo que reconhece o som do louvor, que anda na luz da tua presença, ¹⁶que se regozija em teu nome todo dia e na tua justiça é exaltado. ¹⁷Pois tu és a glória da sua força; e o nosso poder será exaltado pelo teu favor. ¹⁸Porque o Senhor é nosso escudo, e o Santo de Israel é nosso Rei.

PODER E JUSTIÇA. Temos aqui dois atributos de Deus. Ele é todo-poderoso (v. 9-13) e perfeitamente justo (v. 14-18). Para aqueles que confiam no próprio entendimento, o sofrimento contradiz a existência de um Deus assim. Eles raciocinam que ele haveria de querer pôr fim ao sofrimento se fosse bom, e o faria se fosse onipotente. Como o mal persiste, concluem, Deus não pode ser as duas coisas. Mas devemos admitir que um Deus infinito poderia ter bons motivos para permitir o sofrimento que nossa mente finita não é capaz de compreender. A partir do momento que assumimos uma postura mais humilde, os atributos de Deus são de profundo consolo. Como ele é todo-poderoso, nada está fora de seu controle. Como ele é perfeitamente justo, tudo acabará cooperando para o bem (Gn 50.20).

Oração: Senhor, meu coração com frequência se ressente do teu poder e questiona tua justiça. Mas, quando acho que sei mais do que tu, afundo na ansiedade. Como é mesmo "... bem-aventurado o povo que reconhece o som do louvor..." (v. 15)! Quanto mais aceito tua bondade e controle sobre as coisas, mais consigo relaxar. Amém.

6 de agosto

LEIA Salmos 89.19-26. ¹⁹Naquele tempo, falaste ao teu santo em visão e disseste: Coloquei a coroa num homem poderoso; exaltei um escolhido dentre o povo. ²⁰Achei Davi, meu servo; eu o ungi com meu santo óleo. ²¹Minha mão será sempre com ele, e meu braço o fortalecerá. ²²O inimigo não o surpreenderá, nem o filho da maldade o afligirá. ²³Esmagarei seus adversários na presença dele e abaterei os que o odeiam. ²⁴Minha fidelidade e meu amor, porém, estarão com ele, e em meu nome o seu poder será exaltado. ²⁵Porei sua mão sobre o mar, e sua mão direita, sobre os rios. ²⁶Ele me invocará, dizendo: Tu és meu pai, meu Deus, e a rocha da minha salvação.

OLHE PARA O CORAÇÃO. O salmista relata como Davi se tornou rei (1Sm 16 e 17). Embora Saul e Eliabe, irmão de Davi, fossem majestosos em altura e estatura, Deus escolheu o jovem Davi. Até o profeta Samuel se enganou, mas Deus o advertiu: "... o homem olha para a aparência, mas o SENHOR, para o coração" (1Sm 16.7). Só Deus enxerga as coisas verdadeiramente, e a real beleza e grandiosidade são questão de caráter (1Pe 3.3,4). Contrariando a elevação da aparência à condição de ídolo de nossa cultura, o caráter do coração é infinitamente mais importante do que a beleza física. É também mais importante do que talento ou brilhantismo, nenhum dos quais consegue impedir os naufrágios da vida. Você está se tornando cada vez menos egoísta, mais amoroso, menos autopiedoso, menos fútil, mais alegre, mais sábio, menos sensível à crítica? É isso o que importa.

Oração: Pai, Davi não foi conduzido, mas chamado. Não foi alguém motivado a seguir uma carreira e edificar um império; ele simplesmente quis fazer tua vontade, e tu o usaste. Faz-me como Davi por tua graça, a qual recebo apenas pela fé no maior Filho de Davi: Jesus. Amém.

7 de agosto

Leia Salmos 89.27-37. ²⁷Também lhe darei o direito de primogenitura e o tornarei o mais exaltado dos reis da terra. ²⁸Eu o conservarei para sempre no meu amor, e minha aliança com ele permanecerá firme. ²⁹Farei sua descendência subsistir para sempre, e o seu trono, enquanto existirem os céus. ³⁰Se seus descendentes abandonarem minha lei e não seguirem minhas normas, ³¹se profanarem meus preceitos e não guardarem meus mandamentos, ³²castigarei sua transgressão com vara, e seu pecado, com açoites. ³³Mas dele não retirarei todo o meu amor, nem faltarei com minha fidelidade. ³⁴Não violarei minha aliança, nem alterarei o que saiu de meus lábios. ³⁵Jurei por minha santidade de uma vez para sempre; não mentirei a Davi. ³⁶Sua descendência subsistirá para sempre, e seu trono será como o sol diante de mim; ³⁷será estabelecido para sempre, como a lua, e ficará firme enquanto durar o céu.

EXPECTATIVA ELEVADA. Se, antes de entrar em um cômodo, lhe dizem: "Isso é uma cela de cadeia", você talvez pense: "Até que é bonita". Mas, se antes de entrar no mesmo cômodo, lhe dizem: "Isso é uma suíte nupcial", você pode responder: "Que espelunca!". As expectativas controlam como interpretamos as experiências. Deus disse que o reino de Davi duraria para sempre (v. 29; 2Sm 7.4-17) e cresceria a ponto de abarcar as outras nações da terra (v. 27). O salmista, como veremos, achava que essa linguagem significava que a nação política de Israel jamais fracassaria. Nós também ouvimos as promessas de Deus e enxergamos nossas expectativas nelas. Então nos descobrimos decepcionados com Deus. Mas na verdade a culpa é nossa.

Oração: Senhor, enxergo em tuas promessas — de me abençoar, de cuidar de mim e de me guardar — meus próprios desejos e então te responsabilizo caso tu não os concedas. Dessa forma, eu te converto em meu servo, em vez de servir-te. Perdoa-me por ofender-te dessa maneira! Amém.

8 de agosto

Leia Salmos 89.38-45. ³⁸Mas tu o repudiaste e rejeitaste; estás indignado contra teu ungido. ³⁹Desprezaste a aliança feita com teu servo; profanaste sua coroa, jogando-a ao chão. ⁴⁰Derrubaste todos os seus muros; arruinaste suas fortificações. ⁴¹Todos os que passam pelo caminho o saqueiam; ele se tornou alvo de zombaria dos seus vizinhos. ⁴²Exaltaste a mão direita dos seus adversários; encheste de alegria todos os seus inimigos. ⁴³Tiraste o fio da sua espada e não o sustentaste na batalha; ⁴⁴puseste fim ao seu esplendor e lançaste seu trono por terra; ⁴⁵abreviaste os dias da sua mocidade e o cobriste de vergonha.

EXPECTATIVA FRUSTRADA. O salmista reclama que Deus desprezou sua aliança com Davi (v. 39). Israel foi pilhada, conquistada e levada para o Exílio (v. 40-45). Como as promessas feitas a Davi de um reino sem fim se coadunam com tamanho desastre? Muitos que receberam a Jesus como o Messias também tiveram as expectativas frustradas por ele não ter assumido o poder. Quando ele morreu na cruz, essas pessoas não conseguiram imaginar como Deus poderia estar honrando suas promessas de nos salvar se permitia que uma tragédia dessas acontecesse. Mas o Exílio na Babilônia e o horror da cruz foram acontecimentos que levaram adiante a história da nossa salvação. Aprenda que Deus sempre cumpre suas promessas, mas faz isso em um nível de complexidade maior do que somos capazes de discernir com facilidade.

Oração: Deus, tu te escondes na história, mas não em tua Palavra. Muitas vezes não consigo discernir teu agir em minha vida, mas, quando leio sobre teus propósitos de salvação na vida de José, de Jó, de Davi e do próprio Jesus, fica claro que nunca deixas de acudir e libertar. Obrigado por tua Palavra; ajuda-me a confiar nela. Amém.

9 de agosto

Leia Salmos 89.46-52. **⁴⁶**Até quando, Senhor? Tu te esconderás para sempre? Até quando tua ira arderá como fogo? **⁴⁷**Lembra-te de como minha vida é breve. Por que criaste em vão todos os filhos dos homens? **⁴⁸**Que homem poderia viver sem ver a morte ou livrar-se do poder da sepultura? **⁴⁹**Senhor, onde estão teus antigos atos de bondade, que havias prometido a Davi na tua fidelidade? **⁵⁰**Senhor, lembra-te do vexame que teus servos passaram, de como trago no peito os insultos de todos os povos poderosos, **⁵¹**e os teus inimigos têm zombado, têm zombado dos passos do teu ungido, ó Senhor. **⁵²**Bendito seja o Senhor para sempre. Amém e amém.

EXPECTATIVA SATISFEITA. O salmista enfrenta o conflito entre a aparente oferta de Deus e o fato de ela deixar de se realizar. Ele não esconde seu desapontamento, mas há mais perplexidade do que amargura aqui. Sabemos agora que, contrariando as aparências, as promessas de Deus a Davi não ficaram aquém das expectativas. Na verdade, cumpriram-se em Jesus Cristo, ultrapassando todas as expectativas por maneiras que ninguém sonhou. Jesus, descendente de Davi e Filho unigênito de Deus, atrai para si todas as nações e governará o mundo para sempre (v. 26-29). Portanto, esse salmo é um modelo. Ore sobre suas decepções, mas deixe-as com Deus. Lembre-se, você simplesmente não consegue ver. E, quando ele nos responder, será muito melhor e mais impressionante do que qualquer coisa que poderíamos ter pedido.

Oração: Senhor, eu te louvo porque tuas promessas sempre nos darão *mais* do que ousamos pensar, não menos. Tive uma pequena prova disso ao longo dos anos. Tu tens me ajudado de maneiras melhores, mais profundas e sábias do que originalmente imaginei como crente novo. Permite-me viver em alegre expectativa do meu futuro inimaginavelmente grandioso contigo. Amém.

10 de agosto

Leia **Salmos 90.1-4.** ¹Senhor, tu tens sido nosso refúgio de geração em geração. ²Antes que os montes nascessem, ou que tivesses formado a terra e o mundo, sim, de eternidade a eternidade, tu és Deus. ³Tu fazes o homem voltar ao pó e dizes: Voltai, filhos dos homens! ⁴Porque, aos teus olhos, mil anos são como o dia de ontem que passou, como a vigília da noite.

esta vida breve. O versículo 4 é um dos mais citados dos salmos, pois nos conforta quando nos sentimos frustrados com o tempo de Deus. O tempo se move devagar para nós, que rastejamos de momento a momento. Deus, habitante da eternidade, vê toda a história em um único instante, portanto é improvável que seu cronograma combine com o nosso. Moisés, autor do salmo, parece olhar para a vida da posição vantajosa da velhice, da qual enfim conseguimos enxergar (como Deus) que nosso tempo aqui é curto. Que esse salmo o torne sábio em relação a seu tempo (veja v. 12), enquanto você ainda pode tomar a decisão de não desperdiçar a vida com bobagens. Logo será tarde demais.

Oração: Senhor, a vida está passando tão depressa! Isso me assusta, a menos que eu me lembre de tua eternidade. Somos sem raízes como a erva cujo caule se quebra e o vento a leva, e toda nossa vida será desarraigada a menos que tu sejas nossa morada. Contigo estamos *em casa*. O que tenho em ti jamais poderei perder e terei para sempre. Eu te louvo por esse consolo insondável. Amém.

11 de agosto

Leia Salmos 90.5-12. ⁵Tu os arrastas por uma correnteza; eles são como o sono, como a relva que floresce ao amanhecer, ⁶que brota e floresce de manhã, mas à tarde murcha e seca. ⁷Pois somos consumidos pela tua ira e afligidos pelo teu furor. ⁸Colocaste diante de ti nossas maldades, e, à luz do teu rosto, nossos pecados ocultos. ⁹Pois todos os nossos dias passam sob tua ira; nossos anos acabam-se como um suspiro. ¹⁰Os anos da nossa vida chegam a setenta, ou, para os que têm mais vigor, a oitenta; mas o melhor deles é cansaço e enfado; pois tudo passa rapidamente, e nós voamos. ¹¹Quem conhece o poder da tua ira? E o teu furor conforme o temor que te é devido? ¹²Ensina-nos a contar nossos dias para que alcancemos um coração sábio.

VOAMOS. Somos dolorosamente lembrados de que nossa vida é um exercício de desintegração — vamos nos desgastando e deteriorando até voltarmos ao pó (v. 3; cf. Gn 2.7). Os versículos 7 a 11 nos lembram de que a morte não é a ordem natural das coisas, mas a consequência de nos desviarmos de Deus e a maldição sobre toda a criação (Gn 3.1-19). Sem essa doutrina robusta do pecado, não alcançaremos a sabedoria (v. 12). Ficaremos sempre chocados com aquilo que as pessoas (e nós) são capazes de fazer, ao ver como a vida rapidamente leva embora tudo que amamos. Confiaremos demais em nossas próprias habilidades e buscaremos satisfação em coisas que inevitavelmente iremos perder. Enfrente o pecado e a morte ou perca o contato com a realidade.

Oração: Senhor, não empreendi o profundo trabalho de alma necessário para estar preparado para morrer. Dá-me a força para fazer a grande pergunta: será que estou pronto para morrer amanhã? Que seja uma "realidade viva e brilhante"[2] para mim poder responder a essa pergunta com sabedoria e então fazer o que é necessário. Amém.

12 de agosto

Leia **Salmos 90.13-17**. ¹³Volta-te para nós, Senhor! Até quando? Tem compaixão dos teus servos. ¹⁴Sacia-nos de manhã com teu amor fiel, para que em todos os nossos dias nos regozijemos e nos alegremos. ¹⁵Alegra-nos pelos dias em que nos afligiste e pelos anos em que conhecemos a dor. ¹⁶Mostra teus feitos aos teus servos e tua glória aos filhos deles. ¹⁷Seja sobre nós a graça do Senhor, nosso Deus; e confirma sobre nós a obra das nossas mãos; sim, confirma a obra das nossas mãos.

AMOR FIEL. Nunca desejamos perder aqueles a quem amamos de verdade. Nós, seres finitos, não conseguimos entender o objetivo dessas perdas. No entanto, se nos conectarmos ao amor "fiel" e infinito de Deus (v. 14), esse amor supera nossa mortalidade e então nunca mais temos fim. Essa é a intuição de Moisés, mas os cristãos sabem que aquele que crê em Jesus, a ressurreição e a vida, "... mesmo que morra, viverá" (Jo 11.25). Assim, não deixe que nada o perturbe, antes encontre satisfação no amor dele a cada manhã (v. 14). E não permita que nada o deslumbre, mas veja o esplendor de Deus como o único duradouro (v. 16). Tampouco permita que nada o desanime, pois Deus confirmará as obras de suas mãos (v. 17).

Oração: Senhor, a partir do momento em que teu amor me tomou, até mesmo a morte só pode me levar para mais perto de ti. "O pecador, dormindo em sua cova, à minha voz despertará; Pois, quando começo a salvar, da minha obra não desisto mais."[3] Amo-te por me amares assim! Amém.

13 de agosto

Leia Salmos 91.1-4. ¹Aquele que habita no esconderijo do Altíssimo e descansa à sombra do Todo-poderoso ²diz ao Senhor: Meu refúgio e minha fortaleza, meu Deus, em quem confio. ³Pois ele te livra do laço que prende o passarinho e da peste mortal. ⁴Ele te cobre com suas penas; tu encontras refúgio debaixo das suas asas; sua verdade é escudo e proteção.

DUAS MANEIRAS DE DEUS PROTEGER. Duas metáforas contrastantes são usadas para a proteção divina: uma fortaleza cheia de escudos e proteção e uma ave reunindo os filhotes debaixo das asas. A fortaleza tem muros de inexpugnável resistência. Lanças e flechas não lhe tiram nem uma lasca. A ave, no entanto, protege com asas essencialmente frágeis. Abriga os filhotes do calor escaldante ou da chuva e do frio sustentando-os ela mesma. O Antigo Testamento não explica como essa resistência impenetrável e essa debilidade sacrificial e amorosa podem se juntar em Deus. É na cruz que vemos o poder absoluto da justiça e o amor terno e sacrificial de Deus se combinarem e reluzirem, igualmente satisfeitos.

Oração: Senhor, eu te louvo tanto por tua majestade quanto por tua mansidão em Jesus Cristo. "Maravilhemo-nos! Graça e justiça se juntam e apontam para as provisões de misericórdia; Quando pela graça em Cristo nossa confiança se faz, a justiça sorri e não pergunta mais: Aquele que nos lavou com seu sangue assegurou nosso caminho para Deus."⁴

14 de agosto

Leia Salmos 91.5-13. ⁵Não temerás os terrores da noite, nem a flecha lançada de dia, ⁶nem a peste que se alastra na escuridão, nem a mortandade que arrasa ao meio-dia. ⁷Poderão cair mil ao teu lado, e dez mil à tua direita; mas tu não serás atingido. ⁸Somente contemplarás com teus olhos e verás a recompensa dos ímpios. ⁹Porque fizeste do Senhor o teu refúgio, e do Altíssimo, tua habitação, ¹⁰nenhum mal te sucederá, nem praga alguma chegará à tua tenda. ¹¹Porque ele dará ordem a seus anjos a teu respeito, para que te protejam em todos os teus caminhos. ¹²Eles te sustentarão nas mãos, para que não tropeces em alguma pedra. ¹³Pisarás o leão e a cobra; pisotearás o leão novo e a serpente.

NENHUM MAL TE ALCANÇARÁ. Esses versículos parecem prometer que nada ruim jamais acontecerá aos crentes. E, quando Satanás cita o versículo 11 para Jesus no deserto, é o que ele sugere (Lc 4.9-12). O Diabo deseja que pensemos que, se sofremos, é porque as promessas de Deus falharam. Mais adiante, no entanto, o salmo esclarece que Deus nos salvará "... *na* [...] angústia..." (grifo do autor), não *dela* (veja v. 15). Lucas 21.16-18 diz paradoxalmente que, sob o cuidado de Deus, "não se perderá um único cabelo da vossa cabeça", mas, mesmo assim, alguns seriam "traídos e mortos". As únicas coisas que pessoas fiéis podem perder ao sofrer são aquelas que, no fim, são dispensáveis. Seu verdadeiro eu, aquele que Deus está criando (Fp 1.6; 2Co 3.18; 4.16,17), não pode sofrer dano.

Oração: Senhor, dou mais valor às coisas mundanas que à graça, ao amor e à santidade, por isso sou muito desencorajado por provações e problemas. Eles conseguem danificar meu falso eu — aquele edificado sobre aparências, status social e aprovação humana. Mas não podem danificar minha verdadeira identidade como teu filho. Só conseguem me deixar mais forte! Ensina-me a crescer à tua semelhança em minhas aflições. Amém.

15 de agosto

Leia Salmos 91.14-16. ¹⁴Porque tanto me amou, eu o livrarei; eu o colocarei a salvo, pois conhece o meu nome. ¹⁵Quando ele me invocar, eu lhe responderei; na sua angústia estarei com ele; eu o livrarei e o honrarei. ¹⁶Darei a ele longevidade e lhe mostrarei a minha salvação.

DOÇURA COMPACTADA. Em poucas palavras, Deus faz sete promessas aos que o amam (v. 14). As quatro primeiras são práticas. Ele nos resgatará e protegerá, responderá nossas orações e estará ao nosso lado na angústia (v. 14,15). As três últimas, no entanto, transportam-nos para um horizonte além do que alcança nossa visão. Ele nos dá "honra" ou, em sentido literal, *glória* (v. 15). O apreço e o valor que lutamos tanto para obter e receber dos outros, ele nos confere. Isso vai além da imaginação: a *sua* grande estima, seu "Muito bem" — um presente da sua graça. Ele também nos concede vida sem fim, eterna, e a salvação do corpo e da alma não mais esperada, mas plenamente conhecida (Rm 8.11,23-25). Eis uma verdadeira "caixa compactada de doces".[5]

Oração: Pai, eu quero aplauso, aprovação e louvor das pessoas. Mas isso me escraviza. À noite me agito na cama com as afrontas, por ter sido ignorado. A crítica me transmite a sensação de morte. Ajuda-me a viver com a alegria e a estabilidade de saber que sou teu filho e herdeiro e que, em Cristo, tu te deleitas em mim. Amém.

16 de agosto

Leia Salmos 92.1-4. ¹É bom render graças ao Senhor e cantar louvores ao teu nome, ó Altíssimo, ²proclamar teu amor pela manhã, e à noite, tua fidelidade, ³com instrumentos de dez cordas, com saltério e ao som solene da harpa. ⁴Senhor, tu me alegraste com teus feitos; exultarei com as obras das tuas mãos.

CÂNTICO PARA O SÁBADO. O título desse salmo é "um cântico para o dia de sábado". Para nós, a palavra "descanso" basicamente transmite a ideia de inatividade, mas a principal maneira pela qual o sábado bíblico renova as forças e a alegria é pela adoração. Louvar é "bom" (v. 1). Qualquer coisa que amemos ou a que sirvamos mais do que Deus se torna um ídolo que exaure nossas forças. Os ídolos da profissão, do dinheiro ou dos relacionamentos nunca estão satisfeitos. Por isso, a adoração do verdadeiro Deus do amor perfeito nos restaura e revigora. O salmista diz que devemos encontrar nossa alegria nas "... obras das [...] mãos" de Deus (v. 4). Os cristãos sabem mais sobre a obra de salvação divina do que as gerações passadas. Temos muito mais motivos para cantar de alegria do que qualquer outra pessoa, pois somos amados com o amor precioso da cruz.

Oração: Senhor, permite-me conhecer o descanso e a restauração vindos da verdadeira adoração. Só ali posso encontrar alívio do escoadouro da preocupação, da consciência de mim mesmo e do ressentimento. Envia teu Espírito para me alegrar "com teus feitos" e exultar "com as obras das tuas mãos". Amém.

17 de agosto

LEIA Salmos 92.5-9. **⁵**SENHOR, como são grandes as tuas obras! Como são profundos teus pensamentos! **⁶**O insensato não compreende, o tolo não entende isto: **⁷**os ímpios brotam como a erva e florescem todos os que praticam o mal para que sejam destruídos para sempre. **⁸**Mas tu, SENHOR, és exaltado para sempre. **⁹**Pois teus inimigos, SENHOR, teus inimigos perecerão; todos os que praticam o mal serão dispersos.

ABRA SEUS OLHOS. A adoração a Deus não apenas nos alegra; também abre nossa mente e nos leva a pensar. Temos todos uma cegueira natural para as realidades espirituais, como uma pessoa fisicamente cega para o ambiente que a circunda. Olhamos para a natureza e somos incapazes de discernir um autor. Examinamos a história e não conseguimos enxergar a mão de Deus, por isso tomamos o crédito por coisas que são dádivas dele. Lemos o evangelho e o consideramos uma história tola. Até os crentes acham que existe um certo embotamento em sua visão, que não veem as coisas com muita clareza. Enxergam os homens "andando, como se fossem árvores" (Mc 8.24) e precisam de melhoria contínua da visão pelo toque de cura de Jesus.

ORAÇÃO: Senhor, por meio da obra do teu Espírito em minha vida, agora vejo coisas em meu coração para as quais costumava ser cego. Enxergo coisas fantásticas, emocionantes e cativantes em tua Palavra que costumava achar desinteressantes. Continua tocando-me os olhos, meu médico, até que eu veja claramente. Amém.

18 de agosto

Leia Salmos 92.10-15. ¹⁰Tu tens aumentado meu poder, como o do boi selvagem; fui ungido com óleo fresco. ¹¹Meus olhos já viram o que é feito dos que me espreitam, e meus ouvidos já ouviram o que sucedeu aos malfeitores que se levantam contra mim. ¹²Os justos florescerão como a palmeira, crescerão como o cedro do Líbano. ¹³Plantados na casa do Senhor, florescerão nos átrios do nosso Deus. ¹⁴Na velhice ainda darão frutos, serão viçosos e verdejantes, ¹⁵para proclamar que o Senhor é justo. Ele é minha rocha, e nele não há injustiça.

FRESCOR COM A IDADE. Na versão NIV, o versículo 10 diz "... exaltaste meu chifre, como o de um boi selvagem...". Esse "chifre", símbolo de força, foi ungido, símbolo de renovação. Só pela adoração somos restaurados, em nosso vigor, da exaustão e do estresse prolongados de buscarmos nossa própria glória. E se mantivermos a comunhão com Deus ao longo dos anos (v. 13), há uma espécie de "frescor" que pode vir com a idade. Não se trata da ingenuidade da eterna adolescência espiritual. É o vigor espiritual que só se desenvolve a partir de anos de confiança em Deus em oração, aliados à sabedoria que vem de um baú de tesouros de ricas lembranças, tanto tristes quanto doces. "... Ainda que o nosso exterior esteja se desgastando, o nosso interior está sendo renovado todos os dias" (2Co 4.16).

Oração: Senhor, à medida que envelheço, que haja um florescimento de minha fé e um vigor em minha adoração que não conheci nos primeiros anos. Torna-me mais forte em espírito quanto mais fraco eu ficar na carne. Amém.

19 de agosto

Leia Salmos 93. ¹O Senhor reina; está vestido de majestade. O Senhor se revestiu de força e se preparou. O mundo está firme, não será abalado. ²Teu trono está firmado desde a antiguidade; tu existes desde a eternidade. ³Os rios levantaram, ó Senhor, os rios levantaram seu ruído, os rios levantaram seu fragor. ⁴O Senhor é mais poderoso nas alturas do que o ruído de águas turbulentas, mais do que as ondas estrondosas do mar. ⁵Teus testemunhos são extremamente fiéis, a santidade convém à tua casa, Senhor, para sempre.

MAIS PODEROSO QUE O MAR. O mar era temido como fonte de caos e habitat de monstros, mas o domínio de Deus é absoluto sobre todas essas forças (v. 3,4). Por esse motivo, devemos obedecer à sua palavra ("teus testemunhos", v. 5) e nos revestirmos de santidade em sua presença. Mas a santidade de Deus é mais ameaçadora do que o mar tempestuoso. Como podemos permanecer diante de um Deus santo? Jesus acalmando a tempestade (Mc 4.35-41) é sinal do seu triunfo sobre o caos absoluto do pecado e da morte na cruz. Por causa do poder de Deus, tanto na criação quanto na salvação, o mundo é seguro para você. Quando está diante do mar, você deixa que ele o leve a louvar seu Criador e Redentor?

Oração: Senhor, quando vejo um raio de luz brilhante, meus olhos naturalmente o seguem depressa para descobrir a fonte. Por que não faço isso com as montanhas e o mar e com as outras maravilhas do mundo natural que criaste? Dá-me o hábito mental de usar todas as coisas boas como formas de entender-te melhor e melhor desfrutar de ti. Amém.

20 de agosto

Leia Salmos 94.1-10a. ¹Ó Senhor, Deus vingador, ó Deus vingador, resplandece! ²Levanta-te, ó juiz da terra! Dá aos soberbos o que merecem. ³Até quando, Senhor, até quando os ímpios exultarão? ⁴Até quando ficarão dizendo coisas arrogantes e se gloriarão todos os que praticam o mal? ⁵Ó Senhor, eles esmagam teu povo e afligem tua herança. ⁶Matam a viúva e o estrangeiro; tiram a vida do órfão. ⁷E dizem: O Senhor não vê; o Deus de Jacó não percebe. ⁸Ó tolos do povo, procurai entender, e vós, insensatos, quando tereis sabedoria? ⁹Por acaso aquele que fez o ouvido não ouvirá? Ou aquele que formou o olho não verá? ¹⁰ᵃPor acaso aquele que disciplina as nações não corrigirá?

OPRESSORES. Há muita ira hoje em relação aos ricos gananciosos e sem coração. Deus é o vingador dos oprimidos de todas as épocas, e ele julgará aqueles que usam o poder do dinheiro que têm para melhorar a própria vida à custa dos outros. As riquezas não são más em si mesmas, como demonstram Abraão e Jó, mas representam uma enorme tentação de autossuficiência (1Tm 6.9,10). O poema mordaz de George Herbert *Avarice* [Avareza] descreve como, pelo amor extremo ao dinheiro, conferimos a ele um poder sobre nós que nos desumaniza. Diz ele, dirigindo-se ao dinheiro: "O homem te chama de sua riqueza, o que te faz rico; e enquanto te escava, cai na cova".⁷ O juízo de Deus sobre os opressores assume várias formas.

Oração: Senhor, eu te louvo, pois tu és um Deus que vinga o fraco e marginalizado. Mas essa verdade é uma espada de dois gumes. Ela me conforta quando vejo as iniquidades horríveis no mundo. Todavia, também me confronta com minha própria complacência, minha vida confortável e minha indiferença para com os necessitados. Continua tratando do meu coração até que eu mude minha vida. Amém.

21 de agosto

Leia Salmos 94.10b-15. ¹⁰ᵇAquele que instrui o homem no conhecimento, ¹¹o Senhor, conhece os pensamentos do homem; sabe que são fúteis. ¹²Senhor, bem-aventurado o homem a quem repreendes e a quem ensinas tua lei, ¹³para lhe dar descanso dos dias da adversidade, até que se abra uma cova para o ímpio. ¹⁴Pois o Senhor não rejeitará seu povo, nem desamparará sua herança. ¹⁵Mas o julgamento voltará a ser feito com justiça, e todos os de coração reto a seguirão.

BENDITA DISCIPLINA. Se todos os pensamentos que nos ocorrem na segunda-feira fossem de alguma forma disponibilizados na internet na terça, perderíamos todos os amigos. Consideramo-nos capazes de esconder nossos pensamentos de autossatisfação, cruéis, invejosos e lascivos, mas Deus os enxerga (v. 11). Por isso os crentes sábios realmente se regozijam com a disciplina, com o tipo de problema que os leva à lei e à Palavra de Deus (v. 12). Por meio disso, obtêm "descanso" (v. 13), palavra que significa "tranquilidade interior diante de problemas exteriores".⁸ Embora Deus possa nos testar e refinar, não nos abandonará (v. 14), apesar do nosso pecado. Por que não? Porque Deus proferiu a sentença sobre o mal e em seguida sofreu ele mesmo, em Jesus, o castigo. Assim, podemos saber que ele não "desamparará sua herança" (v. 14).

Oração: Senhor, ajuda-me a lembrar que tu conheces todos os meus pensamentos. Durante o dia, que eu viva — e pense — diante da tua face. Que eu pratique tua presença o dia inteiro. Então não cederei às conversas tolas dos meus diálogos internos, que só me obscurecem o coração. Muda meus pensamentos fúteis, ó Senhor. Amém.

22 de agosto

LEIA **Salmos 94.16-23.** ¹⁶Quem se levantará por mim contra os malfeitores? Quem se porá ao meu lado contra os que praticam o mal? ¹⁷Se o SENHOR não tivesse sido meu auxílio, eu já estaria habitando no lugar do silêncio. ¹⁸Quando eu disse: SENHOR, meu pé está tropeçando, teu amor me sustentou. ¹⁹Quando os cuidados do meu coração se multiplicam, tuas consolações alegram minha alma. ²⁰Pode associar-se contigo o trono perverso, que maquina o mal em nome da lei? ²¹Ajuntam-se contra a vida do justo e condenam o sangue inocente. ²²Mas o SENHOR tem sido meu alto refúgio e meu Deus, a rocha onde me refugio. ²³Ele fará recair sobre eles seu próprio pecado e os destruirá com sua própria maldade; o SENHOR, nosso Deus, os destruirá.

SUAS CONSOLAÇÕES. O salmista confessa que experimentou grande ansiedade e só foi poupado dela pelas consolações de Deus (v. 19). Que consolações são essas? A principal delas é o tema do salmo, isto é, Deus não interpretará a história — a sua, a minha, a do mundo — de forma errada. Ele corrigirá todas as injustiças do mundo. Permitirá em nossa vida apenas os problemas que nos refinam. Mas o conforto mais profundo por baixo dessas consolações é que temos um defensor em Jesus. Quando o salmista pede alguém que lute em seu favor (v. 16), está pedindo um defensor como Davi, que lutou contra Golias, a fim de que os israelitas não precisassem fazê-lo. Jesus é nosso defensor, que tomou sobre si nosso castigo a fim de que não precisemos recebê-lo.

Oração: Pai, teu servo Davi arriscou a vida para lutar contra o gigante em benefício do povo. Mas teu Filho *perdeu* a vida para lutar contra o pecado e a morte em meu benefício. Ajuda-me a manter os olhos fitos e a contemplar a coragem de Jesus em meu favor, até que ela crie uma determinação abnegada em mim. Amém.

23 de agosto

Leia **Salmos 95.1-4**. ¹Vinde, cantemos ao Senhor com alegria, cantemos com júbilo à rocha da nossa salvação. ²Apresentemo-nos diante dele com ações de graças e o celebremos com cânticos de louvor. ³Porque o Senhor é o Deus soberano, o grande Rei acima de todos os deuses. ⁴As profundezas da terra estão nas suas mãos, e os altos dos montes lhe pertencem.

LEVANTEMO-NOS. Esse salmo e o próximo nos oferecem quase uma liturgia para um culto de adoração em comunidade. O primeiro estágio é a adoração em si. *Levantemo-nos em alegria diante de Deus, o criador* (v. 1-5). Vamos louvá-lo por ser o artífice e sustentáculo do mundo. A adoração nem sempre é silenciosa e comportada. Pode acarretar gritos, louvores, saltos e cânticos entoados a plenos pulmões. Quando o amor do imensuravelmente grande e transcendente Deus do universo se faz real para nós, a alegria deve ser incontida.

Oração: Senhor, tu és eterno, sempre presente, perfeito em conhecimento e sabedoria, absoluto em poder, imaculado em pureza, completamente justo e reto, formoso em tua glória. Tu és tudo isso, no entanto meu louvor está tão distante da tua realidade que sinto vergonha. Aceita meu louvor pelos méritos de Jesus, meu Salvador. Amém.

24 de agosto

Leia Salmos 95.5-7a. ⁵Seu é o mar, pois ele o fez, e suas mãos formaram a terra seca. ⁶Ó, vinde, adoremos e prostremo-nos; ajoelhemos diante do Senhor, que nos criou. ⁷ªPorque ele é nosso Deus, e nós somos o povo que ele pastoreia, o rebanho que ele conduz.

AJOELHEMO-NOS. O próximo elemento da adoração é a confissão do nosso pecado e necessidade. *Prostremo-nos em humildade diante de Deus, o redentor* (v. 6,7). Contrastando com a exuberância dos primeiros cinco versículos, condizentes com a postura de quem está em pé ou mesmo dançando, cada um dos três verbos do versículo 6 diz respeito a humilhar-se diante de Deus, uma vez que o sentido literal da palavra hebraica para "adoração" aqui é prostrar-se. Devemos nos curvar, reverentes, ajoelhar-nos humildemente diante de Deus, confessando nossa condição de pecadores e nossa dependência. Embora a adoração venha de vermos um Deus de glória, a submissão vem de vermos um Deus de graça, que é o *nosso* Deus da aliança, que nos redimiu e nos introduziu como ovelha em seu rebanho (v. 7).

Oração: Senhor, confesso a cegueira do meu entendimento, a obstinação da minha vontade, a tolice do meu coração e seu vício nas coisas deste mundo. "Falso e cheio de pecado sou; Tu és pleno de verdade e graça."⁹ Sem essa graça estou perdido. Eu te louvo porque em Cristo tua graça transborda sobre mim. Amém.

25 de agosto

Leia Salmos 95.7b-11. **⁷ᵇ**Se hoje ouvirdes sua voz, **⁸**não endureçais o coração como em Meribá, como no dia de Massá no deserto, **⁹**quando vossos pais me tentaram, pondo-me à prova ainda que tivessem visto minhas obras. **¹⁰**Durante quarenta anos indignei-me contra aquela geração e disse: É um povo de coração obstinado; não anda nos meus caminhos. **¹¹**Por isso, jurei na minha ira: Eles não entrarão no meu descanso.

OUÇAM BEM. Tratemos de *dar ouvidos agora àquele que concede o descanso* (v. 7-11). O terceiro elemento na adoração coletiva consiste em abrandarmos o coração e atentarmos para a leitura, o estudo e o ensino da Palavra de Deus. Israel fracassou nisso (Nm 14.1-44), mas Hebreus 4.1-13 diz que também podemos fracassar. Em Cristo, não nos é ofertada uma terra prometida física, mas o descanso supremo — do fardo esmagador da "autossalvação" por meio do esforço e do desempenho (Hb 4.10). Por que não haveria o mundo inteiro de querer entrar nesse descanso? Porque é uma liberdade desconhecida para o homem moderno — a liberdade encontrada na confiança em Deus, que é o lado oposto ao da confiança em nós mesmos.

Oração: Pai, como preciso de descanso! Estou cansado de obedecer aos ditames dos meus temores, meus impulsos, minha necessidade de aprovação e controle. Necessito da profunda paz de alma que me sobrevém quando paro de tentar fazer por merecer minha salvação e descanso na obra redentora consumada por teu Filho em meu favor. Amém.

26 de agosto

Leia **Salmos 96.1-9**. ¹Cantai um cântico novo ao Senhor, cantai ao Senhor, todos os moradores da terra. ²Cantai ao Senhor, bendizei o seu nome; dia após dia, proclamai a sua salvação. ³Anunciai sua glória entre as nações, e suas maravilhas, entre todos os povos. ⁴Porque o Senhor é grande e digno de ser louvado, mais temível do que todos os deuses. ⁵Porque todos os deuses dos povos são apenas ídolos, mas o Senhor fez os céus. ⁶Glória e majestade estão diante dele; há força e formosura no seu santuário. ⁷Tributai ao Senhor, ó famílias dos povos, tributai glória e força ao Senhor. ⁸Tributai ao Senhor a glória devida ao seu nome; trazei ofertas e entrai nos seus átrios. ⁹Adorai o Senhor na beleza da sua santidade; tremei diante dele todos os habitantes da terra.

ABRA A BOCA. A adoração deve ser empreendida "entre as nações" (v. 3). O versículo 2 diz que, ao adorarmos, estamos "proclam[ando] a sua salvação" — disseminando boas-novas literalmente. Não há melhor maneira de mostrar aos céticos a grandiosidade de Deus e a beleza de sua verdade do que por meio da adoração (v. 4-10). Nossa adoração deve ser atraente para os que não creem, ou seja, "corrigindo a adoração estática e também a pregação superficial".[10] E a adoração dinâmica não é apenas um meio de ganhar o mundo, mas também nos fornece motivação para isso. Só um coração cheio de alegria transbordante desejará compartilhar a fonte dessa alegria com todos que encontra. Se você descobrisse a cura do câncer, será que a manteria em segredo? A adoração nos impele para o mundo a fim de servirmos e amarmos.

Oração: Senhor, desenvolve meu entendimento de tua graça até que ele me livre da inibição, da letargia e do pessimismo que me impedem de abrir a boca em público e me identificar como cristão. Perdoa-me por ficar em silêncio acerca de tudo que tens feito por mim. Amém.

27 de agosto

LEIA Salmos 96.10-13. ¹⁰Dizei entre as nações: O SENHOR reina; ele firmou o mundo, para que não seja abalado. Ele julgará os povos com justiça. ¹¹Alegrem-se os céus, e regozije-se a terra; ruja o mar e tudo o que nele existe. ¹²Exulte o campo, e tudo o que nele há; então todas as árvores do bosque cantarão de júbilo ¹³na presença do SENHOR, porque ele vem, vem julgar a terra, e julgará o mundo com justiça, e os povos, com fidelidade.

AGUARDE ANSIOSAMENTE. Toda criação se regozijará na vinda final de Deus à terra, quando a longa noite de opressão, perversidade e pecado chegará ao fim. As árvores cantarão louvor quando aquele que sara o mundo enfim voltar para julgar e renovar a terra (v. 11-13). "Onde Deus governa [...] suas criaturas mais humildes podem ser elas mesmas; onde Deus está, há cânticos. Na criação, 'as estrelas da manhã cantavam juntas'; em sua vinda, a terra enfim se juntará a elas outra vez; enquanto isso, o próprio Saltério mostra que efeito a presença divina causa sobre aqueles que, mesmo através de uma vidraça, vagamente, já lhe contemplam a face."[11] Você se regozijará ao ver aquele dia, sabendo que em Cristo não há condenação para você, apenas a amorosa aceitação na família de Deus? Ou ainda se sente inseguro?

Oração: Senhor, enche-me com a alegria e a esperança diárias vindas do meu desejo de ver-te face a face no dia final. "Eu quase não sei referir as bênçãos do teu santo amor. Mas, quando na glória te vir, darei mais perfeito louvor!"[12] Amém.

28 de agosto

Leia Salmos 97.1-5. ¹O Senhor reina, regozije-se a terra; alegrem-se as numerosas ilhas. ²Nuvens e escuridão o rodeiam; justiça e retidão são a base do seu trono. ³Diante dele vai um fogo que consome seus inimigos ao redor. ⁴Seus relâmpagos iluminam o mundo; a terra os vê e treme. ⁵Os montes derretem como cera na presença do Senhor, na presença do Senhor de toda a terra.

O FOGO DE DEUS. A volta de Deus para renovar o mundo trará alegria ao mundo inteiro (v. 1). Mas em seguida o salmo descreve um cenário aterrador. A presença de Deus queima e consome tudo que há de doentio e distorcido neste mundo. Haverá aqueles que rejeitam seu reinado, e para eles sua vinda trará desalento (v. 1-5). Que fogo é esse? É o fogo do amor santo de Deus, que precisa remover as impurezas que arruínam a criação amada por ele (v. 3; Dt 4.24; Hb 12.29). Não devemos achar isso estranho. Se amamos alguém, devemos odiar o que quer que lhe arruíne a vida, mesmo que por opção sua. Pelo fato de ser perfeito amor, Deus não pode suportar o mal e o pecado.

Oração: Senhor, eu te louvo porque és perfeito em tua santidade e beleza moral. Não há mal algum em ti, nem tampouco ele pode existir em tua presença. Essa é toda a minha esperança de mudança. Leva-me para mais perto de ti para que o pecado que permanece em mim possa ser exposto e consumido por tua graça. Amém.

29 de agosto

Leia Salmos 97.6-9. ⁶Os céus anunciam sua justiça, e todos os povos veem sua glória. ⁷Todos os que adoram imagens, que se gloriam de ídolos, ficam envergonhados; prostrai-vos diante dele, todos os deuses. ⁸Senhor, Sião ouve e se alegra, e as filhas de Judá regozijam-se por causa dos teus juízos. ⁹Pois tu, Senhor, és o Altíssimo sobre toda a terra; tu és extremamente exaltado acima de todos os deuses.

prostrai-vos diante dele, todos os deuses. Precisamos renunciar a nossos ídolos (v. 7). Eles costumam ser coisas boas que se convertem nas principais fontes de significado. As coisas boas não precisam ser removidas da nossa vida, mas o lugar delas em nosso coração deve ser transformado. Em uma frase interessante, esses deuses são conclamados a se prostrar diante de Deus (v. 7). Quando fazemos da nossa profissão um deus, ela se torna, por assim dizer, um fim em si mesma. Ela sussurra: "Só se você me tiver, só se for bem-sucedido, sua vida será válida". Em vez disso, você deve deixar que o amor e o cuidado de Deus por você sejam o novo fundamento de sua identidade. Assim, sua profissão pode ser obrigada a dizer: "Sou importante, mas não importante acima de tudo. Sou apenas um modo de servir a Deus".

Oração: Senhor, tua graça derrubou a árvore do pecado em minha vida, mas o toco e suas raízes permanecem e são profundos. "Senhor! Devo me mostrar culpado sempre, e devem os ídolos ter lugar em meu coração? Oh! Que o fogo do amor celestial consuma até o toco do meu eu."[13] Amém.

30 de agosto

Leia **Salmos 97.10-12**. ¹⁰Vós que amais o Senhor, detestai o mal. Ele protege a vida dos seus santos e os livra das mãos dos ímpios. ¹¹A luz brilha para o justo, e a alegria, para os de coração reto. ¹²Ó justos, alegrai-vos no Senhor e rendei graças ao seu santo nome.

A LUZ É SEMEADA SOBRE O JUSTO. Se eliminamos nossos ídolos (v. 7), a luz brilha sobre nós (v. 11). Algumas traduções antigas dizem que a luz é "semeada" em nós. A luz se refere tanto à verdade e à clareza quanto à santidade e à beleza que traz. A luz de Deus é o perfeito conhecimento e a infinita glória. Quando cremos em Cristo, o Espírito de Deus habita em nós (1Co 3.16; 2Tm 1.14; Rm 8.9-11). Deus então "semeia" de fato sua luz em nós, e, como uma semente que cresce, ela espalhará sabedoria e beleza em nossa vida. Os cristãos se descobrem encontrando mais sentido no que veem no mundo e no próprio coração. E as pessoas ao redor dos cristãos os veem lenta, mas seguramente, se tornando algo amoroso e belo.

Oração: Senhor, eu te louvo porque és um Deus de luz, em quem não há absolutamente nenhuma escuridão. No entanto, existe ainda bastante escuridão em mim. Sou cego para os meus defeitos; acho difícil "ver" tua glória e amor durante o dia. Enche meu ser interior com tua luz, custe o que custar. Amém.

31 de agosto

Leia Salmos 98.1-6. ¹Cantai um cântico novo ao Senhor, porque ele tem feito maravilhas; sua mão direita e seu braço santo lhe alcançaram a vitória. ²O Senhor tornou conhecida sua salvação, manifestou sua justiça perante os olhos das nações. ³Lembrou-se da sua misericórdia e da sua fidelidade para com a casa de Israel; todas as extremidades da terra viram a salvação do nosso Deus. ⁴Celebrai com júbilo ao Senhor, todos os habitantes da terra; aclamai, regozijai-vos e cantai louvores. ⁵Louvai ao Senhor com a harpa; com a harpa e ao som de canto. ⁶Com trombetas e ao som de cornetas, exultai diante do Rei, o Senhor.

celebrai! Esse salmo louva a Deus pelo Êxodo (v. 1-3). Sabemos, no entanto, que na cruz Jesus Cristo efetuou maior libertação e alcançou as nações em uma escala além de qualquer coisa que o Êxodo tenha feito. E a vitória de Jesus na cruz explica como o salmo 97, com sua descrição intimidante da santidade e da ira divinas, pode ser seguido de louvor e alegria exuberantes do salmo 98. Cristo pagou por nossos pecados. Deus nos enxerga maravilhosamente perfeitos e justos "nele" (Fp 3.9). Isso significa que a justiça de Deus não é contra nós, mas a nosso *favor*. Como vivemos então? Viva sempre, todos os dias, ao som da trilha sonora musical da alegria (v. 4-6).

Oração: "Jesus! Meu pastor, marido, amigo, ó profeta, sacerdote e rei. Meu senhor, minha vida, meu caminho, meu fim, aceita o louvor que te trago."[14] Amém.

1.º de setembro

Leia Salmos 98.7-9. ⁷Ruja o mar e tudo o que nele existe, o mundo e os que nele habitam; ⁸batam palmas os rios; juntos regozijem-se os montes ⁹diante do Senhor. Pois ele vem julgar a terra; julgará o mundo com justiça, e os povos, com equidade.

os rios batem palmas. As imagens de árvores e peixes louvando a Deus (Sl 96.11,12), com os rios e os montes batendo palmas e cantando (v. 8), é mais do que apenas poesia. Em Romanos 8.18-25, lemos que a natureza foi criada para ser muito mais viva e gloriosa do que é em seu estado atual. Os filósofos modernos não conseguem entender que o mundo natural não alcançará sua plenitude até que a raça humana volte a ser justa. Jesus virá para restaurar essa antiga harmonia (v. 9). Portanto, nossa esperança futura é poderosa. Se rios e montes serão assim quando ele voltar, como seremos nós (1Jo 3.2,3)?

Oração: Senhor, houve tempos em que me empolgava ao ouvir histórias em que árvores e animais falavam, a magia ajudava as pessoas a escaparem da morte e dos danos do tempo, e o amor triunfava sobre o mal. Pelo fato de Jesus ter sido ressuscitado dos mortos, nós também seremos, e todas essas coisas serão nossas. Que eu viva o dia inteiro na alegre esperança de minha ressurreição final. Amém.

2 de setembro

Leia Salmos 99.1-5. ¹O Senhor reina! Tremam os povos! Ele está entronizado sobre os querubins. Estremeça a terra! ²O Senhor é grande em Sião; exaltado acima de todos os povos. ³Louvem teu grande e tremendo nome, pois tu és santo. ⁴És Rei poderoso que amas a justiça; estabeleces a equidade; executas juízo e justiça em Jacó. ⁵Exaltai o Senhor, nosso Deus, e prostrai-vos diante do estrado de seus pés, pois ele é santo.

ELE É SANTO. O que significa dizer que Deus é santo? O sentido literal do termo hebraico significa ser "separado" por completo. Quando aplicada a Deus, essa palavra quer dizer que não há ninguém como ele, que está infinitamente acima de nós e de todas as coisas em poder, perfeição e justiça. Quando as pessoas são santas (Lv 11.44; 1Pe 1.16), significa que pertencem inteiramente a Deus. Elas não servem com uma lealdade dividida, mas de todo o coração. Para a igreja cristã, ser santa significa que ela deve ser radicalmente *diferente*. Os primeiros cristãos se sobressaíram na sociedade greco-romana pagã em razão de sua integridade e honestidade, empatia e perdão, pureza sexual e espantosa generosidade financeira. Eles eram santos. Nós também somos?

Oração: Senhor, quando me tornei cristão, tentei viver de acordo com os padrões da moralidade. Embora ser santo não seja menos que isso, com certeza é mais. Quero pertencer-te por inteiro, guardar-me só para ti. Quero que tomes posse do meu coração e que não lhe permitas mais envolver-se com outras coisas. Santifica-me, pois tu és santo. Amém.

3 de setembro

LEIA Salmos 99.6-9. ⁶Moisés e Arão estavam entre seus sacerdotes, e Samuel, entre os que invocavam seu nome; eles clamavam ao Senhor, e ele os ouvia. ⁷Falava-lhes desde a coluna de nuvem; eles guardavam seus testemunhos e os estatutos que lhes tinha dado. ⁸Senhor, nosso Deus, tu os ouviste; foste para eles um Deus perdoador, ainda que os punisse por seus atos. ⁹Exaltai o Senhor, nosso Deus, e adorai-o no seu santo monte, pois o Senhor, nosso Deus, é santo.

O DOM DA ORAÇÃO. Um dos maiores dons de Deus é o acesso a ele em oração (v. 6). Samuel tinha um elevado conceito teológico de oração, como se vê quando ele disse: "... longe de mim pecar contra o Senhor, deixando de interceder por vós..." (1Sm 12.23). Mas como pode um Deus santo (v. 1-5) ouvir as orações de homens pecadores? O versículo 8 relaciona o acesso à oração ao perdão de Deus. A referência a querubins (v. 1) nos faz lembrar da Arca da Aliança e do Tabernáculo, onde sangue era aspergido para expiar o pecado (Êx 25.17). Tratava-se apenas de um símbolo. O sangue de Jesus nos conduz com plena segurança à presença de um Deus santo (Hb 9.5,11-14; 10.19-25).

Oração: Senhor, a falta de oração é um pecado contra ti. Ela vem da autossuficiência, que é um erro e te desonra. A falta de oração é também um pecado contra aqueles à minha volta. Eu deveria envolver meu coração e teu poder nas necessidades deles. Senhor, oro de todo o coração para que me dês um coração apaixonado pela oração. Amém.

4 de setembro

Leia **Salmos 100**. ¹Celebrai com júbilo ao Senhor, todos os habitantes da terra. ²Cultuai o Senhor com alegria e apresentai-vos a ele com cântico. ³Sabei que o Senhor é Deus! Foi ele quem nos fez, e dele somos; somos seu povo e rebanho que ele pastoreia. ⁴Entrai pelas suas portas com ação de graças, e em seus átrios, com louvor! Rendei-lhe graças e bendizei seu nome! ⁵Porque o Senhor é bom! Seu amor dura para sempre, e sua fidelidade, de geração em geração.

QUANTO MAIS SOMOS SEUS, MAIS LIVRES SOMOS. O salmo nos conclama a nos oferecermos a Deus, reconhecendo que não somos de nós mesmos (v. 3). Essa oferta deve ser conduzida com júbilo e alegria (v. 1,2). Nem a religião moralista (que vê a obediência como um trabalho árduo, mas necessário para fazer de Deus nosso devedor), nem a autodeterminação moderna (que vê a perda da independência como uma espécie de morte) conseguem assimilar isso. Os cristãos têm uma motivação maior para doar-se com alegria. "... não sois de vós mesmos [...] fostes comprados por preço..." (1Co 6.19,20). Isso de fato torna a obediência uma alegria, um modo de conhecer, servir e agradar àquele cujo amor sacrificial por nós dura para sempre (v. 5), e passar a ser parecido com ele.

Oração: "Que o mundo inteiro em todo canto entoe, meu Deus e rei! O céu não é alto demais, seu louvor pode voar ainda mais longe, a terra não está embaixo demais, seus louvores nela podem brotar. Que o mundo inteiro em todo canto entoe, meu Deus e rei!"[1] Amém.

5 de setembro

Leia Salmos 101. ¹Cantarei o amor e a justiça. A ti, Senhor, cantarei louvores. ²Seguirei com sabedoria pelo caminho reto. Quando virás ao meu encontro? Viverei em minha casa com coração íntegro. ³Nunca me voltarei para a desonestidade. Detesto o que os homens maus fazem; não participarei disso! ⁴O coração perverso ficará longe de mim; não quero conhecer o mal. ⁵Destruirei o que difama o próximo às escondidas; não hei de tolerar o que tem olhar altivo e coração arrogante. ⁶Meus olhos estão sobre os fiéis da terra, para que habitem comigo; o que anda no caminho da integridade, esse me servirá. ⁷O fraudulento não habitará em minha casa; o mentiroso não permanecerá em minha presença. ⁸A cada manhã, destruirei todos os ímpios da terra, para eliminar da cidade do Senhor todos os que praticam o mal.

UMA VIDA ÍNTEGRA. Esse é um salmo de Davi. As afirmações sobre ser íntegro (v. 2,3) e de não querer "conhecer o mal" (v. 4) não são delírios farisaicos de pureza moral, mas o desejo do rei por uma administração impoluta ("casa", v. 2). Ele não permitirá difamação (v. 5) ou desonestidade em sua política (v. 7). Ele busca a justiça na terra (v. 8). Esse é um grande conjunto de ideais para todos que governam. Mas também faz as vezes de uma repreensão, expondo o quanto as sociedades humanas ficam longe desse propósito. Para piorar a tragédia, sabemos que mesmo Davi e seu filho Salomão, os maiores reis de Israel, violaram esse padrão. "Felizmente a última palavra não está com Davi [...] mas com seu Filho. Nele não há sombra alguma."²

Oração: Senhor, oro pelos líderes de Estados e de nações, de negócios e de comércios, das artes e das instituições culturais. Oro para que a honestidade, a sabedoria, a habilidade, a justiça e a virtude caracterizem suas obrigações, e que seu trabalho seja uma bênção para todos. Amém.

6 de setembro

Leia Salmos 102.1-11. ¹Ó Senhor, ouve minha oração, e chegue a ti o meu clamor. ²Não escondas de mim o rosto, quando estou angustiado; inclina os ouvidos para mim; quando eu clamar, ouve-me depressa. ³Pois meus dias desaparecem como fumaça, e meus ossos ardem como brasas. ⁴Meu coração está ferido e seco como a erva, por isso até me esqueço de comer. ⁵De tanto gemer, meus ossos se apegam à pele. ⁶Sou como um pelicano no deserto, como a coruja das ruínas. ⁷Não durmo e fico como um passarinho solitário no telhado. ⁸Meus inimigos me afrontam todo dia; os que estão furiosos comigo me amaldiçoam. ⁹Tenho me alimentado de cinzas e misturado minha bebida com lágrimas, ¹⁰por causa da tua indignação e da tua ira; pois tu me levantaste e me lançaste para longe de ti. ¹¹Meus dias são como a sombra que declina, e vou murchando como a erva.

VOCÊ NÃO ESTÁ SÓ. O sofrimento, em todos os seus aspectos, é retratado aqui. Vemos o ardor da febre (v. 3) e o desgaste físico (v. 4). Há sinais de depressão, incluindo insônia (v. 7), falta de apetite (v. 4) e o choro incontrolável (v. 9). O salmista se sente tão rejeitado e isolado que se compara à coruja solitária em uma casa em ruínas (v. 6). Todos necessitamos desse salmo. Ele ajuda àqueles que se encontram em circunstâncias confortáveis a penetrar na dor do conturbado e a compartilhar seus fardos (Gl 6.2). Mas, acima de tudo, ajuda qualquer um que se sinta assim a ver que *não* está sozinho, que outros, incluindo o próprio Jesus (v. 23-27), passaram por isso e venceram.

Oração: Senhor, o realismo de tua Palavra me assusta. Não quero crer que *eu* poderia enfrentar dores como essas. E evito pessoas que estejam passando por isso. Que maldade a minha. Tu sofreste infinita e voluntariamente por mim. Portanto, posso enfrentar a aflição — e ajudar outros a enfrentá-la — em tua companhia. Amém.

7 de setembro

Leia Salmos 102.12-17. ¹²Mas tu, Senhor, estás entronizado para sempre; teu nome será lembrado por todas as gerações. ¹³Tu te levantarás e terás piedade de Sião; pois é tempo de te compadeceres dela, sim, o tempo determinado já chegou. ¹⁴Porque teus servos amam até suas pedras e se compadecem por causa de sua ruína. ¹⁵As nações temerão o nome do Senhor, e todos os reis da terra, a tua glória, ¹⁶quando o Senhor edificar Sião e se manifestar em glória, ¹⁷atendendo à oração do desamparado e não desprezando sua súplica.

NENHUMA ORAÇÃO SEM RESPOSTA. Um desastre deixou Jerusalém em ruínas e muitos aprisionados (v. 16,20). O salmista ora pedindo a Deus que restaure Sião a uma glória que o mundo inteiro possa ver (v. 16) — *agora* (v. 13). Isso não aconteceu. Uma oração sem resposta? Na verdade, não. A resposta de Deus foi "Agora não, e não como você pensa". A resposta, por meio de Jesus, foi muito maior do que o salmista poderia ter imaginado (Hb 12.12-28). De igual modo, quando Elias orou pedindo para morrer (1Rs 19.4), a resposta foi: "Não seja tolo, você não morrerá de forma alguma!".³ No fim das contas, não existe oração sem resposta. Se a resposta a princípio for "não" ou "ainda não", é porque ele nos dá o que desejamos de maneiras melhores do que pedimos.

Oração: Senhor, confesso que tua promessa de sempre ouvir a oração (v. 17) pouco me consola, e a culpa é minha. Tenho certeza absoluta de como é exatamente uma vida boa e feliz. Lembra-me de que às vezes teu amor sábio "nos alimenta de fome [...] Senhor, destrói meu céu de tolo na terra, para que eu possa ser salvo para sempre".⁴ Amém.

8 de setembro

Leia **Salmos 102.18-22**. ¹⁸Escreva-se isso para a geração futura, para que um povo que será criado louve o Senhor. ¹⁹Pois olhou do alto do seu santuário; o Senhor olhou dos céus para a terra, ²⁰para ouvir o gemido dos presos, para libertar os condenados à morte; ²¹a fim de que seja anunciado em Sião o nome do Senhor, e seu louvor, em Jerusalém, ²²quando se congregarem os povos e os reinos, para prestar culto ao Senhor.

AS PORTAS DO INFERNO NÃO PREVALECERÃO. Em cada era, Deus criará uma nova geração do seu povo por sua graça (v. 18). Todos começamos como "um não povo", mas, por meio do novo nascimento, somos criados para sermos "povo de Deus" (1Pe 1.3; 2.9,10). Sempre haverá aqueles que louvam a Deus por ver como ele os salva da sentença de morte (v. 20). Mal podia o salmista perceber a amplitude e a profundidade infinitas dessa salvação, que pela fé em Jesus não haveria "condenação alguma" para nós — liberdade eterna da penalidade do pecado (Rm 8.1). A igreja permanece, avançando lenta e constantemente, ao mesmo tempo que formas concorrentes de religião e descrença se levantam, mínguam e são esquecidas. O cristianismo fiel à Palavra de Deus durará até o fim dos tempos e ainda além (Mt 16.18).

Oração: Senhor, tantas forças são hostis à nossa fé. A cultura popular desdenha dela, chamando-a de bitolada, muitos líderes mundiais consideram na ameaçadora, instituições poderosas querem que desapareça ou que se mantenha em segredo. Faz agora que meu coração lembre que nenhuma oposição dessas prevalecerá. Eu te agradeço porque, uma vez que vives dentro da igreja, nem as portas do inferno a subjugarão. Amém.

9 de setembro

Leia **Salmos 102.23-28.** ²³Ele abateu minha força no caminho; abreviou meus dias. ²⁴Eu clamo: Meu Deus, tu, cujos anos se estendem a todas as gerações, não me leves na metade da minha vida. ²⁵Desde a antiguidade fundaste a terra, e os céus são obra das tuas mãos. ²⁶Eles perecerão, mas tu permanecerás; todos eles envelhecerão como uma vestimenta; tu os mudarás como roupa, e assim ficarão. ²⁷Mas tu és o mesmo, e teus anos não terão fim. ²⁸Os filhos dos teus servos habitarão seguros, e a sua descendência ficará firmada diante de ti.

perspectiva. O salmista enfrenta um curto período de vida e a morte (v. 23). Ele não sabia, mas sua rejeição, agonia, morte prematura e desgaste debaixo da ira de Deus (v. 10) prefiguravam os sofrimentos de Jesus (Hb 1.10-12), que levou sobre si nosso pecado e trouxe o reino pelo qual o salmista ansiava. Mas a Sião celestial, para a qual todas as nações correriam, iria além de sua imaginação (Hb 12.22-27). Hoje, no céu, esse salmista sabe de tudo isso! Então, quando "enfim ele viu sua experiência e suas palavras à luz do Filho de Deus, não ficou contente por haver o Senhor rejeitado seu pedido, mas ouvido sua oração?".[5]

Oração: Senhor, não há nada que *perdure* aqui. Mas eu te louvo porque, embora as coisas pereçam, até os fundamentos mais extremos da terra, tu és eterno, e, se nós nos apegarmos a ti e tu nos envolveres com teu amor, então viveremos para sempre em nossa verdadeira pátria, onde, por fim, nosso coração poderá descansar. Eu te louvo por esse consolo e salvação tão grandes. Amém.

10 de setembro

Leia Salmos 103.1-5. ¹Ó minha alma, bendize o Senhor, e todo meu ser bendiga seu santo nome. ²Ó minha alma, bendize o Senhor, e não te esqueças de nenhum dos seus benefícios. ³É ele quem perdoa todas as tuas iniquidades, quem sara todas as tuas enfermidades, ⁴quem resgata da cova a tua vida, quem te coroa de amor e de misericórdia, ⁵quem te supre de todo bem, de modo que tua juventude se renova como a da águia.

orando o evangelho. Aqui está como infundir o evangelho no próprio coração até que ele o transforme. Isso ocorre por meio do diálogo interior, falando direta e vigorosamente ao seu próprio coração ("minha alma") em vez de se limitar a ouvi-lo. A meditação bíblica, diferente das variantes populares, não é uma técnica de relaxamento para esvaziar a mente, mas sim algo que a enche com a verdade, usando pensamento e memória para incendiar o coração. Nesse salmo, Davi se debruça sobre a verdade de que Deus perdoa o pecado e um dia eliminará todo sofrimento e enfermidades. Quando pedimos, recebemos perdão no mesmo instante (1Jo 1.8,9), mas talvez o sofrimento não seja removido instantaneamente (2Co 12.8,9; 2Sm 12.13-23). Isso porque, embora o pecado sempre bloqueie nosso relacionamento com Deus, o sofrimento pode aprofundá-lo.

Oração: Senhor, confesso que muito do meu medo, raiva, ansiedade e desânimo é porque me esqueço dos teus benefícios, de tudo que o que tens me dado e prometido em Cristo. Minha mente sabe, mas meu coração se esquece de que sou perdoado, de que tu te deleitas em mim, de que tenho garantida uma coroa, um banquete. Perdoa-me e ajuda-me a falar à minha alma até que minhas forças sejam renovadas. Amém.

11 de setembro

Leia Salmos 103.6-12. **⁶**O Senhor executa a justiça e defende todos os oprimidos. **⁷**Manifestou seus caminhos a Moisés, e seus feitos, aos filhos de Israel. **⁸**O Senhor é compassivo e misericordioso; demora para irar-se e é grande em amor. **⁹**Não acusará perpetuamente, nem conservará sua ira para sempre. **¹⁰**Não nos trata de acordo com nossos pecados, nem nos retribui segundo nossas transgressões. **¹¹**Pois seu amor para com os que o temem é grande, tanto quanto o céu se eleva acima da terra. **¹²**Como o Oriente se distancia do Ocidente, assim ele afasta de nós nossas transgressões.

IRA DEMORADA; AMOR IMENSURÁVEL. A ira de Deus é diferente da nossa. Somos rápidos em nos irar, fazemos quem nos prejudicou pagar e então, apesar disso, guardamos ressentimentos. Deus é lento em se irar, supre nossa necessidade de perdão e depois não se lembra mais do nosso pecado. O versículo 8 é espantoso porque cita Êxodo 34.6, seguido do versículo seguinte, que afirma que Deus "não deixa de punir o culpado" (Êx 34.7, NVI). Como Moisés pode estar certo, em Êxodo, ao dizer que Deus não deixa de punir o culpado *e* Davi também estar certo aqui ao afirmar que ele não nos castigará como merecemos? Só a cruz revelaria o quanto custa a Deus punir o pecado sem nos castigar. Distâncias infinitas (v. 11,12) são usadas para tornar conhecido esse amor infinito.

Oração: Senhor, minha ira é de fato diferente da tua. Que teu Espírito possa purificar-me a fim de que minha ira não seja desencadeada por meu ego ferido tanto quanto pela injustiça real e pelo mal, e para que não permaneça em mim para endurecer e envenenar minha alegria, mas prontamente dê lugar à compaixão. Amém.

12 de setembro

Leia **Salmos 103.13-18**. ¹³Como um pai se compadece de seus filhos, assim o Senhor se compadece dos que o temem. ¹⁴Pois ele conhece nossa estrutura; lembra-se de que somos pó. ¹⁵Já o homem, sua vida é como a erva; ele floresce como a flor do campo. ¹⁶Quando o vento passa, desaparece, e ninguém sabe para onde foi. ¹⁷Mas o amor do Senhor para com os que o temem permanece para todo o sempre, e sua justiça, para os filhos dos filhos, ¹⁸para aqueles que guardam sua aliança e para os que se lembram de cumprir seus preceitos.

AMOR DE PAI. O adulto é capaz de enxergar o coração de uma criança, que não tem habilidade para esconder o egoísmo, a impaciência e a falta de sabedoria. Os pais conhecem os pecados entranhados nos filhos (v. 14). No entanto, um bom pai ama os filhos de qualquer forma (v. 13). De fato, quanto mais frágil e necessitado o filho, mais o coração do pai se volta para ele. Deus nos conhece até o fundo de nossa alma, mas mesmo assim nos ama até o céu — literalmente. Ele não apenas perdoa nossos pecados. Ele nos adota em sua família, dando-nos seu amor, acesso em oração, uma porção na herança da glória e até a semelhança de sua família — o Espírito Santo, que produz o caráter do próprio Deus em nós (Jo 1.12,13; Mt 6.9; Gl 4.7; 1Jo 3.1-3).

Oração: Senhor, eu te louvo por fazer de ti mesmo não apenas meu Rei e pastor, mas meu Pai. É incrível pensar no Deus onipotente como meu Pai — poder infinito, contido por mim, amando-me e operando todas as coisas para o meu bem! Transforma minha vida de oração por meio de uma assimilação mais profunda de teu amor paternal por mim. Amém.

13 de setembro

LEIA Salmos 103.19-22. ¹⁹O SENHOR estabeleceu seu trono nos céus, e seu reino domina sobre tudo. ²⁰Bendizei o SENHOR, vós, seus anjos, poderosos em força, que cumpris suas ordens, obedecendo à sua palavra! ²¹Bendizei o SENHOR, vós, todos os seus exércitos, vós, seus servos, que executais sua vontade! ²²Bendizei o SENHOR, vós, todas as suas obras, em todos os lugares do seu domínio! Ó minha alma, bendize o SENHOR!

TODA A NATUREZA CANTA. O salmista conclama a própria alma a louvar ao Senhor (v. 1,2). Depois aprende a regozijar-se internamente nos benefícios incomensuráveis da salvação do evangelho. Agora, no fim do salmo, ele percebe uma unicidade com a criação que nunca imaginara possível, pois vê o que toda a natureza está fazendo: regozijando-se em Deus! Todas as suas "obras" na terra (v. 22) e no céu (v. 20,21) já cantam a Deus e umas às outras, e o autor assume sua posição exclusiva no maior de todos os coros e sinfonia. A fé no evangelho o capacita a ouvir e acompanhar a música. Jonathan Edwards escreveu: "Como todo o mundo saúda, abraça e canta para" uma alma entregue ao louvor a Deus.[6]

Oração: Senhor, quando não estou bem contigo, sinto-me sozinho no mundo. Mas, quando te louvo ao máximo, posso ouvir tua alegria nos pássaros pela manhã e na chuva que cai sobre a água. Senhor, quero fazer parte dessa música; quero cantar a parte que me cabe, que tanto acrescenta quanto extrai beleza do todo. Amém.

14 de setembro

Leia Salmos 104.1-4. ¹Ó minha alma, bendize o Senhor! Senhor, meu Deus, tu és esplêndido! Estás vestido de honra e majestade, ²tu, que te cobres de luz como um manto, que estendes os céus como uma cortina. ³És tu que pões os vigamentos da tua morada nas águas, que fazes das nuvens o teu carro, que andas sobre as asas do vento; ⁴que fazes teus mensageiros como vento, e teus servos, como fogo abrasador.

O ESPLENDOR DA LUZ. O salmo 104 é uma meditação sobre as maravilhas da criação e o maravilhoso Criador por trás delas. Diferentemente do misticismo ocidental, vemos aqui um Deus pessoal e distinto de sua criação, mas de modo algum distante dela. As imagens das vestes, do palácio e do carro dão a ideia de que a natureza está repleta da energia e presença de Deus, por isso o deslumbramento e o respeito devidos ao mundo natural. E, como nossos olhos ofuscados não conseguem absorver o brilho da luz, temos de nos curvar e louvar ao Deus que é mais poderoso e glorioso do que nossa imaginação é capaz de entender. "Todo louvor te renderemos, ó, ajuda-nos a enxergar apenas o esplendor da luz escondida em ti."[7]

Oração: Senhor, costumo achar tanto tuas palavras quanto teus caminhos difíceis de entender. Meu coração, cheio de justiça própria, tende instintivamente a pôr a culpa em ti. Ah, ajuda-me a ver que meu verdadeiro problema é a debilidade dos meus olhos espirituais, que não conseguem absorver tua grande luz. Fortalece minha visão espiritual, a fim de que eu consiga assimilar mais. Amém.

15 de setembro

Leia Salmos 104.5-9. ⁵Lançaste os fundamentos da terra, para que ela não fosse abalada em tempo algum. ⁶Do abismo a cobriste, como uma veste; as águas ficaram acima das montanhas. ⁷Fugiram sob tua repreensão; à voz do teu trovão, puseram-se em fuga. ⁸As montanhas elevaram-se, e os vales desceram, até o lugar que lhes determinaste. ⁹Estabeleceste limites para que não os ultrapassassem e voltassem a cobrir a terra.

ESTABELECESTE LIMITES PARA QUE NÃO OS ULTRAPASSEM. O salmista medita sobre o terceiro dia da Criação (Gn 1.9,10), quando Deus separou o mar da terra seca (v. 7,8). A ciência se baseia na regularidade da natureza — se X cria Y sob determinadas condições, ele o fará de novo sob condições idênticas. Mas por que a natureza haveria de ser regular? Porque não vivemos em um mundo completamente aleatório, caótico, mas com "limites" bem estabelecidos (v. 9). Um Criador pessoal encheu o mundo com os princípios da física, da matemática, da química, da biologia e similares. Por isso, temos a aerodinâmica (possibilitando o voo), a eletricidade, a medicina — todos acomodando uma série de fatos e limitações implantados na criação e que têm possibilitado a civilização. Graças a Deus por todos eles.

Oração: Senhor, considero normal tanta coisa que faz parte no nosso dia a dia, tantos desenvolvimentos científicos que tornam minha vida cotidiana segura e confortável. Diminuo tua glória e privo-me de satisfação quando deixo de parar, maravilhar-me com todos eles e louvar-te por tudo isso. Ensina-me essa disciplina. Amém.

16 de setembro

Leia Salmos 104.10-13. ¹⁰És tu que fazes brotar nos vales nascentes que correm entre as colinas. ¹¹Elas dão de beber a todos os animais do campo; ali os jumentos selvagens matam a sede. ¹²Junto a elas habitam as aves dos céus; do meio da ramagem fazem ouvir seu canto. ¹³Da tua alta morada regas os montes; a terra se farta do fruto das tuas obras.

MATANDO A SEDE. Deus também se importa com o que fez. Com as águas que criou, agora mata a sede de todas as criaturas (v. 11) e irriga a terra para torná-la fértil (v. 13). O cuidado divino com toda a criação deveria fazer dos crentes os protetores, em vez de os exploradores, de seus bons recursos. A terra "... se farta do fruto das [*nossas*] obras"? Ou fracassamos, tanto por ignorância quanto por avareza, em administrar adequadamente as riquezas do mundo que ele nos dá? Podemos achar difícil não abusar da natureza para obtermos vantagem, a menos que encontremos a profunda satisfação interior que vem da água que só Jesus pode dar, a da vida eterna (Jo 4.13,14).

Oração: Senhor Jesus, confesso que me preocupo tanto com conforto e comodidade que não quero pensar nos possíveis efeitos maléficos que qualquer uma de minhas práticas de vida diárias podem ter sobre o mundo natural. Mas este é o *teu* mundo, que tu amas. Portanto, dá-me a humildade e a paciência de fazer essas reflexões pela primeira vez. Amém.

17 de setembro

Leia Salmos 104.14-18. ¹⁴Fazes crescer erva para os animais e verdura para o homem, de modo que da terra ele tire o alimento, ¹⁵o vinho que alegra o coração, o azeite que faz reluzir o rosto e o pão que lhe fortalece o coração. ¹⁶As árvores do Senhor estão satisfeitas, os cedros do Líbano que ele plantou, ¹⁷onde as aves se aninham; mas a casa da cegonha está nos ciprestes. ¹⁸Os altos montes são refúgio para as cabras selvagens, assim como as rochas, para os coelhos.

QUE ALEGRA O CORAÇÃO. Deus não apenas satisfaz as necessidades físicas de suas criaturas. Ele deseja que nos alegremos, que nossos rostos brilhem, deseja sustentar não apenas nosso corpo, mas também nosso coração (v. 15). Jesus também deu vinho para alegrar o coração do homem (v. 15). Ele começou seu ministério providenciando por meio de um milagre um excelente vinho para garantir a continuidade de uma festa de casamento (Jo 2.1-11). Por que fazer desse o milagre inicial, que imprimiria sua marca? Esse milagre tinha o objetivo de anunciar sua missão, não apenas de assegurar o perdão do pecado, mas de nos restaurar à plenitude de vida, de nos trazer uma alegria festiva. Você não recebeu tudo o que Deus quer lhe dar até receber "... óleo de alegria em vez de pranto..." (Is 61.3).

Oração: Senhor, não te honro limitando-me a obedecer-te. A maneira de glorificar-te ao máximo é ter prazer em ti. Ajuda-me (oh, por favor) a deleitar-me em tudo que és e tens feito por mim, até que isso desperte a alegria em meu coração. Amém.

18 de setembro

LEIA Salmos 104.19-24. ¹⁹Ele designou a lua para marcar as estações; o sol sabe quando se põe. ²⁰Fazes as trevas, e vem a noite, quando saem todos os animais selvagens. ²¹Os leões novos rugem pela presa, e de Deus buscam seu sustento. ²²Ao nascer do sol, logo se recolhem e se deitam em seus esconderijos. ²³Então o homem sai para seu labor, para seu trabalho, até o fim da tarde. ²⁴Ó SENHOR, que variedade há nas tuas obras! Fizeste todas elas com sabedoria; a terra está cheia das tuas riquezas.

A TERRA ESTÁ CHEIA DAS TUAS CRIATURAS. O versículo 24 impõe uma pausa para a adoração reflexiva. Existem cinco mil espécies conhecidas de esponjas no leito do oceano e mais de trezentas mil de besouros. Há multidões de flores, árvores, pássaros e animais diferentes, alguns deles encantadores de tão belos, outros encantadores de tão estranhos. Por quê? Eles revelam a riqueza insondável da criatividade divina, a amplitude infinita de seu pensamento, seu amor pela beleza, até seu senso de humor. E por ser tudo desenhado pela "sabedoria" divina, esse versículo nos convida não apenas a nos maravilharmos em tudo isso, mas também a explorarmos e estudarmos a criação. Um convite tanto para a ciência quanto para a arte.

Oração: Senhor, tua Palavra diz que tuas criaturas nos falam da tua existência e grandeza, mesmo se não mantivermos o ouvido atento. Abre nossos ouvidos! "Na razão do ouvido todos se regozijam, E emitem voz gloriosa. Para sempre cantando enquanto brilham: 'A mão que nos fez divinos.'"⁹

19 de setembro

Leia **Salmos 104.25-29**. ²⁵Também o vasto mar aberto, onde se movem seres inumeráveis, animais pequenos e grandes. ²⁶Ali passam os navios, e o Leviatã que formaste para nele se recrear. ²⁷Todos esperam de ti que lhes dês o sustento a seu tempo. ²⁸Tu lhes dás, e eles o recolhem; abres tua mão, e eles se fartam de bens. ²⁹Escondes o rosto, e ficam perturbados; se lhes tiras a respiração, morrem e voltam ao pó.

FORMADO PARA SE RECREAR. O alimento aparece nas estações apropriadas (v. 27) e é colhido (v. 28). No entanto, em meio a tudo isso, é Deus quem nos dá o alimento (v. 27). As grandes criaturas do mar "se recreiam" e saltam no ar (v. 26), e as andorinhas realizam acrobacias aéreas. Embora essas atividades também possam ter propósitos práticos, em um senso mais profundo essas criaturas conhecem a alegria e a liberdade de fazer o que foram "formadas" por Deus para fazer. Nós também podemos conhecer alegria e realização só quando vivemos de acordo com o desígnio de Deus. Nesse ponto, a natureza nos superou. Como disse Elisabeth Elliot: "Um marisco glorifica a Deus melhor do que nós, pois está sendo tudo que foi criado para ser, ao passo que nós não".[10]

Oração: Senhor, desobedecer-te é fácil no curto prazo, mas difícil no longo prazo, pois estou violando minha própria natureza. Portanto, obedecer-te pode ser um tormento no início, mas é maravilhoso com o tempo, porque pela obediência passo a ser meu verdadeiro eu. Oh, ajuda-me a lembrar-me disso quando as coisas ficarem difíceis! Amém.

20 de setembro

Leia Salmos 104.30-35. ³⁰Envias teu fôlego, e são criados; e assim renovas a face da terra. ³¹Permaneça para sempre a glória do Senhor; regozije-se o Senhor em suas obras! ³²Ele olha para a terra, e ela treme; toca nas montanhas, e elas fumegam. ³³Cantarei ao Senhor enquanto eu viver; cantarei louvores ao meu Deus enquanto eu existir. ³⁴Que a minha meditação lhe seja agradável; eu me regozijarei no Senhor. ³⁵Sejam eliminados da terra os pecadores, e não subsistam mais os ímpios. Ó minha alma, bendize o Senhor! Louvai o Senhor!

RENOVAS A FACE DA TERRA. Quem nutre e cultiva a criação física faz algo que Deus faz. O Espírito de Deus não apenas regenera os corações (Tt 3.5,6) como também renova a face da terra (v. 30), pois ele é a fonte de toda vida, espiritual e biológica. Deus se deleita na criação natural. Devemos fazer a mesma coisa. Contudo, o versículo 35 nos lembra de que o mundo está caído e temos de lidar com o pecado. Não basta simplesmente nos importarmos com a criação e ajudarmos as pessoas em suas necessidades econômicas e materiais. Portanto, o cristão deve amar o próximo cuidando tanto do corpo quanto do estado de alma das pessoas.

Oração: Deus, tu formaste tanto nossa alma quanto nosso corpo e irás redimir ambos no dia da ressurreição. Ajuda-me, então, a servir às pessoas não apenas com palavras, mesmo que sejam palavras do evangelho, mas também com auxílio prático e generosidade sacrificial. Amém.

21 de setembro

Leia Salmos 105.1-7. ¹Rendei graças ao Senhor, invocai o seu nome; anunciai seus feitos entre os povos. ²Cantai-lhe, cantai-lhe louvores; falai de todas as suas maravilhas. ³Gloriai-vos no seu santo nome; alegre-se o coração daqueles que buscam o Senhor. ⁴Buscai o Senhor e a sua força; buscai sempre a sua face. ⁵Lembrai-vos das maravilhas que ele tem feito, dos seus prodígios e dos juízos que proferiu, ⁶vós, descendência de Abraão, seu servo, vós, filhos de Jacó, seus escolhidos. ⁷Ele é o Senhor, nosso Deus; seus juízos estão em toda a terra.

FALAI DE SUAS MARAVILHAS. Esse salmo descreve os poderosos atos de redenção de Deus na história. Mas, antes de começar sua narrativa, o salmista convida as pessoas a adorar e louvar o Senhor por *todas* as suas maravilhas (v. 2) e milagres. Os crentes ouvem corretamente tais palavras como uma convocação para contar aos outros a nossa volta o que ele fez em nossa vida. Com demasiada frequência permanecemos calados em relação aos seus atos de salvação em nossa história pessoal. Talvez achemos que ficar em silêncio em relação a essas coisas é modéstia, mas o efeito é o oposto. Faz as pessoas crerem que superamos nossos problemas e vivemos a vida baseados em nossos esforços próprios.

Oração: Senhor, eu te louvo porque tu irrompeste em minha vida, fizeste-me parar, abriste meus olhos e despertaste o amor em meu coração pelo teu nome. Ah, mas fizeste isso de maneiras tão sábias, brilhantes e belas. Dá-me a humildade e a coragem de que necessito para começar a testemunhar aos outros da tua bondade para comigo. Amém.

22 de setembro

LEIA Salmos 105.8-11. **⁸**Ele se lembra para sempre da sua aliança, da palavra que ordenou para mil gerações, **⁹**da aliança que fez com Abraão e do seu juramento a Isaque, **¹⁰**que ele confirmou a Jacó por meio de estatuto, e a Israel por meio de aliança eterna, **¹¹**dizendo: A ti darei a terra de Canaã, como porção da vossa herança.

A PROMESSA DO LAR. A promessa feita por Deus de dar aos descendentes de Abraão uma pátria (Gn 12.1-5) é central para o entendimento do plano da redenção. Ansiamos por um lar, um local onde encontramos segurança, conforto e amor. Fomos criados para um mundo sem morte ou separação do amor, um mundo em que andamos com Deus e o conhecemos face a face. O mundo foi desfigurado pelo pecado e não é mais um lar, e nós somos exilados irrequietos desde nossa expulsão do Éden. Por isso, quando o Filho de Deus veio, ele não tinha lugar para descansar a cabeça (Lc 9.58) e foi crucificado fora da cidade. Ele tomou para si o grande exílio que merecíamos a fim de que pudéssemos ser trazidos à família de Deus (Ef 2.17-19). E um dia ele tornará a converter o mundo em nossa casa de verdade (Ap 21.1-8).

Oração: Senhor, dá-me a paz que vem de saber que nada neste mundo é realmente um lar. Dá-me a força que vem de visitar meu lar futuro quando conheço teu amor e presença em oração. Eu te louvo porque um dia nos levarás para a verdadeira pátria pela qual temos ansiado toda a nossa vida. Amém.

23 de setembro

Leia Salmos 105.12-15. ¹²Quando eles ainda eram nela estrangeiros, em pequeno número e de pouca importância, ¹³andando de nação em nação, de um reino para outro, ¹⁴não permitiu que ninguém os oprimisse e por amor a eles repreendeu reis, dizendo: ¹⁵Não toqueis nos meus ungidos e não maltrateis meus profetas.

só pela graça. Esse salmo fala dos patriarcas Abraão, Isaque e Jacó e de como Deus os manteve seguros durante suas peregrinações. Mas o versículo 15 refere-se a quando Abraão disse para Abimeleque que Sara era sua irmã, por medo de que o rei o matasse para tomar Sara como esposa. Deus precisou avisar Abimeleque para não tocar em Sara, adverti-lo de que Abraão era um profeta (Gn 20.6). A história dos patriarcas é cheia desses deslizes e fracassos morais. Como eles poderiam nos servir de exemplo de moralidade? A resposta: a fé bíblica, diferente de outros tipos de fé, não está relacionada primordialmente com a imitação de exemplos morais. A Bíblia é a história de Deus oferecendo sua graça a pessoas que não a merecem, nem a buscam, nem jamais a apreciam por completo depois de terem sido salvas por ela.

Oração: Senhor, eu te louvo porque és um Deus de graça. Eu te agradeço porque muito mais que me proteger das forças ao meu redor, tu me salvaste de mim mesmo. Que o conhecimento de tua graça jamais me faça menos, mas só mais ardentemente dedicado a obedecer-te. Amém.

24 de setembro

LEIA Salmos 105.16-22. ¹⁶Enviou fome sobre a terra; retirou-lhes todo alimento que os sustentava. ¹⁷Enviou um homem adiante deles, José, que foi vendido como escravo. ¹⁸Feriram-lhe os pés com correntes e o prenderam a ferros, ¹⁹até o tempo em que sua palavra se cumpriu; a palavra do SENHOR o provou. ²⁰O rei mandou soltá-lo, o governador dos povos o libertou. ²¹Fez dele senhor do seu palácio e governador de todo o seu patrimônio, ²²para dar ordens aos príncipes conforme quisesse e ensinar a sabedoria aos anciãos.

SALVAÇÃO PELA FRAQUEZA. José foi enviado "adiante" do povo ao Egito a fim de salvá-lo. Mas veja como ele os salvou: "como escravo". Se ele não tivesse sido traído, vendido e passado anos encarcerado, jamais teria escapado das próprias falhas de caráter mortal, nunca teria sido capaz de redimir a própria família dos pecados de gerações, nem conseguiria salvar milhares de pessoas da fome (Gn 37—50). José revela o padrão profundo da salvação de Deus. Os libertadores por ele enviados, especialmente o próprio Jesus, salva pela rejeição, fraqueza e sacrifício. É assim também que nos conectamos com essa salvação — pela fraqueza do arrependimento. Depois disso, Deus costuma usar nossos problemas para resgatar-nos das nossas falhas e tornar-nos grandes.

Oração: Senhor, odeio sentir-me fraco e descontrolado. No entanto, tu disseste a Paulo que teu "... poder se aperfeiçoa na fraqueza..." (2Co 12.9). Ensina-me a ir a ti, a apegar-me, a arrepender-me e a depender de ti em tempos de fraqueza para que por teu intermédio eu possa me tornar forte de verdade. Amém.

25 de setembro

Leia Salmos 105.23-25. ²³Então Israel entrou no Egito, e Jacó peregrinou na terra de Cam. ²⁴Deus tornou seu povo muito fecundo e o fez mais poderoso do que seus inimigos. ²⁵Mudou o coração destes, para que odiassem seu povo e tratassem seus servos com engano.

O PLANO DE DEUS. Os egípcios aprenderam a odiar os israelitas (Êx 1.1-14), mas isso fazia parte do plano de Deus (v. 25). Deus usou os assírios para punir Israel, mas os responsabilizou acertadamente pela violência (Is 10.5-12). A morte de Jesus foi o resultado da preordenação de Deus, mas as pessoas que o mataram foram culpadas (At 2.23). Aqui estão duas verdades bíblicas cruciais que devem ser consideradas em conjunto — tudo que fazemos é parte do plano de Deus, todavia nunca somos coagidos e sempre somos responsáveis por nossos atos. Sem a primeira verdade, somos submetidos à tensão de crer que cabe inteiramente a nós o desenrolar de nossa vida. Sem a segunda verdade, pensaremos que nossas escolhas de fato não importam. Creia nessa doutrina e fuja tanto da complacência quanto da ansiedade.

Oração: Senhor, tu és soberano e eu sou responsável. Se eu não cresse na primeira afirmação, ficaria paralisado de medo da possibilidade de arruinar teus planos para mim. Se eu não cresse na segunda afirmação, adotaria uma atitude passiva e cínica. Que essa doutrina maravilhosa e paradoxal me leve ao ponto do esforço enérgico e me conforte e tranquilize, como deveria. Amém.

26 de setembro

Leia Salmos 105.26-36. ²⁶Enviou Moisés, seu servo, e Arão, a quem havia escolhido, ²⁷e ambos executaram entre eles seus sinais e prodígios na terra de Cam. ²⁸Mandou trevas que escureceram a terra; mas eles se rebelaram diante da sua ordem. ²⁹Transformou as águas em sangue, matando os peixes. ³⁰A terra deles produziu rãs, em grande quantidade, até nos aposentos reais. ³¹Ele ordenou, e enxames de moscas cobriram todo o território. ³²Enviou granizo e fogo abrasador sobre a terra. ³³Atingiu também as vinhas e os figueirais; destruiu as árvores da terra. ³⁴Enviou gafanhotos e gafanhotos em enorme quantidade, ³⁵e eles comeram toda erva da terra e devoraram o fruto dos campos. ³⁶Também feriu todos os primogênitos da terra, as primícias de toda a força deles.

AS TREVAS DA DESOBEDIÊNCIA. O salmista destaca a nona praga do Egito (de trevas absolutas) e diz que ela veio porque eles tinham se rebelado "... diante da sua ordem" (v. 28). O resultado universal de desobedecer a Deus é o obscurecimento da mente, quando nosso pensamento gira em círculos que não levam a nada, e do coração, quando nossas emoções ficam presas no medo, na ira e no desespero (Rm 1.21; Ef 4.18). O contrário também é verdadeiro: devemos começar a obedecer antes que a luz raie e possamos compreender plenamente. "Se alguém quiser fazer a vontade de Deus, saberá se esse ensino é dele..." (Jo 7.17). Não tente descobrir tudo antes de obedecer. Lembre-se daquele que tirou de você o breu absoluto do mal e do pecado (Mt 27.45,46).

Oração: Pai, sou teu filho. E, como todos os filhos, nem sempre consigo compreender por que meu pai está me dizendo para cumprir determinada ordem. Mas, se os filhos esperassem para obedecer até entenderem plenamente o que pensam os pais, seria um desastre. Por isso, te ouço e obedeço, pelo simples fato de que tu és meu Pai. Amém.

27 de setembro

Leia Salmos 105.37-42. ³⁷Retirou os israelitas com prata e ouro, e não houve entre suas tribos quem tropeçasse. ³⁸O Egito alegrou-se quando eles saíram, porque havia ficado com medo deles. ³⁹Deus estendeu uma nuvem para cobri-los e fogo para iluminá-los de noite. ⁴⁰Pediram-lhe, e ele lhes enviou codornizes, e os saciou com alimento do céu. ⁴¹Partiu a rocha, e dela brotaram águas, que correram como um rio pelos lugares áridos. ⁴²Porque se lembrou da sua santa palavra e de Abraão, seu servo.

A PROVISÃO DE DEUS. Enquanto o povo de Israel peregrinava no deserto, Deus providenciava recursos financeiros, proteção e comida (v. 37-40). No entanto, os israelitas acusaram Moisés e Deus de trazê-los para o deserto para morrerem (Êx 17.1-7). Por causa dessa injúria, Deus disse a Moisés para pegar a vara especial que ele usava para trazer o juízo divino sobre o Egito. Mas, em vez de atacar os israelitas, Moisés foi orientado a depositar a vara do juízo sobre uma rocha onde Deus se encontrava. A rocha, tendo sido golpeada, verteu água revigorante (v. 41). Paulo disse que a rocha era Cristo (1Co 10.4-6). Ele foi ferido e julgado em nosso lugar, e assim "Unem-se nele dor e amor" que puderam nos trazer vida eterna.[11]

Oração: Senhor, "Se eu fosse o mundo lhe ofertar, ele o iria desprezar; seu grande amor vem requerer minha alma, a vida e todo o ser".[12] Amém.

28 de setembro

Leia Salmos 105.43-45. ⁴³Retirou seu povo com alegria, e seus escolhidos, com cânticos de júbilo. ⁴⁴Deu-lhes as terras das nações, e eles herdaram o fruto do trabalho dos povos, ⁴⁵para que guardassem seus preceitos e obedecessem às suas leis. Aleluia!

LOUVADO SEJA O SENHOR. Por grandiosa que fosse a salvação de Israel, era temporária e incompleta, pois a nação *não* guardou suas leis e preceitos (v. 45). Era necessário algo mais. Em Jesus temos um José maior, que, levado cativo e morto, ressuscitou para estar à direita do trono a fim de perdoar e salvar aqueles que o traíram. Temos um Moisés maior, que se coloca na brecha entre as pessoas e o Senhor e que é o mediador uma nova aliança. Temos uma rocha maior que a de Moisés, a qual, recebendo a vara da justiça de Deus, dá-nos a água da vida eterna no deserto que é este mundo. Atrás de tudo que Deus faz há algo inimaginavelmente maior. Louvado seja o Senhor!

Oração: Senhor, eu te agradeço por tua Palavra revelar que, por trás de tudo o que fazes, há algo "... além do que pedimos ou pensamos..." (Ef 3.20). Que eu viva a vida confiante nesse conhecimento, em vez de com a vaga sensação de temor que geralmente sinto. Amém.

29 de setembro

Leia Salmos 106.1-5. ¹Aleluia! Rendei graças ao Senhor, pois ele é bom; e seu amor dura para sempre. ²Quem poderá descrever os poderosos feitos do Senhor, ou anunciar todo o seu louvor? ³Bem-aventurados os que guardam a retidão, os que praticam a justiça em todo o tempo. ⁴Senhor, lembra-te de mim, quando agires em favor do teu povo; visita-me com tua salvação, ⁵para que eu veja a prosperidade dos teus escolhidos, e me alegre com a alegria da tua nação, e me glorie junto com a tua herança.

FAÇA SEMPRE O QUE É CERTO. Esse salmo diz respeito à constante ingratidão da humanidade, à graça imerecida ("escolhidos", v. 5) e à paciência de Deus. A mensagem da graça apesar do pecado é introduzida, no entanto, pela seguinte bênção: "Bem-aventurados aqueles [...] que *sempre* fazem o que é certo (v. 3, NIV, grifo do autor). O evangelho da graça nunca, jamais deve ser entendido como uma licença, ainda que temporária, para não fazermos o que é certo. Apesar (não *por causa*) da maravilhosa paciência e misericórdia de Deus, é nossa obrigação agir certo. Nunca existe uma desculpa para ceder à tentação (1Co 10.13). Provisões sem fim de misericórdia e demandas inflexíveis de justiça quase nunca andam juntas em nenhum ser humano. Nosso temperamento nos faz pender para um ou outro lado. Mas as duas coisas se combinam com perfeição em Deus.

Oração: Senhor, tuas provisões ilimitadas de graça nada mais são que um encorajamento para a justiça absoluta e ininterrupta. Como posso me rebelar contra aquele que fez tudo isso por mim e a tamanho custo? Senhor, que tua graça me deslumbre de tal forma que eu sempre faça o que é certo. Amém.

30 de setembro

Leia Salmos 106.6-12. **⁶**Nós pecamos, a exemplo de nossos pais; praticamos o mal e andamos na perversidade. **⁷**Nossos pais não atentaram para tuas maravilhas no Egito, não se lembraram do teu imenso amor; pelo contrário, rebelaram-se contra o Altíssimo junto ao mar Vermelho. **⁸**Apesar disso, ele os salvou, por amor do seu nome, para manifestar seu poder. **⁹**Pois repreendeu o mar Vermelho, e este secou; ele os fez caminhar pelas profundezas como por um deserto. **¹⁰**Salvou-os da mão do adversário, livrou-os do poder do inimigo. **¹¹**Mas as águas cobriram seus adversários; nem um só sobreviveu. **¹²**Então creram nas palavras dele e cantaram-lhe louvor.

O PECADO DA INGRATIDÃO. Esse salmo trata da ingratidão. "... não se lembraram do teu imenso amor..." (v. 7). É a raiz de todo pecado humano: "... não o glorificaram como Deus, nem lhe deram graças..." (Rm 1.21). A princípio isso pode não parecer sério, mas pense no crime do plágio. Ele consiste em roubo e mentira. Rouba os outros do que lhes é devido e cria a ilusão de que você é mais capaz do que de fato é. Pecado é ingratidão *cósmica*. Ele lhe dá a ilusão de que você tem a capacidade de conduzir e cuidar da própria vida. Na verdade, todo dia que seu coração continua batendo, seu país não é invadido e seu cérebro permanece funcionando é um dom completamente imerecido de Deus. Devemos viver dias simples, normais, sossegados, cheios de alegria maravilhada e agradecida.

Oração: Senhor, eu te agradeço por minhas misericórdias rotineiras. Agradeço por sustentares minha vida dia após dia, por tua infinita paciência para comigo, por me guardares de tantas consequências do meu comportamento tolo, pela maneira como tens andado comigo nas provações e por todas as minhas orações respondidas. Amém.

1.º de outubro

Leia Salmos 106.13-18. ¹³Mas logo se esqueceram das suas obras e não esperaram pelo seu plano, ¹⁴mas se deixaram levar pela cobiça no deserto e tentaram a Deus na região árida. ¹⁵Ele lhes deu o que pediram, mas enviou uma doença contra eles. ¹⁶No acampamento, tiveram inveja de Moisés e de Arão, o santo do Senhor. ¹⁷A terra se abriu e engoliu Datã; e cobriu os companheiros de Abirão; ¹⁸ateou-se fogo no meio da comunidade, e a chama destruiu os ímpios.

MAS LOGO SE ESQUECERAM. Cada estrofe desse poema defende a mesma ideia: os seres humanos falham em deixar de viver como deveriam com Deus e seus semelhantes. Não importa o quanto Deus faça por eles, nada muda seu coração — a ingratidão (v. 13), a cobiça inesgotável (v. 14), o senso de superioridade em relação a Deus (v. 14) ou a inveja e o egoísmo (v. 16). Precisamos de que algo seja feito *em* nós para nos salvar e transformar, pois não conseguimos fazê-lo nós mesmos. No filme *Superman: o retorno*, Lois Lane diz: "O mundo não precisa de um salvador. Nem eu".[1] Isso expressa a linguagem profunda do coração humano natural, e ela está inteira e fatalmente errada.

Oração: Senhor, eu te louvo por teres aberto meu coração para ti, pois eu jamais teria feito isso sozinho. "Meu coração não reconhece ninguém antes de ti, de tua rica graça tenho sede; sabendo disso — se te amo, deves ter me amado primeiro."[2] Amém.

2 de outubro

LEIA **Salmos 106.19-23.** ¹⁹Em Horebe, fizeram um bezerro e adoraram uma imagem de fundição. ²⁰Assim trocaram sua glória pela imagem de um boi que come capim. ²¹Esqueceram-se de Deus, seu Salvador, que havia feito grandes coisas no Egito, ²²maravilhas na terra de Cam, coisas tremendas junto ao mar Vermelho. ²³Ele havia decidido destruí-los, mas Moisés, seu escolhido, intercedeu diante dele, para evitar sua ira, de modo que não os destruísse.

PARA EVITAR SUA IRA. Após os milagres do Êxodo, "esqueceram-se de Deus, seu Salvador" (v. 21). Não somos nem um pouco diferentes (veja v. 6). Nosso coração pensa: "Naquela época fizeste isso, mas o que tens feito por mim ultimamente?". Simplesmente não ouça seu coração quando ele falar assim; dê-lhe uma resposta como nesse salmo. Moisés desviou a ira divina em oração (v. 23). Na cruz, porém, Jesus *tomou* sobre si a ira divina (Hb 9.5; 1Jo 2.2), de modo que, se cremos nele, não há ira alguma para nós (Jo 3.36; Rm 8.1). Quando você é tentado a se perguntar se Deus ainda o ama, lembre-se de Jesus. Mesmo que ele não faça mais nada por nós, *a cruz* é o que ele fez por você ultimamente.

Oração: Senhor, em Cristo fui perdoado, adotado em tua família, justificado aos teus olhos, recebi o dom do Espírito e a garantia da minha ressurreição para a inimaginável glória. Faz-me lembrar que, se tu nunca fizesses mais nada por mim, eu deveria louvar-te e servir-te com todo o meu ser pelo resto da vida. Amém.

3 de outubro

Leia Salmos 106.24-31. ²⁴Também desprezaram a terra agradável; não confiaram na sua promessa; ²⁵mas murmuraram em suas tendas e não deram ouvidos à voz do Senhor. ²⁶Por isso, ele jurou com mão erguida que os destruiria no deserto; ²⁷que também dispersaria sua descendência entre as nações e a espalharia pelas terras. ²⁸Eles também se apegaram a Baal-Peor e comeram sacrifícios oferecidos aos mortos. ²⁹Assim o provocaram à ira com seus atos, e sobreveio uma praga entre eles. ³⁰Então Fineias se levantou, executou o juízo e a praga cessou. ³¹Isso lhe foi imputado como justiça, para sempre e por todas as gerações.

ELE LHES JUROU. A promessa de Deus de castigar, inclusive mediante um juramento (v. 26,27), não levou o povo à obediência. Há muitos programas que usam o medo para evitar determinados comportamentos. Alguns expõem adolescentes em situação de risco às realidades da vida na cadeia; outros lhes mostram estatísticas cruéis e as aterrorizantes consequências do vício em drogas. Estudos demonstram que as pessoas que se submetem a esses programas têm *maior* probabilidade de praticar aquilo contra o que estão sendo advertidas, não menor.[3] A proibição de qualquer comportamento desperta nas pessoas o desejo de praticá-lo e inspira o crescimento profuso do raciocínio interno que justifica por que *elas* são diferentes. Paulo disse que, quando mais queria fazer a coisa certa, o mal em seu interior era estimulado (Rm 7.14-24). Necessitamos de um Salvador.

Oração: Senhor, angustio-me com a impureza e a obstinação do meu coração. Ele é assim por causa do pecado que herdei e também por que pela vida afora eu o venho satisfazendo em seus desejos. Como sou miserável! "... Quem me salvará deste corpo sujeito à morte? Graças a Deus, que me liberta por Jesus Cristo, nosso Senhor!..." (Rm 7.24,25, NIV).

4 de outubro

Leia Salmos 106.32-39. ³²Provocaram-no também à ira nas águas de Meribá, e por causa deles Moisés foi castigado; ³³pois se rebelaram contra seu Espírito; e Moisés falou de forma imprudente. ³⁴Não destruíram os povos, como o Senhor lhes havia ordenado; ³⁵mas se misturaram com as nações e aprenderam seus costumes. ³⁶Serviram seus ídolos, que se transformaram em armadilha para eles; ³⁷sacrificaram seus filhos e filhas aos demônios; ³⁸derramaram sangue inocente, o sangue de seus filhos e filhas, que sacrificaram aos ídolos de Canaã. E a terra foi contaminada com sangue. ³⁹Assim se contaminaram com suas obras e se prostituíram com seus costumes.

SERVIRAM SEUS ÍDOLOS. A ordem de Deus no sentido de destruir os habitantes de Canaã faz estremecer os leitores modernos, mas essa diretiva deve ser considerada no contexto mais amplo dos propósitos de Deus para a salvação do mundo.⁴ Durante séculos Deus fora paciente com os violentos cananeus, adeptos do sacrifício humano, antes de trazer julgamento sobre eles por meio dos israelitas (Gn 15.16). Hoje Deus chama os cristãos não a atacarem, mas a buscarem o bem das cidades incrédulas onde vivemos (Jr 29.7). No entanto, viver em sociedades pluralistas significa que devemos ser ainda mais cuidadosos para não absorver os ídolos da cultura, nem abandonar as leis de Deus a fim de nos conformarmos com o mundo (v. 36). Essa combinação de amor e diferença profunda fará com que, aos olhos dos nossos semelhantes, pareçamos esquisitos e atraentes ao mesmo tempo (1Pe 2.11,12).

Oração: Senhor Jesus, confesso que em minha vida pública não sou diferente o bastante de meu próximo para atrair hostilidade ou interesse por minha fé. Não sou visivelmente mais feliz, gentil, humilde ou sábio que os outros. Ó Senhor, ajuda-me a crescer em graça, para que eu seja motivo de honra para ti, a quem devo tudo. Amém.

5 de outubro

Leia Salmos 106.40-48. ⁴⁰Por isso, o Senhor se enfureceu contra seu povo, de modo que considerou sua herança uma abominação. ⁴¹Entregou-os nas mãos das nações, e aqueles que os odiavam dominavam sobre eles. ⁴²Seus inimigos os oprimiram, e eles foram subjugados pelo seu poder. ⁴³Ele os libertou muitas vezes; mas continuaram com planos rebeldes e foram abatidos por causa da sua maldade. ⁴⁴Contudo, atentou para sua aflição, quando ouviu seu clamor. ⁴⁵Lembrou-se da sua aliança com eles e se compadeceu, segundo a grandeza do seu amor. ⁴⁶Por isso, fez com que alcançassem compaixão da parte dos que os levaram cativos. ⁴⁷Salva-nos, Senhor, nosso Deus, e congrega-nos dentre as nações, para que louvemos teu santo nome e nos gloriemos em teu louvor. ⁴⁸Bendito seja o Senhor, Deus de Israel, de eternidade em eternidade! E todo o povo diga: Amém. Aleluia!

CONTUDO [...] OUVIU SEU CLAMOR. Muitas vezes Deus se voltou para o povo, mas o povo jamais se voltou para ele. Mesmo assim, ele ouviu-lhes o clamor (v. 43,44). Por que Deus não desiste de nós? Porque se lembra de sua aliança (v. 45). Ele firmou uma aliança com Abraão, caminhando entre pedaços de animais mortos, jurando salvar e abençoar os descendentes de Abraão até a morte (Gn 15.8-21). Nós, que cremos em Cristo, somos filhos de Abraão, recebendo a bênção apesar do nosso pecado, porque Jesus se sujeitou até a morrer e tomou sobre si a maldição que merecemos (Gl 3.10-14). Nossa infidelidade, à luz de sua fidelidade, torna-nos mais odiosos. Mas sua fidelidade, à luz da nossa infidelidade, torna-o mais maravilhoso.

Oração: Senhor Jesus, eu te louvo por teu amor incansável! Tu te comprometeste comigo a ponto de te dispores a perder tua imortalidade, poder e glória por mim, e a seres lançado a profundidades inimagináveis em meu favor. Não posso deixar de me entregar em admiração, amor e louvor. Amém.

6 de outubro

LEIA Salmos 107.1-9. ¹Rendei graças ao SENHOR, pois ele é bom; seu amor dura para sempre. ²Digam isso os remidos do SENHOR, que ele resgatou da mão do inimigo, ³e os que reuniu dentre as terras, do oriente e do ocidente, do norte e do sul. ⁴Andaram desgarrados pelo deserto, por regiões áridas, sem encontrar cidade onde pudessem habitar. ⁵Famintos e sedentos, desfaleciam. ⁶Em sua angústia, clamaram ao SENHOR, e ele os livrou das suas aflições; ⁷conduziu-os por um caminho certo, para irem até uma cidade em que habitassem. ⁸Rendei graças ao SENHOR, por seu amor e por suas maravilhas para com os filhos dos homens! ⁹Pois ele satisfaz o sedento e sacia o faminto.

ELES NÃO TINHAM CIDADE. Aqui as pessoas estão perdidas (v. 4), famintas (v. 5), exaustas (v. 5) e isoladas pelo fato de não viverem em uma cidade (v. 5,7). Em certo sentido, isso mostra que as cidades podem ser um bom lugar para a prosperidade humana. No sentido mais profundo possível, significa que precisamos de Jesus — para curar nossa perdição espiritual, eliminar nossa fome espiritual, dar descanso a nossa exaustão espiritual e, por intermédio do corpo de Cristo, pôr fim a nossa solidão.⁵ Portanto, os crentes trabalham para fazer das nossas cidades bons lugares para todos viverem (Jr 29.7) e convidam a todos para se tornarem cidadãos da cidade celestial (Ap 21—22; Hb 12.22-24) pela fé em Deus.

Oração: Senhor, salva-me de ficar tão absorto em meus interesses a ponto de não ser um excelente vizinho para meu próximo em minha cidade. Mas salva-me também de ser seduzido demais pelo brilho e agitação da minha cidade terrena. Que meu coração descanse na cidadania de sua cidade celestial. Amém.

7 de outubro

Leia Salmos 107.10-16. ¹⁰Os que se assentavam nas trevas e na sombra da morte, oprimidos e acorrentados, ¹¹por se terem rebelado contra as palavras de Deus e desprezado o conselho do Altíssimo, ¹²submetidos a trabalho forçado, tropeçaram e ninguém os ajudou. ¹³Em sua angústia, clamaram ao Senhor, e ele os livrou das suas aflições. ¹⁴Tirou-os das trevas e da sombra da morte, e quebrou suas correntes. ¹⁵Rendei graças ao Senhor, por seu amor e por suas maravilhas para com os filhos dos homens! ¹⁶Pois quebrou as portas de bronze e despedaçou as trancas de ferro.

ESTÃO SENTADOS E ACORRENTADOS. Esses são homens e mulheres culpados (v. 11). Eles se rebelaram contra Deus e agora estão acorrentados em um calabouço, atrás de trancas de ferro e portões (v. 16). Isso representa a escuridão de uma consciência e de uma alma curvadas sob o peso da vergonha e de um senso de condenação dos quais não conseguem se libertar. Em resposta ao clamor do povo, Deus lhes quebra as cadeias e trancas (v. 14,16). Mas fora *ele* quem os prendera (v. 11,12). Se o castigo é merecido, como ele pode fazer isso? Deus tem autoridade para despedaçar as próprias trancas porque exerceu seu julgamento em Jesus (Is 53.6; Gl 3.13; Rm 3.25). Clame ao Senhor — por maior que seja o pecado —, e ele o ouvirá.

Oração: Senhor, "Há muito meu espírito aprisionado está pelo pecado e as trevas da minha natureza; Teus olhos emitiram um raio revigorante — despertei, o calabouço resplandecente de luz; Minhas cadeias caíram, meu coração estava livre, levantei-me, avancei e te segui".⁶ Louvo teu nome por teu perdão radical. Amém.

8 de outubro

LEIA Salmos 107.17-22. ¹⁷Os insensatos serão afligidos, por causa de suas práticas corruptas e de suas maldades. ¹⁸Eles rejeitaram todo tipo de comida e chegaram perto das portas da morte. ¹⁹Em sua angústia, clamaram ao SENHOR, e ele os livrou das suas aflições. ²⁰Enviou sua palavra e os curou, livrando-os da destruição. ²¹Rendei graças ao SENHOR, por seu amor e por suas maravilhas para com os filhos dos homens! ²²Ofereçam sacrifícios de louvor e proclamem suas obras com alegria!

OS QUE SE PREJUDICARAM. Encontramos aqui pessoas que arruinaram a própria vida. Estão enfermas (v. 18) porque se tornaram insensatas (v. 17). Na Bíblia, "insensatos" não são apenas os pecadores regulares, mas aqueles que se voltaram para si próprios e enganaram a si mesmos de uma forma destrutiva. A imagem é de alguém que causou grande dano a sua saúde espiritual e física ao adotar um estilo de vida insensato e indulgente, entregando-se a vícios. "Nesse contexto, o versículo 18 bem poderia trazer à mente, nos tempos modernos, o viciado em drogas, mas só como exemplo da determinação incessante do homem de se ferir."[7] Quando Deus responde, essas pessoas não são apenas perdoadas, mas curadas pela Palavra de Deus (v. 20), particularmente por seu amor infalível (v. 21). Crer no evangelho não só traz o perdão, mas também nos renova por completo — mente, vontade e emoções (Rm 6.15-23).

Oração: Senhor, eu me regozijo no perdão do pecado, mas ainda sigo vacilante, meio mutilado por temores, autopiedade, ira, insegurança e desânimo. Tudo isso poderia ser alvo de maior cura se eu levasse mais a sério as verdades do evangelho. Aprofunda tua Palavra em minha vida — que ela habite ricamente em mim — para que eu possa me ver mais livre dos efeitos do pecado. Amém.

9 de outubro

Leia Salmos 107.23-32. ²³Os que vão para o mar em navios, os que fazem comércio nas grandes águas, ²⁴esses veem as obras do Senhor e suas maravilhas nas profundezas. ²⁵Pois ele dá ordens e faz levantar o vento tempestuoso, que eleva as ondas do mar. ²⁶Eles sobem ao céu, descem às profundezas; desfalecem em angústia. ²⁷Balançam e cambaleiam como bêbados; e perdem todo o senso. ²⁸Em sua angústia, clamaram ao Senhor, e ele os livrou das suas aflições. ²⁹Fez parar a tempestade, e as ondas se acalmaram. ³⁰Então eles se alegraram com a bonança; e assim os conduziu ao porto desejado. ³¹Rendei graças ao Senhor, por seu amor e por suas maravilhas para com os filhos dos homens! ³²Exaltem-no na assembleia do povo e louvem-no na assembleia dos anciãos!

A TEMPESTADE ASSOLAVA. Aqui estão pessoas ameaçadas por forças muito superiores a elas. A viagem marítima pode servir de metáfora para a vida. Há dias limpos em que nos sentimos no controle, em que nossa embarcação pode nos levar para onde quisermos. Quando as grandes tempestades surgem, no entanto, constatamos que somos impotentes diante da enormidade das ondas (v. 26). A ilusão de que a vida (ou o mar) pode ser contida por nossas habilidades administrativas ("senso", v. 27) se despedaça. Os problemas da vida nos farão afundar, se estivermos sós. Mas Deus é nosso refúgio nas tempestades (v. 30). E o Novo Testamento nos lembra que ele nos ajuda de duas maneiras — ou afastando a tempestade (Mc 4.35-41) ou capacitando-nos a atravessá-la, de olhos postos nele (Mt 14.29-31).

Oração: Senhor, confesso que tenho uma confiança excessiva em minha capacidade de administrar a vida planejando, conhecendo as pessoas certas, lendo os livros certos. Mas então, "do nada", vem uma tempestade e fico perdido. Ensina-me a depender de ti e a descansar em ti momento a momento. Sem ti não sou capaz de fazer nada. Amém.

10 de outubro

LEIA Salmos 107.33-43. ³³Ele transforma rios em deserto, e nascentes, em terra árida; ³⁴a terra frutífera, em deserto salgado, por causa da maldade dos que nela habitam. ³⁵Transforma o deserto em lagos, e a terra seca, em nascentes. ³⁶E faz habitar ali os famintos, que edificam uma cidade para sua habitação; ³⁷semeiam campos e plantam vinhas, que produzem muitos frutos. ³⁸Ele os abençoa, de modo que se multiplicam de forma extraordinária; e não permite que seu gado diminua. ³⁹Quando decrescem e são abatidos por opressão, aflição e tristeza, ⁴⁰ele lança desprezo sobre os príncipes, e os faz desgarrar pelo deserto, onde não há caminho. ⁴¹Mas tira o necessitado da opressão para um lugar seguro e lhe dá descendentes como um rebanho. ⁴²Quem é correto vê e se regozija, e todo o que é mal tapa a própria boca. ⁴³Quem é sábio observe essas coisas, e considere atentamente o amor do SENHOR.

CONSIDERE O GRANDE AMOR. Cada estrofe desse salmo representa um estudo de caso sobre o amor de Deus (v. 43). Alguns traziam o problema em si mesmos (a culpa e estragos causados por eles próprios), ao passo que outros, não (os sem-teto e os açoitados por tempestade). Apesar das situações radicalmente diferentes de cada um, havia um denominador comum. Toda vez que os israelitas "clamaram ao SENHOR" (v. 6,13,19,28), foram ouvidos e lhes foi concedido aquilo de que necessitavam: comunhão, perdão, cura e refúgio. A lição? O amor de Deus não é conquistado; é um dom da graça. Você se conecta a ele não por seus méritos ou pela qualidade de sua vida, mas por oração dependente. Todo o mundo que clamou a Deus foi ouvido. Veja como é grande o seu amor.

Oração: Senhor, só existe uma senha para entrar em teus infinitos depósitos de graça e amor. Não é "MinhaJustiça", e sim "JustiçadeCristo". Eu te louvo porque, pela obra dele em meu favor na cruz, só preciso apresentar-me com minha necessidade, e tu me ouvirás. Amém.

11 de outubro

Leia **Salmos 108.1-4**. ¹Firme está o meu coração, ó Deus; cantarei e louvarei com toda minha alma. ²Despertai, harpa e lira; eu mesmo despertarei a alvorada. ³Senhor, eu te renderei graças entre os povos, cantarei louvores a ti entre as nações. ⁴Pois teu amor é grande e está acima dos céus; tua verdade ultrapassa as mais altas nuvens.

CORAGEM EM MEIO AO SOFRIMENTO. O salmo 108 combina as segundas metades dos salmos 57 e 60, ambos lamentos desesperados. Mas, quando combinados aqui, há uma diferença drástica no efeito causado. Esse salmo é a expressão de um coração "firme" (v. 1). Há uma alegria agressiva aqui. Mesmo que esteja escuro, o cântico do salmista para Deus *despertará* a alvorada (v. 2). Não se trata de otimismo ingênuo, mas de confiança em Deus, reunida literalmente a partir de experiências anteriores de grande vulnerabilidade e necessidade. Por isso a Bíblia fala em força brotando da fraqueza. Quanto mais vezes estamos em sérios apuros e vemos Deus nos fazer atravessá-los, mais paz e coragem teremos com o passar do tempo.

Oração: Senhor, eu te louvo por me fortaleceres não apenas apesar de minha fraqueza, mas por meio dela. Como uma pressão enorme converte carvão em diamantes, e o fogo converte minério em ouro; que minhas experiências de sofrimento me tornem como teu Filho. Amém.

12 de outubro

LEIA Salmos 108.5-13. ⁵Ó Deus, sê exaltado acima dos céus, e seja tua glória acima de toda a terra! ⁶Para que teus amados sejam libertos, salva-nos com a tua mão direita e ouve-nos. ⁷Deus falou no seu santuário: Eu me regozijarei, quando repartir Siquém e dividir o vale de Sucote. ⁸Gileade e Manassés são meus; também Efraim é meu capacete; Judá, meu cetro; ⁹Moabe, minha bacia de lavar; sobre Edom jogarei minha sandália, sobre a Filístia bradarei em triunfo. ¹⁰Quem me conduzirá à cidade fortificada? Quem me guiará até Edom? ¹¹Ó Deus, por acaso não nos rejeitaste? Já não sais com nossos exércitos, ó Deus. ¹²Ajuda-nos contra o adversário, pois a ajuda humana de nada serve. ¹³Em Deus faremos conquistas, pois é ele quem pisoteará nossos inimigos.

CORAGEM POR ELE. Firmeza (veja v. 1) é coragem — fincar os pés no chão e fazer o certo, independentemente de temores e consequências. De onde vem a coragem? Principalmente de desejarmos alguma coisa mais do que a própria segurança. Davi quer que todos vejam a glória de Deus (v. 5). Coragem verdadeira não é "posso fazê-lo" — isso é autoconfiança. Antes, significa dizer: "Isso é mais importante do que eu". No reino animal, a mãe enfrenta com intrepidez inimigos de qualquer tamanho, não por achar que pode vencer, mas por seus filhotes. Davi enfrentará qualquer inimigo por seu Senhor, a quem ama acima de tudo. Ele não está olhando para si mesmo. Esse é o segredo da coragem.

Oração: Senhor, dá-me tamanho senso de tua realidade viva em minha vida, que eu passe a viver com mais destemor. Medo nada mais é que pensar em mim mesmo e nas minhas habilidades, em vez de ter a mente focada em ti. Dá-me amor suficiente por ti para ser destemido. Amém.

13 de outubro

Leia Salmos 109.1-5. ¹Ó Deus, a quem tributo louvor, não te cales; ²pois a boca do ímpio e a boca traiçoeira se abrem e falam mentira contra mim. ³Eles me cercam com palavras de ódio e me atacam sem motivo. ⁴Retribuem minha amizade com acusações; mas eu me dedico à oração. ⁵Retribuem-me o bem com o mal, a amizade, com o ódio.

MAS EU ME DEDICO À ORAÇÃO. Davi oferece amizade a quem o ataca (v. 4,5). No entanto, em troca, eles o denunciam com palavras de ódio e mentiras (v. 2,3). Como Davi responde? De maneira muito simples, ele diz: "... mas eu me dedico à oração" (v. 4). Isso significa que ele continua a orar por eles mesmo enquanto o atacam (cf. Mt 5.44). Também quer dizer que, em tempos de terrível estresse, ele corre para o refúgio da oração. É assim que você reage ao estresse? Você lida com os ataques orando fervorosamente por seus agressores (até quando talvez esteja procurando corrigir os erros deles ou confrontá-los)? Isso fará toda a diferença.

Oração: Senhor, minha oração é por minha oração. Ajuda-me a mudar meu coração para com aqueles que me incomodam. Pela oração, dissipa minha inimizade e o desejo de vê-los infelizes. Sei que esses sentimentos me endurecem e desumanizam. Salva-me deles, por favor, Senhor. Amém.

14 de outubro

Leia Salmos 109.6-15. ⁶Coloca contra ele um ímpio; um acusador esteja à sua direita. ⁷Quando ele for julgado, seja condenado e até sua oração seja tida como pecado! ⁸Que os seus dias sejam breves, e outro tome seu lugar! ⁹Que seus filhos fiquem órfãos, e viúva, a sua mulher. ¹⁰Que seus filhos fiquem vagando, mendiguem e peçam esmolas, longe de suas habitações assoladas. ¹¹Que o credor lance mão de tudo o que ele possui; que estranhos se apropriem do fruto do seu trabalho! ¹²Ninguém tenha compaixão dele, nem tenha pena dos seus órfãos! ¹³Que sua descendência seja extirpada, e seu nome, eliminado da geração seguinte! ¹⁴Que a maldade de seus pais fique na lembrança do Senhor; e não se apague o pecado de sua mãe! ¹⁵Pelo contrário, estejam sempre perante o Senhor, para que faça a memória deles desaparecer da terra!

ESTEJAM OS SEUS PECADOS SEMPRE PERANTE O SENHOR. Chegamos a encolher de medo ao lermos os clamores ardentes de Davi para que seus inimigos paguem pelos pecados cometidos. Mas deveríamos ser gratos por Deus ouvir os clamores contra a injustiça (Tg 5.4). Além disso, vemos como até nesse caso Davi deixa o julgamento para Deus (Rm 12.19). Ele não *se* diz o responsável por converter os filhos de seus inimigos em mendigos (v. 10). Não é errado sentir raiva da transgressão se você deixar o Senhor agir. Mas o simples desabafo da nossa raiva costuma levar à amargura pecaminosa, ao ódio e a um espírito irreconciliável.⁸ Deste lado da cruz, os cristãos não devem maldizer, mas, sim, abençoar seus oponentes (Rm 12.14) como fez Jesus, que também foi traído por um amigo próximo.

Oração: Deus de justiça, sou grato a ti porque ouves até nossos gritos de raiva. No entanto, necessito de tua forte ajuda quando lhes dou vazão. Salva-me de permitir que minha preocupação com a justiça devore meu amor e desejo de ver meus oponentes mudarem e prosperarem. Que isso seja verdade em minha ação política bem como em meus relacionamentos pessoais. Amém.

15 de outubro

Leia Salmos 109.16-20. ¹⁶Pois não se lembrou de agir com bondade; pelo contrário, perseguiu até à morte o aflito e o necessitado, e também o quebrantado de coração. ¹⁷Já que amou a maldição, que ela então lhe sobrevenha! Já que não desejou a bênção, que ela se afaste dele! ¹⁸Assim, já que se vestiu de maldição como se fosse uma roupa, que ela penetre em suas entranhas como água, e em seus ossos como azeite! ¹⁹Seja para ele como a roupa que o cobre e como o cinto que usa! ²⁰Que o Senhor assim retribua aos meus acusadores e aos que me caluniam!

OS PECADOS DE OMISSÃO. Essa descrição torna mais compreensível a ira de Davi contra seus inimigos. Também mostra a justiça de sua oração. Davi reconhece o efeito de recuo do pecado. O juízo de Deus costuma operar por meio de consequências naturais, por meio das quais, a longo prazo, as pessoas recebem de volta o que planejaram ou escolheram para os outros (v. 17-19). Isso ajuda a Davi e a nós a deixar a vingança nas mãos de Deus. A descrição também deve nos trazer convicção e ajudar a evitar o pecado do autoelogio. Quando olhamos para quem comete pecados de comissão, como a blasfêmia e o abuso verbal das pessoas (v. 17), podemos nos sentir bastante arrogantes se não adotamos as mesmas práticas. Mas deixar de pensar em fazer um gesto de bondade (v. 16) é um pecado de *omissão*, do qual somos todos culpados (Tg 4.17).

Oração: Senhor, confesso que muitos dos meus pecados são falhas em servir e amar as pessoas, pois estou envolvido demais comigo mesmo para pensar em suas necessidades ou mesmo notá-las. Ó Senhor, salva-me da inconsciência pecaminosa. Amém.

16 de outubro

Leia Salmos 109.21-29. ²¹Mas tu, Senhor, meu Deus, age em meu favor, por amor do teu nome. Livra-me, pois o teu amor é grande. ²²Sou pobre e necessitado, e meu coração está abatido. ²³Eu passo como a sombra que declina; sou arrebatado como o gafanhoto. ²⁴Meus joelhos estão enfraquecidos pelo jejum, e meu corpo emagrece. ²⁵Sou alvo de zombaria para eles; quando me veem, balançam a cabeça. ²⁶Ajuda-me, Senhor, meu Deus; salva-me, pelo teu amor. ²⁷Para que saibam que isso vem da tua mão, e que tu o fizeste, Senhor. ²⁸Mesmo que eles me amaldiçoem, tu me abençoas; quando se levantarem contra mim, ficarão frustrados, e o teu servo ficará feliz! ²⁹Sejam meus acusadores cobertos de vexame, e cubram-se de sua própria vergonha como de um manto!

MAS TU, SENHOR. A expressão "Mas tu, Senhor", como sempre nos salmos, marca um grande ponto de virada. Orações duras ficam mais afáveis, orações desesperadas, mais confiantes, orações tristes se enchem de alegria e orações culpadas deparam com a misericórdia. Nossa oração pode muito bem começar com nossas feridas, nossos pecados, os inimigos, o ambiente, os problemas. Mas só quando você deposita essas coisas diante de Deus, passa a vê-las à luz de quem ele é e diz: "Mas tu, Senhor..." — a libertação, o alívio, o crescimento, a esperança e a força começam a se fazer notar. As palavras "Mas tu, Senhor" nos salmos têm correspondência no Novo Testamento com o grande "*Mas agora*" (grifo do autor) de Paulo. A raça humana inteira está perdida em pecado (Rm 1.18—3.20), "mas agora a justiça de Deus se manifestou, sem a lei [...] isto é, a justiça de Deus por meio da fé em Jesus Cristo" (Rm 3.21,22).

Oração: Senhor, eu te agradeço por tua realidade mudar *tudo*. Sou fraco — ah, mas tu... Não mereço nada — ah, mas tu... Não enxergo saída para o problema — ah, mas tu... Minha vida parece estagnada — ah, mas tu. Não sei orar. Ah, mas tu me ajudarás. Amém.

17 de outubro

LEIA Salmos 109.30,31. ³⁰Com minha boca renderei muitas graças ao SENHOR; eu o louvarei no meio da multidão, ³¹pois ele se coloca ao lado do pobre, para salvá-lo dos que o condenam.

AO LADO DO POBRE. Nos antigos tribunais, quem o acusava ficava do seu lado direito, de onde apresentava o caso contra você. Davi se declara vítima de falsas acusações e espera que um promotor seja colocado ao lado direito de seu inimigo (v. 6). De repente a cena muda e Deus se coloca "ao lado do pobre" (v. 31) para defendê-lo, não para acusá-lo. Em Jesus Cristo, Deus veio para advogar em nosso favor (1Jo 2.1,2). Ele se levanta em nossa defesa quando somos acusados (cf. At 7.56). E quando Jesus, o verdadeiro advogado, veio, perdoou seu traidor e seus inimigos (Jo 13.18-30). Devemos fazer a mesma coisa.

Oração: Senhor, confesso meus rancores. Justifico algumas pessoas por não estar em busca de retribuição, mas evito-as e espero que fracassem. Ajuda-me a perdoar plenamente, de alto a baixo, e a começar a orar pelo arrependimento e pelo bem dessas pessoas. "Meu pecado, querido Salvador, te fez sangrar, contudo tu oraste por mim!"⁹ Amém.

18 de outubro

Leia Salmos 110. ¹O Senhor disse ao meu Senhor: Assenta-te à minha direita, até que eu ponha teus inimigos debaixo dos teus pés. ²O Senhor enviará de Sião o cetro do teu poder, e dominarás sobre teus inimigos. ³Com vestes santas, teu povo se apresentará de livre vontade no dia das tuas batalhas; teus jovens serão como orvalho ao amanhecer. ⁴O Senhor jurou e não se arrependerá: Tu és sacerdote para sempre, segundo a ordem de Melquisedeque. ⁵À tua direita, o Senhor destituirá reis no dia da sua ira. ⁶Julgará as nações; ele as encherá de cadáveres; esmagará os chefes por toda a terra. ⁷No caminho, beberá água da torrente e prosseguirá de cabeça erguida.

O REI-SACERDOTE. Davi ouve Deus dirigindo a palavra a seu "Senhor" (v. 1). Mas como ele era o rei de Israel, quem poderia ser seu superior? Jesus afirma que o versículo se refere a ele (Mc 12.35-37). No entanto, esse rei poderoso é também um sacerdote compreensivo (v. 4; cf. Gn 14.18-20; Hb 6.19—7.28) que representa o povo de Deus. Portanto, Jesus é tanto humano quanto divino, tanto um leão quanto um cordeiro (Ap 5.5,6). Enquanto os reis terrenos realizam suas conquistas enchendo o mundo de cadáveres (v. 6), Jesus conquista convertendo e enchendo a terra com o próprio corpo (Ef 1.22,23). Ou seja, há uma batalha a ser travada, mas com as armas do amor, do serviço e da verdade (2Co 10.4,5; Rm 12.9-21). Você vai se alistar (v. 3)?

Oração: Senhor, "pois não com espadas tinindo alto, nem com o ribombar de tambores agitados; com atos de amor e misericórdia o reino dos céus vem".¹⁰ Com teu Espírito, vence minha falta de generosidade e obsessão por minhas próprias necessidades e segurança, a fim de que eu possa verdadeiramente ser parte de tua obra no mundo. Amém.

19 de outubro

Leia Salmos 111. ¹Aleluia! Renderei graças ao Senhor de todo o coração, na reunião dos justos, na assembleia! ²Grandes são as obras do Senhor, e nelas meditam todos os que as admiram. ³Em suas obras há glória e majestade, e sua justiça permanece para sempre. ⁴Ele fez memoráveis suas maravilhas; o Senhor é compassivo e misericordioso. ⁵Dá suprimento aos que o temem; lembra-se sempre da sua aliança. ⁶Mostrou o poder de suas obras ao seu povo, entregando-lhe a herança das nações. ⁷As obras de suas mãos são verdade e justiça; todos os seus ensinamentos são fiéis; ⁸estão firmados para todo o sempre; são feitos em verdade e retidão. ⁹Enviou a redenção ao seu povo; estabeleceu sua aliança para sempre; seu nome é santo e tremendo! ¹⁰O temor do Senhor é o princípio da sabedoria; todos os que cumprem seus ensinos revelam entendimento; o louvor que ele recebe dura para sempre.

AQUELE COM QUEM DEVEMOS NOS PARECER. O salmo 111 descreve Deus, e o salmo 112, como seu povo passa a se assemelhar com Deus. Fomos feitos à sua "imagem" (Gn 1.27). Isso significa que fomos criados para nos relacionar com ele e refletir de volta para ele o seu caráter. Então quem é esse Deus com quem devemos nos parecer? Deus é um trabalhador que faz coisas (v. 2). Ele é justo (v. 3), compassivo (v. 4,5) e um Deus da verdade (v. 7,8). Por fim, ele é um Deus de integridade, que mantém suas promessas (v. 9). Seremos assim não pela simples obediência a suas regras (por importante que isso seja), mas pelo "temor do Senhor" (v. 10), adorando-o com reverência. Tornamo-nos como as coisas que mais amamos.

Oração: Senhor, posso dizer minhas orações e obedecer a teus mandamentos, mas o verdadeiro louvor e adoração é que me transformam de verdade. Não permite que eu me acomode à superficialidade da aquiescência religiosa. Enche-me do alegre temor que vem ao buscarmos tua face. Amém.

20 de outubro

Leia Salmos 112. ¹Aleluia! Bem-aventurado o homem que teme o Senhor e tem grande satisfação em seus mandamentos! ²Sua descendência será poderosa na terra; essa geração de justos será abençoada. ³Em sua casa há prosperidade e riquezas, e sua justiça permanece para sempre. ⁴A luz nasce nas trevas para aquele que é correto, compassivo, misericordioso e justo. ⁵Bom é o homem que se compadece e empresta, que conduz seus negócios com integridade; ⁶pois ele nunca será abalado. O justo será lembrado para sempre. ⁷Ele não teme más notícias; seu coração está firme, confiante no Senhor. ⁸Seu coração está bem seguro, e ele não terá medo, até que veja se cumprir seu desejo sobre os adversários. ⁹Distribuiu livremente aos necessitados; sua justiça permanece para sempre; seu poder será exaltado em honra. ¹⁰O ímpio vê isso e fica furioso, range os dentes e se consome; mas o desejo dos ímpios será frustrado.

SEUS DESEJOS SERÃO FRUSTRADOS. Aqueles que não apenas creem em Deus, mas o temem e portanto lhe obedecem por um deleite interior (veja v. 1) têm o caráter transformado segundo a sua semelhança (Ef 4.22-24). Deus é compassivo (111.4), por isso eles são generosos (v. 4,5). A palavra de Deus permanece (111.8), por isso aqueles que o temem estão firmes mesmo quando as notícias são ruins (v. 7). Deus é justo (111.3), por isso eles também são (v. 3), mas lembre-se de que "justiça" na Bíblia consiste não apenas em valores familiares tradicionais (v. 2), mas também em ajuda aos pobres (v. 9). O salmo diz que sem Deus seus anseios mais profundos não se realizarão (v. 10). Isso significa que, com Deus, eles se realizarão (Sl 16.11; Jo 6.35).

Oração: Senhor, obrigado por nos dares o pão da vida. Todos à minha volta estão à procura de significado, satisfação, liberdade e conexão. Mas tudo isso são aspectos de uma profunda fome espiritual, e só tua graça e tua face podem saciá-la. Livra-me dessa busca cósmica inútil. Que eu prove e veja que tu és bom. Amém.

21 de outubro

Leia **Salmos 113**. ¹Aleluia! Louvai, servos do Senhor, louvai o nome do Senhor! ²Bendito seja o nome do Senhor, desde agora e para sempre! ³Do nascer ao pôr do sol, louvado seja o nome do Senhor! ⁴O Senhor é exaltado acima de todas as nações, e sua glória está acima dos céus. ⁵Quem é semelhante ao Senhor, nosso Deus, que se assenta nas alturas, ⁶que se inclina para ver o que está no céu e na terra? ⁷Do pó levanta o pobre, e da miséria ergue o necessitado, ⁸para fazê-lo sentar-se com os príncipes, sim, com os príncipes do seu povo. ⁹Ele faz com que a mulher estéril viva em família e, alegre, seja mãe de filhos. Aleluia!

GRANDIOSIDADE E PEQUENEZ. Louve a Deus porque para ele não há nada grande demais. Ele está acima do tempo (v. 2), de todos os lugares (v. 3) e de todo poder e autoridade humanos (v. 4). Mas louve-o também porque não há ninguém pequeno demais para Deus (v. 7-9). Ele entroniza o pobre (v. 7). A situação do pobre com frequência é utilizada para abri-lo espiritualmente para a necessidade da graça e para as riquezas da salvação (Lc 6.20; Ap 1.6). Em termos materiais, Deus opera justiça na história a favor do oprimido (Sl 103.6, 140.12, 146.7). Ele ama agir por meio da estéril (pense em Sara, Ana e Isabel) e põe o solitário em comunidade (v. 9). A grandiosidade divina é vista em sua consideração para com quem nada tem de grandioso. Em Jesus ele provou ser grande o suficiente para se tornar pequeno.

Oração: Senhor Jesus, eu te louvo pelo fato de que alguém infinitamente maior do que o universo com todas as suas galáxias se tornaria um pequenino bebê, necessitando de que o alimentassem, o carregassem e o trocassem. Tu fizeste isso por mim. Isso traz humildade ao meu coração, ao mesmo tempo que o eleva até as estrelas. Obrigado, Senhor. Amém.

22 de outubro

Leia **Salmos 114**. ¹Quando Israel saiu do Egito, e a casa de Jacó, do meio de um povo de língua estranha, ²Judá tornou-se seu santuário, e Israel, seu domínio. ³O mar viu isso e fugiu; o Jordão recuou. ⁴Os montes saltaram como carneiros, e as colinas, como cordeiros. ⁵Ó mar, que tens que foges assim? E tu, ó Jordão, que tens que recuas? ⁶E vós, montes, que saltais como carneiros, e vós colinas, como cordeiros? ⁷Ó terra, estremece na presença do Senhor, na presença do Deus de Jacó, ⁸que transformou a rocha em lago de águas, e a pederneira, em manancial.

ABALANDO A TERRA. Quando Israel saiu do Egito, coisas que pareciam ser barreiras absolutas foram afastadas pelo poder de Deus. O mar Vermelho se abriu e os montes estremeceram (Êx 19.18; Hb 12.18-27). O salmista provoca os poderes terrenos — dizendo que os montes "saltaram como carneiros" (v. 4). O amor de Deus por nós abala o mundo, pois nada pode se interpor entre nós e seu amor (Rm 8.38). Tanto na morte de Jesus (Mt 27.51) quanto em sua ressurreição (Mt 28.2) a terra tremeu, indicando a vinda do poder de Deus para salvar. Para nos levar a nossa verdadeira pátria a fim de vivermos em sua companhia, ele abalará e destruirá a própria morte (1Co 15.56,57). Portanto, que nada o estremeça nem intimide (1Co 15.58).

Oração: Senhor, com que facilidade me abalo. A crítica, um senso de fracasso, mudanças e perdas — tudo isso me atordoa. Ajuda-me a viver no "reino inabalável" (Hb 12.28). Ensina-me a edificar minha vida a cada dia sobre tua Palavra e teu amor, os quais permanecerão quando todas as outras coisas passarem. Amém.

23 de outubro

Leia Salmos 115.1-8. ¹Não a nós, Senhor, não a nós, mas ao teu nome dá glória, por causa do teu amor e da tua fidelidade. ²Por que as nações perguntariam: Onde está o Deus deles? ³Mas o nosso Deus está nos céus; ele faz tudo de acordo com sua vontade. ⁴Os ídolos deles são de prata e ouro, obra das mãos do homem. ⁵Têm boca, mas não falam; têm olhos, mas não veem; ⁶têm ouvidos, mas não ouvem; têm nariz, mas não cheiram; ⁷têm mãos, mas não apalpam; têm pés, mas não andam; nem som algum lhes sai da garganta. ⁸Tornem-se semelhantes a eles aqueles que os fazem e todos os que neles confiam.

O PODER DOS ÍDOLOS. Na história *Algo sinistro vem por aí*, cada pessoa tem um desejo secreto particular que, imaginam elas, trará satisfação: a juventude restabelecida, sexo com a beldade de suas fantasias, destreza atlética, muito dinheiro.[11] Mas, quando vendem tudo para realizar seu sonho, são por ele escravizadas em vez de ficar satisfeitas. Isso condiz com o ensinamento bíblico sobre a idolatria. Qualquer coisa mais importante para você do que o verdadeiro Deus é um deus alternativo. Os ídolos não têm poder algum (v. 5-7) para lhe dar amor, perdão e a orientação de que você precisa. Paradoxalmente, no entanto, têm o poder de fazê-lo gostar deles (v. 8) e de mantê-lo espiritualmente cego e incapaz de enxergar, bem como espiritualmente aleijado e incapaz de mudar.

Oração: Senhor, confesso que faço da aprovação alheia um ídolo. Que eu fique tão satisfeito com teu amor que não mais responda às pessoas com base no medo de desagradá-las, mas só em amor, buscando o que é melhor para elas. Afasta meus ídolos da aprovação — que nunca podem me dar a aprovação de que necessito. Amém.

24 de outubro

Leia Salmos 115.9-18. ⁹Israel, confia no Senhor; ele é seu auxílio e escudo. ¹⁰Casa de Arão, confia no Senhor; ele é seu auxílio e escudo. ¹¹Vós que temeis o Senhor, confiai no Senhor; ele é seu auxílio e escudo. ¹²O Senhor tem-se lembrado de nós e nos abençoará; abençoará a casa de Israel; abençoará a casa de Arão; ¹³abençoará os que temem o Senhor, tanto pequenos como grandes. ¹⁴Que o Senhor vos multiplique, vós e vossos filhos cada vez mais. ¹⁵Sede benditos do Senhor, que fez os céus e a terra. ¹⁶Os céus são os céus do Senhor, mas a terra, ele a entregou aos filhos dos homens. ¹⁷Os mortos não louvam o Senhor, nem os que descem ao silêncio; ¹⁸nós, porém, bendiremos o Senhor, desde agora e para sempre. Aleluia!

bênção. A palavra "abençoar" aqui ocorre cinco vezes, como verbo, "abençoará" e como adjetivo, "benditos". Ela significa riqueza, plenitude, prosperidade multidimensional e satisfação. Os ídolos não podem concedê-la. Quando o salmista fala de bênção para "Israel" (v. 12), lembra-nos de Jacó (chamado Israel), que pelejara a vida inteira para obter a bênção de seu pai Isaque (Gn 28.1-41). Certa noite solitária, um personagem misterioso começou a lutar com ele no escuro. Quando Jacó percebeu que aquela era uma manifestação do Senhor em pessoa, disse: "... Não te deixarei ir se não me abençoares". Não sabemos exatamente o que Deus respondeu, mas, sim, que "ali o abençoou" (Gn 32.26-29). Nada mais na vida lhe dará a profunda bênção que você mais almeja, mas o Senhor o fará.

Oração: Pai, teu Filho Jesus Cristo me dá o significado, o valor e a segurança que busco em outras coisas. Peço-te que me ajudes a me regozijar nele mais plenamente. "Destrói meus planos de alegria terrena para que encontre tudo em Ti."[12] Amém.

25 de outubro

Leia Salmos 116.1-11. ¹Amo o Senhor, pois ele ouve o clamor da minha súplica. ²Inclina seu ouvido para mim; eu o invocarei enquanto viver. ³Os laços da morte me cercaram; as angústias do Sheol se apoderaram de mim; sofri tribulação e tristeza. ⁴Então invoquei o nome do Senhor: Livra-me, Senhor! ⁵O Senhor é compassivo e justo; sim, nosso Deus é misericordioso. ⁶O Senhor protege os simples; quando estou abatido, ele me salva. ⁷Ó minha alma, retorna à tua serenidade, pois o Senhor tem sido bom. ⁸Livraste minha vida da morte, meus olhos das lágrimas e meus pés do tropeço. ⁹Andarei na presença do Senhor na terra dos viventes. ¹⁰Eu cri, apesar de ter dito: Estou muito aflito. ¹¹Eu dizia na minha perturbação: Todos os homens são mentirosos.

UMA VIDA AGRADECIDA. O salmista quase morreu (v. 3,8). Em seu pavor, chamou todo o mundo de mentiroso (v. 11), mas confiou em Deus mesmo quando suas emoções fugiram ao controle (v. 10). Agora ele reestruturou a vida com base no amor grato. A primeira marca de uma vida agradecida é esta: "... eu o invocarei enquanto viver" (v. 2). Invocar o nome de Deus significa duas coisas na Bíblia: confiar nele e em mais nada para sua salvação (Rm 10.12,13) e orientar a vida inteira para a oração e a adoração (Gn 12.8). Pessoas gratas devem também *andar* diante de Deus (v. 9). Isso quer dizer viver consciente dele o tempo todo. É estar ao mesmo tempo "inteiramente exposto [e prestar contas] e ser inteiramente acolhido [e amado]".¹³ Ame ao Senhor, pois ele ouve.

Oração: Senhor, quando me vejo em apuros, meu coração instintivamente diz: "Posso consertar isso. Sou capaz de lidar com a situação". Penso em pessoas a quem recorrer — mas é tudo inútil. *Não* sei lidar com a vida, e quanto antes admitir isso em meu interior, mais cedo conhecerei a paz de sempre invocá-lo. Amém.

26 de outubro

Leia Salmos 116.12-19. ¹²Que darei ao Senhor por todos os benefícios que ele me tem dado? ¹³Tomarei o cálice da salvação e invocarei o nome do Senhor. ¹⁴Cumprirei meus votos ao Senhor, na presença de todo o seu povo. ¹⁵A vida dos seus seguidores é preciosa aos olhos do Senhor. ¹⁶Senhor, sou teu servo; sou teu servo, filho da tua serva; tu me livraste das minhas cadeias. ¹⁷Eu te oferecerei sacrifícios de ação de graças e invocarei o nome do Senhor. ¹⁸Cumprirei meus votos ao Senhor, na presença de todo o seu povo, ¹⁹nos átrios da casa do Senhor, no meio de ti, ó Jerusalém! Aleluia!

LIBERTO DA MORTE. Deus salvou o salmista da morte (v. 8) porque a morte de seus servos é "preciosa" e dolorosa para ele ("Preciosa aos olhos do Senhor é a morte de seus servos fieis", v. 15, NIV). O salmista sente que foi praticamente ressuscitado para a terra dos vivos (veja v. 9). Deus, claro, permite que seu povo morra. Mas esse povo lhe é *tão* precioso que um dia Deus pagará o preço máximo na cruz a fim de que nossa morte física seja apenas o acesso para uma vida melhor (2Co 5.1-10). Portanto, podemos beber do "... cálice da salvação..." para saudá-lo (v. 13), celebrando-a em adoração. Mas isso só é possível porque ele bebeu o cálice da ira divina pelo pecado em nosso lugar (Lc 22.42).

Oração: Senhor, tu morreste para que eu não tivesse de morrer para sempre, e tu ressuscitaste para que eu pudesse viver para sempre. Por isso, possa eu "entoar teu louvor sem demora".¹⁴ Ajuda-me a viver os meus dias em alegre esperança, auxiliando minha alma a lembrar-se de que, assim como o pecado "te entregou ao pó, a vida do Senhor pode simplesmente te converter em ouro, e muito mais".¹⁵ Amém.

27 de outubro

LEIA **Salmos 117**. ¹Louvai ao SENHOR, todas as nações, exaltai-o todos os povos! ²Porque seu amor para conosco é grande, e a fidelidade do SENHOR dura para sempre! Aleluia!

CANTANDO PARA AS NAÇÕES. Todas as pessoas devem louvar a Deus (v. 1) por seu "amor para *conosco*" (v. 2, grifo do autor). O evangelho proclama que Deus irrompeu na história para salvar um povo para si e fez isso supremamente em Jesus. Isso desafia a estreiteza de quem crê que "todas as pessoas boas podem ir para o céu", creiam elas em Jesus ou não. Nada disso — essa salvação é aberta a todos, até àqueles que não tiveram uma vida moralmente correta e organizada. Não é para quem se acha bom o suficiente, mas para os que sabem que só podem ser salvos pela *chesedh* de Deus, sua graça (v. 2), e que creem na obra salvadora de Jesus na história em *nosso* benefício. Se você ora ou canta este salmo, ele reverte em seu favor. Você deve sair e cantar louvores a Deus para as nações também.

Oração: Senhor, eu te louvo porque tu te importas com *todas* as raças, nações e povos, pois desejas envolver todos eles com teu amor salvador. Confesso que nem de perto sou tão generoso, que desgosto bastante de alguns tipos de pessoas. Ajuda-me a ver todas elas tanto como pecadoras quanto, todavia, como receptoras de tuas ofertas de amor. Amém.

28 de outubro

Leia Salmos 118.1-9. ¹Rendei graças ao Senhor, pois ele é bom; seu amor dura para sempre. ²Diga Israel: Seu amor dura para sempre. ³Diga a casa de Arão: Seu amor dura para sempre. ⁴Digam os que temem o Senhor: Seu amor dura para sempre. ⁵No meio da angústia, invoquei o Senhor, e ele me respondeu, dando-me alívio. ⁶O Senhor está comigo, não terei medo. O que me pode fazer o homem? ⁷O Senhor está comigo entre os que me ajudam; por isso, verei cumprir-se o meu desejo naqueles que me odeiam. ⁸É melhor buscar refúgio no Senhor do que confiar no homem. ⁹É melhor buscar refúgio no Senhor do que confiar em príncipes.

NÃO CONFIE NO HOMEM. O que quer dizer "confiar no homem" (v. 8)? É edificar sua vida na aprovação alheia. Você só consegue se sentir bem em relação a si mesmo se alguém estiver envolvido romanticamente com você ou se receber elogios e cumprimentos por sua aparência, intelecto ou talento. Mas isso o deixará carente demais tanto de afirmação quanto de intimidade sexual, arrasado demais pela crítica, sonhando demais com a celebridade. O que é esse "confiar em príncipes" (v. 9)? É fazer do poder um ídolo, desejar demais ter amigos influentes, necessitar demais estar no comando de si mesmo. Isso o deixará cada vez mais solitário com o passar do tempo, pois a essência do amor é o serviço humilde (Rm 15.3). Refugie-se em Deus.

Oração: Senhor, quando me esqueço do evangelho, torno-me dependente dos sorrisos e da avaliação dos outros. Ouço toda crítica como uma condenação do meu ser. Mas tu disseste que "agora já não há condenação alguma" para mim (Rm 8.1). Tu te agradas de mim e te alegras em mim com júbilo (Sf 3.14-17); tu enxergas beleza em mim (Cl 1.22). Que eu sempre me lembre disso! Amém.

29 de outubro

Leia Salmos 118.10-18. ¹⁰Todas as nações me cercaram, mas eu as destruí em nome do Senhor. ¹¹Cercaram-me por todos os lados, mas eu as destruí em nome do Senhor. ¹²Cercaram-me como abelhas, mas queimaram como fogo em espinhos; pois as destruí em nome do Senhor. ¹³Empurraram-me com força para me derrubar, mas o Senhor me ajudou. ¹⁴O Senhor é minha força e meu cântico; ele é minha salvação. ¹⁵Nas moradas dos justos, há um alegre cântico de vitória; a mão direita do Senhor age com poder. ¹⁶A mão direita do Senhor é exaltada, a mão direita do Senhor age com poder. ¹⁷Não morrerei; pelo contrário, viverei e anunciarei as obras do Senhor. ¹⁸O Senhor me castigou duramente, mas não me entregou à morte.

CASTIGANDO. Esses versículos descrevem um ataque dos inimigos, o qual o salmista, com a ajuda de Deus, rechaça. Mas ele percebe que, por trás da hostilidade dos inimigos e apesar da ajuda divina para escapar deles (v. 17), Deus estava usando a situação para castigá-lo (v. 18). A palavra "castigo" quer dizer "instrução com os dentes". Significa moldar alguém por meio de um regime severo. Em Hebreus 12.4-12, vemos o uso do termo grego *gymnazdo* para dar a ideia de que Deus "disciplina" a quem ama. Durante o exercício, seus músculos parecem se tornar cada vez mais fracos, mas a pressão sobre eles os está deixando mais fortes. É por isso que Deus, como um treinador, permite as pressões e os estresses em sua vida: para desenvolver em você a fé, o amor e a esperança. Você é capaz de perceber esse treinamento em sua vida?

Oração: Senhor, eu te louvo por me amares o suficiente para não me deixares simplesmente como sou. Eu te agradeço por teu regime de treinamento em minha vida. Como todo treinamento, ele é exaustivo — funciona assim. Quando me impaciento com o processo, ajuda-me a lembrar-me de Jesus, que foi castigado voluntariamente, não por seus pecados, mas pelos meus (Hb 12.1-3). Amém.

30 de outubro

Leia Salmos 118.19-29. ¹⁹Abri as portas da justiça para mim, para que eu entre por elas e renda graças ao Senhor. ²⁰Esta é a porta do Senhor; os justos entrarão por ela. ²¹Eu te dou graças, pois me respondeste e foste minha salvação. ²²A pedra que os construtores rejeitaram, essa se tornou a pedra angular. ²³Foi o Senhor quem fez isso, e é maravilhoso aos nossos olhos. ²⁴Este é o dia que o Senhor fez; vamos regozijar-nos e alegrar-nos nele. ²⁵Salva-nos, Senhor, nós te pedimos; ó Senhor, nós te pedimos, envia-nos prosperidade. ²⁶Bendito seja o que vem em nome do Senhor! Nós vos abençoamos da casa do Senhor. ²⁷O Senhor é Deus e faz resplandecer sua luz sobre nós; preparai a festa com ramos até as pontas do altar. ²⁸Tu és o meu Deus, e eu te renderei graças; tu és o meu Deus, e eu te exaltarei. ²⁹Rendei graças ao Senhor, pois ele é bom; seu amor dura para sempre.

ABRAM AS PORTAS. Os líderes das nações rejeitaram o salmista como os construtores descartam uma pedra inútil. Mas Deus fez dele uma pedra angular (v. 22). Quando ele chegou às portas do templo, pelas quais só o justo pode passar (v. 19,20), foram-lhe dadas as boas-vindas até as pontas do altar (v. 27).¹⁶ Mais tarde, Jesus entrou em Jerusalém aos gritos de Salmos 118.26: "Bendito seja o que vem..." Ele também foi rejeitado pelos líderes e foi até o altar, mas como sacrifício pelo pecado (Is 53.10; Hb 9.12), tornando-nos justos para que possamos nos aproximar de Deus (Hb 10.22). Quando oramos, as "portas da justiça" são abertas. Pelo sacrifício dele, temos acesso ao Pai pelo Espírito (Ef 2.18).

Oração: Senhor, eu te louvo porque teu Filho pagou espontaneamente um preço terrível, a fim de que eu tivesse acesso a ti em oração. Se ele se dispôs a vir desde o céu até a terra para fazer isso, não posso me levantar um pouco mais cedo, toda manhã, para usar esse dom comprado com sangue? Senhor, faz de mim uma pessoa de oração. Amém.

31 de outubro

Leia **Salmos 119.1-8**. ¹Bem-aventurados os que se conduzem com integridade, os que andam na lei do Senhor! ²Bem-aventurados os que guardam seus testemunhos, que o buscam de todo o coração, ³que não praticam o mal, mas seguem seus caminhos! ⁴Ordenaste teus preceitos, para que fossem obedecidos com cuidado. ⁵Que meus caminhos sejam estabelecidos, para que eu guarde teus estatutos! ⁶Então não ficarei envergonhado, quando obedecer a todos os teus mandamentos. ⁷Eu te louvarei com coração íntegro, quando houver aprendido tuas justas normas. ⁸Observarei teus decretos; não me desampares por completo!

A PALAVRA: O QUE ELA É. O salmo 1 disse que a chave para conhecer a Deus é ter prazer em sua Palavra. O que é isso? Como sua "lei", "mandamentos" e "decretos", a Palavra de Deus é cheia de autoridade e deve ser obedecida (v. 1,6,8). Como seus "estatutos", ela é sempre relevante para todas as épocas e lugares, e nela devemos confiar (v. 5). Como seus "preceitos", ela é sabedoria pura, de tal forma que o que Deus exige se encaixa com perfeição em nossas necessidades e natureza (v. 4). Como seus "caminhos", não constitui um conjunto abstrato de regras, mas uma expressão do próprio caráter e natureza divinos (v. 3). Portanto, conhecer a Bíblia não é um fim em si mesmo. Nós a conhecemos a fim de *buscá-lo de todo o coração* — para conhecermos a comunhão com Deus (v. 2).

Oração: Senhor, durante anos pensei que pudesses ser atuante em minha vida por meio do Espírito e que a Bíblia fosse apenas um livro de regras e de histórias inspiradoras. Obrigado por me mostrares que a Bíblia *é* o caminho pelo qual, por meio do Espírito, tu atuas em minha vida. Que eu te conheça por meio de tua Palavra. Amém.

1.º de novembro

Leia Salmos 119.9-16. ⁹Como o jovem guardará puro o seu caminho? Vivendo de acordo com a tua palavra. ¹⁰Tenho-te buscado de todo o coração; não permitas que me desvie dos teus mandamentos. ¹¹Guardei a tua palavra no meu coração para não pecar contra ti. ¹²Ó Senhor, tu és bendito, ensina-me os teus decretos. ¹³Com os meus lábios declaro todas as ordenanças da tua boca. ¹⁴Alegro-me tanto no caminho dos teus testemunhos quanto em todas as riquezas. ¹⁵Medito em teus preceitos e observo teus caminhos. ¹⁶Terei prazer nos teus decretos; não me esquecerei da tua palavra.

A palavra: o que deveríamos fazer. Como deveríamos usar a Palavra? Vendo as riquezas incríveis que ela contém (v. 14) e nela meditando longo tempo e com afinco (v. 15,16). Temos de esconder a Palavra de Deus em nosso coração, estudando-a a fundo e memorizando-a. Temos de assentar as verdades das Escrituras em nossos afetos até que elas moldem nossos amores, esperanças e imaginação. Jesus foi o exemplo por excelência disso. Em seus momentos mais obscuros, quando estava sendo abandonado (Mt 26.31), traído (Mt 26.53-56) e morto (Mt 27.46), ele cita as Escrituras. Seu coração era de tal forma moldado por elas que lhe vinham à mente sempre que passava por uma necessidade ou dificuldade. A Palavra de Deus também deve habitar ricamente em nós (veja Cl 3.16). É o que acontece?

Oração: Senhor, não há nada valioso na vida que não exija enorme esforço — por que conhecer-te por meio de tua Palavra deveria ser diferente? Confesso que sou negligente com ela. Mesmo quando a leio, ignoro a necessidade de digeri-la e aplicá-la. Ajuda-me! Amém.

2 de novembro

Leia Salmos 119.17-24. ¹⁷Faze bem ao teu servo, para que eu viva; assim obedecerei à tua palavra. ¹⁸Desvenda-me os olhos, para que eu veja as maravilhas da tua lei. ¹⁹Sou peregrino na terra; não escondas de mim teus mandamentos. ²⁰Minha alma se consome no anseio constante por tuas ordenanças. ²¹Tu repreendeste os soberbos, os malditos, que se desviam dos teus mandamentos. ²²Tira de mim a humilhação e o desprezo, pois tenho guardado teus testemunhos. ²³Príncipes sentaram-se e falaram contra mim, mas teu servo meditava nos teus decretos. ²⁴Teus testemunhos são meu prazer e meus conselheiros.

A PALAVRA É NOSSA CONSELHEIRA. Um modo de enfrentar o isolamento (v. 19), a humilhação, o desprezo e a difamação (v. 22,23) é buscando conselheiros. A própria Bíblia pode se tornar uma conselheira maravilhosa (v. 24), mas só se você for capaz de enxergar as "maravilhas" que ela contém (v. 18). Paulo fala de um véu ou cobertura espiritual sobre nossa mente (2Co 3.14-18). Podemos ver diversos fatos na Bíblia, mas, sem o auxílio do Espírito, não conseguimos enxergar a glória e a maravilha do ensino bíblico e do próprio Cristo. O Espírito pode remover o véu (2Co 3.18). Peça a Deus para abrir seus olhos para a beleza e a glória das Escrituras (v. 18). Ela então poderá se tornar o médico de sua alma.

Oração: Senhor Jesus, tu foste chamado de Maravilhoso Conselheiro, e de fato tu és! Mas dentro das páginas da tua Palavra é que encontro tuas admoestações e consolos preciosos. Abre meus olhos para compreender as Escrituras, a fim de poder receber mais e mais do teu conselho. Amém.

3 de novembro

Leia Salmos 119.25-32. ²⁵Minha vida está perto de virar pó; vivifica-me segundo tua palavra. ²⁶Eu te expus meus caminhos, e tu me respondeste; ensina-me teus decretos. ²⁷Faze com que eu entenda o caminho dos teus preceitos; assim meditarei nas tuas maravilhas. ²⁸Minha alma esvai-se de tristeza; fortalece-me segundo tua palavra. ²⁹Desvia de mim o caminho da falsidade e, por teu amor, mostra-me tua lei. ³⁰Escolhi o caminho da fidelidade; coloquei tuas ordenanças diante de mim. ³¹Ó Senhor, eu me apego aos teus testemunhos; que eu não seja envergonhado. ³²Percorrerei o caminho dos teus mandamentos, quando ampliares minha compreensão.

A PALAVRA NOS EXAMINA. O salmista analisa a própria vida (v. 26) usando a Palavra para isso. O versículo 29, "Desvia de mim o caminho da falsidade", mostra que a Palavra de Deus impede que você seja enganado em relação a quem de fato é, bem como que seja um enganador para outros. Pessoas do nosso tempo tendem a examinar a Bíblia à procura de coisas que não podem aceitar, mas os cristãos devem reverter isso, permitindo que a Bíblia *nos* examine à procura de coisas que Deus não pode aceitar. O versículo 30 afirma que o salmista decidiu ser fiel às ordenanças de Deus. Não conseguimos compreender de verdade as Escrituras a menos que firmemos um compromisso básico, dizendo: "O que quer que encontre em tua Palavra, eu o farei". Isso parece restritivo, mas levará à liberdade (veja v. 45).

Oração: Senhor, necessito mesmo examinar as Escrituras. Mas, a partir do momento em que aprendo o que elas têm a dizer, devo permitir que examinem o *meu* coração em profundidade. Concede-me suficiente humildade e amor para fazer isso. Amém.

4 de novembro

LEIA **Salmos 119.33-40.** ³³SENHOR, ensina-me o caminho dos teus decretos, e eu o seguirei até o fim. ³⁴Dá-me entendimento, para que eu guarde tua lei e a ela obedeça de todo o coração. ³⁵Faze com que eu ande pela vereda dos teus mandamentos, pois nela tenho prazer. ³⁶Inclina meu coração para teus testemunhos, e não para a cobiça. ³⁷Desvia meus olhos de contemplarem o que é inútil e vivifica-me no teu caminho. ³⁸Confirma ao teu servo a tua promessa feita ao que te teme. ³⁹Afasta de mim a humilhação que temo, pois tuas ordenanças são boas. ⁴⁰Anseio por teus preceitos; vivifica-me por tua justiça.

A PALAVRA E O VELHO E O NOVO HOMEM. O salmista quer guardar a lei de Deus (v. 34), mas descobre que o coração se volta com facilidade para objetivos mais egocêntricos (v. 36) e para os ídolos ("o que é inútil", v. 37). Em Efésios 4.22-24, aprendemos que os crentes têm um "velho homem" e um "novo homem". Os cristãos sabem que o velho homem luta o tempo todo contra uma sensação temerosa de desonra (v. 39), o sentimento de que não somos bons o suficiente. Essa é uma intuição verdadeira! Mas seus esforços morais não resolverão o problema. Só em Cristo a desonra é afastada e uma identidade completamente nova é concedida (Rm 8.1; Hb 10.22). Cada dia é uma batalha — você agirá a partir do seu velho ou novo homem?

Oração: Senhor, confesso que meu velho homem, meu antigo modo de conquistar aceitação e segurança, ainda está muito presente. Por isso continuo sentindo esse medo vago e repugnante de exposição, de ser desmascarado como um impostor, um fracasso. Senhor, grava fundo em minha consciência e em meu coração esta verdade: o sangue de Jesus Cristo nos purifica de todo pecado. Amém.

5 de novembro

Leia Salmos 119.41-48. ⁴¹Senhor, que teu amor e tua salvação também venham sobre mim, conforme tua palavra. ⁴²Assim, terei o que responder ao que me afronta, pois confio em tua palavra. ⁴³Não tires totalmente da minha boca a palavra da verdade, pois tenho esperado nos teus juízos. ⁴⁴Assim, obedecerei de contínuo à tua lei, para sempre e eternamente; ⁴⁵andarei em liberdade, pois tenho buscado teus preceitos. ⁴⁶Falarei dos teus testemunhos perante os reis e não me envergonharei. ⁴⁷Eu me agradarei dos teus mandamentos, que amo. ⁴⁸Também levantarei as mãos para os teus mandamentos, que amo, e meditarei nos teus estatutos.

A PALAVRA E A LIBERDADE. Quanto mais o salmista busca obedecer a Deus, mais ele anda em liberdade (v. 45). Se Deus não nos governa, alguma outra coisa o faz: o pecado e o hábito (v. 133), a necessidade de amor e de aprovação (v. 42), a ansiedade ou o desejo de ter dinheiro e sucesso (v. 36). Mas, quando Deus está no comando, essas coisas perdem o poder imoderado sobre nós. Nem os reis são temidos (v. 46). Além do mais, com Deus vem a liberdade do "encontro que nos amplia a mente com uma sabedoria e visão maiores do que as nossas. O sentido literal do versículo 45 é 'solto'. [...] A paráfrase de Moffatt desse versículo diz [...] 'tu abriste a minha vida'".¹ A proximidade de pessoas criativas o liberta para ter novas ideias. Muito mais um encontro com o Deus vivo e sua Palavra.

Oração: Deus, tu de fato "abriste minha vida". Eu costumava pensar que subir a escada deste mundo era só o que havia, mas agora percebo que existem realidades espirituais, eternidade e glória não reveladas a serem almejadas. Louvo-te pela visão espantosa da vida que me dás por meio da tua Palavra. Amém.

6 de novembro

Leia Salmos 119.49-56. ⁴⁹Lembra-te da promessa feita ao teu servo, pela qual me deste esperança. ⁵⁰Este é o consolo da minha angústia: tua promessa me vivifica. ⁵¹Os soberbos zombaram continuamente de mim; contudo não me desviei da tua lei. ⁵²Senhor, lembro-me dos teus juízos, estabelecidos na antiguidade, e assim me consolo. ⁵³Grande indignação apoderou-se de mim, por causa dos ímpios que abandonam tua lei. ⁵⁴Teus estatutos são o motivo dos meus cânticos na casa onde estou vivendo. ⁵⁵Senhor, à noite me lembro do teu nome, e observo tua lei. ⁵⁶Isso me sucedeu porque tenho guardado teus preceitos.

A PALAVRA E A CULTURA. É difícil acreditar em uma cultura em que as pessoas zombam de você por crer na verdade divina (v. 51). Por que alguém deveria se preocupar com leis antiquadas (da "antiguidade"), claramente ultrapassadas (v. 52)? Apesar desse desprezo cultural, o salmista se apega à Palavra com determinação (v. 51,52). O resultado é uma vida preservada ("tua promessa me preserva a vida", v. 50, NIV). Encontramos em outra parte da Bíblia que a Palavra de Deus preserva a vida, e, embora em alguns casos isso possa ter o sentido literal de sobrevivência, aqui quer dizer mais. A Bíblia cria resistência. Suas promessas elevam o coração, e sua visão panorâmica fortalece a vontade. Ela é verdadeiramente maná espiritual que nos mantém de pé e aptos a prosseguir.

Oração: Senhor Jesus, escarneceram do ti sem dó nem piedade. "... profetiza-nos quem foi que te bateu" (Mt 26.68). Se tu suportaste a ridicularização e a zombaria por mim com tanta paciência, com certeza posso aceitá-las por ti. Que eu me lembre como riram de ti por mim. Ajuda-me a ser corajoso quando abrir a boca para falar de minhas convicções. Amém.

7 de novembro

Leia Salmos 119.57-64. ⁵⁷O Senhor é a minha herança; prometo obedecer às tuas palavras. ⁵⁸Imploro teu favor de todo o coração; tem piedade de mim, conforme tua palavra. ⁵⁹Quando considero meus caminhos, volto os pés para teus testemunhos. ⁶⁰Apresso-me a obedecer aos teus mandamentos. ⁶¹Ainda que os laços dos ímpios me prendam, não me esqueço da tua lei. ⁶²À meia-noite, levanto-me para render-te graças, por causa dos teus retos juízos. ⁶³Sou companheiro de todos os que te temem e dos que guardam teus preceitos. ⁶⁴Senhor, a terra está cheia do teu amor; ensina-me teus decretos.

O AMOR DE DEUS ENCHE A TERRA. "A *terra* [inteira] está cheia do [...] amor [de Deus]" (v. 64, grifo do autor). Ele criou o mundo e cuida dele com amor. Jesus diz que podemos confiar em Deus porque ele cuida até dos pássaros no ar (Mt 6.26) e ama tudo que fez (Sl 145.9). Por amar todas as pessoas que criou, ele quer que recebam também seu amor redentor. "Porque não tenho prazer na morte de ninguém, [...] convertei-vos e vivei" (Ez 18.32). É importante não pensar nem que Deus só ama os crentes, nem que ele ama todos que estão no mundo exatamente da mesma maneira. Como devemos responder a um Deus assim amoroso? Alinhando todas as partes da nossa vida com a Palavra de Deus (v. 59,60).

Oração: Senhor, eu te louvo porque tu sempre me amaste, mas te louvo por teres aberto meu coração para receber também teu amor salvador. "Tua misericórdia soberana chamou-me e ministrou à minha mente que se abria; do contrário o mundo me cativaria, cegando-me para as glórias celestiais."² Obrigado por tua graça. Amém.

8 de novembro

Leia Salmos 119.65-72. ⁶⁵Senhor, segundo tua palavra, tu tens sido bondoso para com teu servo. ⁶⁶Ensina-me a discernir e a entender, pois creio nos teus mandamentos. ⁶⁷Antes de ser castigado, eu me desviava; mas agora obedeço à tua palavra. ⁶⁸Tu és bom e fazes o bem; ensina-me teus decretos. ⁶⁹Os arrogantes inventam mentiras contra mim; mas eu guardo teus preceitos com sinceridade. ⁷⁰O coração deles se tornou insensível como a gordura; mas eu tenho prazer na tua lei. ⁷¹Foi bom eu ter sido castigado, para que aprendesse teus decretos. ⁷²Para mim, a lei da tua boca vale mais do que milhares de peças de ouro e prata.

A ESCOLA DO SOFRIMENTO. O sofrimento é uma escola onde os alunos aprendem coisas sobre si mesmos, sobre Deus e sobre a vida que jamais aprenderiam sem ele (v. 66,67). Olhando para trás, para as lições impagáveis que ele aprendeu, o sofredor consegue dizer àquele que ordenou tudo isso: "Tu és bom e fazes o bem..." (v. 68, cf. v. 65,71). Se passamos por essa escola mergulhados na Palavra de Deus, desenvolvemos real sensibilidade de coração (v. 70), e nossos olhos são abertos para enxergar tesouros inconcebíveis na própria Bíblia (v. 72). Quão notável é que, com a Palavra de Deus, um sofredor possa passar por tudo isso e se tornar mais profundo, mais sábio, mais rico, mais amoroso e até mais feliz.

Oração: Deus, tu chamas a ti mesmo de mestre e Senhor, mas sou um aluno tão lento! Ranjo os dentes ao enfrentar os problemas, enquanto aguardo que passem. Em vez disso, toda vez que algo ruim acontece, ajuda-me a perguntar: "Há algo que eu deva aprender aqui?". Mostra-me o caminho. Amém.

9 de novembro

Leia Salmos 119.73-80. ⁷³Tuas mãos me fizeram e me formaram; dá-me entendimento para que eu aprenda teus mandamentos. ⁷⁴Os que te temem me verão e se alegrarão, pois tenho esperado na tua palavra. ⁷⁵Senhor, bem sei que teus juízos são justos e que me castigaste por causa de tua fidelidade. ⁷⁶Que o teu amor sirva para me consolar, conforme a promessa feita ao teu servo. ⁷⁷Venham sobre mim tuas ternas misericórdias, para que eu viva, pois tenho prazer na tua lei. ⁷⁸Sejam envergonhados os arrogantes, por me transtornarem sem motivo; mas eu meditarei nos teus preceitos. ⁷⁹Voltem-se para mim os que te temem, para que conheçam teus testemunhos. ⁸⁰Que o meu coração seja íntegro para com os teus decretos, para que eu não seja envergonhado.

A TESTEMUNHA DO SOFRIMENTO. O salmista reflete sobre como seu sofrimento afeta outros crentes — "os que te temem" (v. 74,79). Ele acredita que seu sofrimento foi ordenado por Deus com justiça, isto é, em amor e sabedoria ("teus juízos são justos", v. 75; cf. Gn 50.20 e Rm 8.28). Quando o virem confiando assim em Deus, as pessoas se alegrarão por meio de sua esperança corajosa (v. 74). Durante o problema que enfrentou, o salmista meditou profundamente na Palavra, o suficiente para ter consolo (v. 76), prazer (v. 77) e integridade de coração (v. 80), "um ser interior em que cada capacidade está perfeitamente integrada em torno da palavra".³ Quando outros crentes veem o poder da Palavra em sua vida, isso os aproxima e aprofunda a comunhão de amor. O sofrimento, vivido da maneira correta, cria riqueza em compartilhamento e amizades.

Oração: Senhor, quando estou lambendo minhas feridas, não penso em mais ninguém e só quero ficar sozinho. Mas ajuda-me, nessas ocasiões, a estar aberto à ajuda de outros, e mostra-me maneiras de encorajar as pessoas em meus tempos de dificuldade. Jesus, tu só pensaste em mim durante teu sofrimento, portanto que no meu eu pense em minha comunidade. Amém.

10 de novembro

Leia Salmos 119.81-88. ⁸¹Desfaleço, aguardando tua salvação; espero na tua palavra. ⁸²Meus olhos desfalecem, esperando tua promessa, enquanto eu pergunto: Quando tu me consolarás? ⁸³Embora tenha ficado como um odre enrugado pela fumaça, não me esqueci dos teus decretos. ⁸⁴Quantos dias teu servo terá que esperar, até que julgues os que me perseguem? ⁸⁵Os arrogantes, que não andam na tua lei, abriram covas para mim. ⁸⁶Todos os teus mandamentos são fiéis. Sou perseguido injustamente; ajuda-me! ⁸⁷Quase me consumiram sobre a terra, mas não abandonei teus preceitos. ⁸⁸Vivifica-me conforme teu amor, para que eu guarde os testemunhos da tua boca.

SALVA-VIDAS. O salmista chegou ao fundo do poço. Ele não aguenta mais (v. 81,82). Seu sofrimento é imerecido (v. 86), no entanto ele não tem alívio. Em momentos assim extremos, o que se pode fazer? Continuar o que se estava fazendo — permanecer na Palavra e orar sincera e fervorosamente, como vemos aqui. Quando chega o sofrimento, a oração e a leitura da Bíblia são as primeiras atividades para onde correr. Na verdade, são nossos únicos salva-vidas. "Os principais meios de se obter sabedoria [...] são as Escrituras Sagradas e a oração. O primeiro é a fonte da água viva, o segundo, o balde com o qual nos servimos."[4]

Oração: Senhor, quando chego ao fundo do poço, ao fim de minha sabedoria e força, não significa que esse também é o *teu* fim. Tu continuas ao meu lado, acessível por meio da oração e da tua Palavra. Não permitas que eu negligencie os meus salva-vidas! Amém.

11 de novembro

Leia Salmos 119.89-96. ⁸⁹Senhor, tua palavra está firmada para sempre nos céus. ⁹⁰Tua fidelidade estende-se de geração a geração; tu firmaste a terra, e ela permanece firme. ⁹¹Tudo se mantém até hoje, conforme ordenaste, pois todas as coisas obedecem a ti. ⁹²Se eu não tivesse prazer na tua lei, teria morrido na minha angústia. ⁹³Nunca me esquecerei dos teus preceitos, pois tu me tens vivificado por meio deles. ⁹⁴Sou teu, salva-me; pois tenho buscado teus preceitos. ⁹⁵Os ímpios me espreitam para me destruir, mas eu atento para teus testemunhos. ⁹⁶Tenho visto que toda perfeição tem limite, mas teu mandamento é ilimitado.

A palavra eterna. O salmista fala da Palavra eterna do Senhor, a qual está "nos céus" (v. 89), sustentando e dirigindo o mundo (v. 91; cf. Hb 1.3). Mas o salmista então relaciona essa Palavra eterna com a Palavra escrita das Escrituras (v. 91,92). A mesma mente que governa o universo se expressa na Bíblia. Portanto, não há limite para a perfeita confiabilidade e verdade das Escrituras (v. 96). Por essa razão, ela é o único fundamento sólido sobre o qual edificar uma vida. As culturas, filosofias e tendências de "progresso" humanas se levantam, mas, dentro de uma geração ou duas, tornam-se obsoletas e são esquecidas. Mas "de geração a geração" (v. 90), "Senhor, tua palavra está firmada para sempre" (v. 89).

Oração: Senhor, coisas em que meus avós criam na juventude, juntamente com o restante da sociedade, hoje são alvo de risos ou ofensivas. Há ideias predominantes em nossa cultura que acusam a Bíblia de ser "retrógrada", mas que serão jogadas no lixo da história. Ajuda-me a me lembrar que tua Palavra é perfeita e eterna. Amém.

12 de novembro

Leia **Salmos 119.97-104.** ⁹⁷Como amo tua lei! Ela é minha meditação o dia todo. ⁹⁸Teu mandamento me faz mais sábio do que meus inimigos, pois está sempre comigo. ⁹⁹Tenho mais entendimento do que todos os meus mestres, porque teus testemunhos são minha meditação. ¹⁰⁰Sou mais instruído do que os anciãos, pois tenho guardado teus preceitos. ¹⁰¹Desvio os pés de todo caminho mau, a fim de obedecer à tua palavra. ¹⁰²Não me afasto das tuas ordenanças, pois és tu que me instruis. ¹⁰³Como tuas palavras são doces ao meu paladar! Mais doces do que mel em minha boca! ¹⁰⁴Por meio dos teus preceitos, alcanço entendimento, pois rejeito toda vereda de falsidade.

A PALAVRA DE SABEDORIA. Sabedoria é conhecer o caminho certo a tomar em cada situação (v. 101). Nada a supre como a Palavra de Deus. Nem erudição, nem pesquisa (v. 99), nem sofisticação, nem realizações (v. 100) podem lhe dizer tanto sobre o coração humano, a natureza humana e os caminhos do mundo. Tanto Jesus (Lc 10.21) quanto Paulo (1Co 1.18-25) ressaltam que o evangelho tende a ser rejeitado pelo versado e o ilustre, mas abraçado pelo necessitado e o humilde. A sabedoria, portanto, vem não para as pessoas que se limitam a aprender os fatos da Bíblia. Ela surge para aqueles que a recebem humildemente em amor (v. 97), obediência (v. 101) e deleite (v. 103).

Oração: Senhor, tua Palavra está cheia de "doçura infinita! Que meu coração [saboreie] cada letra."⁵ Ela tem um remédio para cada dor. Ensina-me não apenas a aprender, mas a saborear os ensinamentos de tua Palavra e a ter prazer neles. Amém.

13 de novembro

Leia Salmos 119.105-112. ¹⁰⁵Tua palavra é lâmpada para meus pés e luz para meu caminho. ¹⁰⁶Fiz um juramento e o cumprirei: guardarei tuas justas ordenanças. ¹⁰⁷Estou muito angustiado; vivifica-me, Senhor, conforme tua palavra. ¹⁰⁸Senhor, aceita as ofertas voluntárias dos meus lábios e ensina-me tuas ordenanças. ¹⁰⁹Minha vida corre perigo constante; todavia, não me esqueço da tua lei. ¹¹⁰Os ímpios me armaram um laço, contudo não me desviei dos teus preceitos. ¹¹¹Teus testemunhos são minha herança para sempre, pois são a alegria do meu coração. ¹¹²Inclino meu coração para sempre cumprir teus decretos até o fim.

A PALAVRA, MINHA LÂMPADA. Você precisa de uma lâmpada para caminhar se o lugar for escuro demais somente para seus olhos. E a própria vida é muito escura para nossa sabedoria sem outro apoio. Acabaremos perdidos sem a iluminação da Palavra de Deus (v. 105). A Palavra será uma lâmpada para seus pés apenas se você a seguir sem relutar, mesmo quando não gosta do que ela lhe mostra. "Inclino meu coração para sempre cumprir teus decretos até o fim" (v. 112). "Alegria sem obediência é frivolidade; obediência sem alegria é moralismo."⁶ Lembre-se de Jesus nas trevas de sua tentação (Lc 4.1-13). Toda vez que Satanás procurou envolver Jesus em escuridão, Cristo usou Escrituras após Escrituras para afastá-la.

Oração: Senhor, permite-me mergulhar de tal forma em tua Palavra que, como fizeram a Jesus, tuas palavras me saltem à mente, interpretando meu momento, conduzindo minhas escolhas e fortalecendo meu coração. Amém.

14 de novembro

LEIA Salmos 119.113-120. ¹¹³Rejeito os que vacilam, mas amo tua lei. ¹¹⁴Tu és meu refúgio e escudo; espero na tua palavra. ¹¹⁵Longe de mim, malfeitores, para que eu guarde os mandamentos do meu Deus. ¹¹⁶Ampara-me conforme tua palavra, para que eu viva; e não permitas que eu seja envergonhado por causa da minha esperança. ¹¹⁷Sustenta-me, e serei salvo, e sempre respeitarei teus decretos. ¹¹⁸Desprezas todos os que se desviam dos teus decretos, pois a astúcia deles é falsidade. ¹¹⁹Como se fossem escória, lanças fora todos os ímpios da terra; amo os teus testemunhos. ¹²⁰Tremo de temor por ti e tenho medo dos teus juízos.

CONHECENDO A DEUS. O versículo 120 estabelece um vínculo muito próximo do temor do Senhor com a reverência à Palavra. Existe uma reverência diante da Palavra em si (v. 120) conforme vemos sua excelência, coerência e sabedoria. Isso leva diretamente ao temor de Deus, à alegria e ao maravilhamento profundos e trepidantes que aumentam à medida que nos relacionamos com ele não como o imaginamos, mas como ele de fato é. Como podemos ter certeza de que estamos nos encontrando com o Deus real e não com o Deus que desejamos que ele seja? Só pela Palavra. A Bíblia é "o meio principal pelo qual Deus se apresenta a nós, de tal forma que podemos conhecê-lo e permanecer em um relacionamento fiel com ele".[7]

Oração: Senhor, leva-me para as infinitudes e imensidões da tua Palavra. Dá-me um forte senso de sua origem divina. Permite que ela me deixe sem fôlego como o amanhecer e o pôr do sol. Que me inunde o coração com sua beleza, como fazem as montanhas e o mar. Pois então estarei a um instante apenas de contemplar tua face. Amém.

15 de novembro

LEIA Salmos 119.121-128. ¹²¹Tenho praticado a retidão e a justiça; não me entregues a meus opressores. ¹²²Seja fiador do teu servo para o meu benefício; não permitas que os soberbos me oprimam. ¹²³Meus olhos desfalecem à espera da tua salvação e da promessa da tua justiça. ¹²⁴Trata teu servo conforme teu amor e ensina-me teus decretos. ¹²⁵Sou teu servo; dá-me entendimento, para que eu conheça teus testemunhos. ¹²⁶SENHOR, está na hora de agires, pois eles descumpriram tua lei. ¹²⁷Pois amo teus mandamentos mais do que o ouro, sim, mais do que o ouro puro. ¹²⁸Por isso, dirijo meus passos por todos os teus preceitos e rejeito toda vereda de falsidade.

É HORA DE VOCÊ AGIR. Na cultura do salmista, as leis de Deus estão sendo desprezadas (v. 126) e os crentes, oprimidos (v. 121,122). Ninguém dá ouvidos à Palavra de Deus (v. 123). Você também pode achar que, quando fala da sua fé, é vigorosamente ignorado ou mesmo silenciado pela gritaria que se levanta. O que faz o salmista? Pede a Deus para "agir" (v. 126), o que quer dizer: "Estou sem ideias e energia! Deposito tudo em tuas mãos". Chega um tempo em que só o que há para fazer é orar, cuidar do próprio coração e vida e esperar que Deus abra uma porta (Ap 3.8).

Oração: Senhor, confesso que tento ser o Espírito Santo. Quando as pessoas a quem amo não dão ouvidos à verdade, às vezes bato do lado de fora de corações que só podem ser destrancados por dentro. Só o teu Espírito é capaz de entrar ali. Eu não consigo. Senhor, aguardarei tu agires. Amém.

16 de novembro

Leia Salmos 119.129-136. ¹²⁹Teus testemunhos são maravilhosos, por isso lhes obedeço. ¹³⁰A exposição das tuas palavras concede luz, dá entendimento aos simples. ¹³¹Abro minha boca e suspiro, pois anseio pelos teus mandamentos. ¹³²Volta-te para mim e compadece-te, como costumas fazer aos que amam teu nome. ¹³³Firma meus passos na tua palavra, para que nenhum pecado tome conta de mim. ¹³⁴Resgata-me da opressão do homem; assim guardarei teus preceitos. ¹³⁵Faze teu rosto resplandecer sobre teu servo e ensina-me teus estatutos. ¹³⁶Meus olhos derramam rios de lágrimas, porque os homens não guardam tua lei.

A PALAVRA EXPOSTA. Ao chamar a Palavra de Deus de "maravilhosa", o salmista emprega um termo que significa "sobrenatural" (v. 129). Não se trata de um mero livro humano. Por isso a Bíblia "expõe" suas profundezas a quem tem paciência suficiente para sondá-la. Embora as Escrituras sejam bem claras em sua mensagem básica, a ponto de uma criança conseguir compreendê-la, elas não entregam suas riquezas assombrosas exceto pelo estudo confiante (v. 133), obediente (v. 136), diligente (v. 131) e pela reflexão contínua. Se esse preço for pago, no entanto, o retorno é infinitamente maior do que o custo.

Oração: Senhor, reservo tempo apenas para o estudo mais superficial da Bíblia. Mas todo o mundo encontra tempo para as coisas que considera importantes. Confesso que meu coração tem pouco desejo de conhecer a Palavra. Faz com que o salmo 119 rompa a indiferença do meu coração. Amém.

17 de novembro

Leia Salmos 119.137-144. ¹³⁷Senhor, tu és justo, e teus juízos são retos. ¹³⁸Ordenaste teus testemunhos com justiça, e com toda fidelidade. ¹³⁹O zelo me consome, pois meus inimigos se esquecem da tua palavra. ¹⁴⁰Tua palavra é fiel a toda prova, por isso teu servo a ama. ¹⁴¹Sou pequeno e desprezado, mas não me esqueço de teus preceitos. ¹⁴²Tua justiça é eterna, e tua lei é a verdade. ¹⁴³Tribulação e angústia me dominaram; mas teus mandamentos são meu prazer. ¹⁴⁴Teus testemunhos são justos para sempre; dá-me entendimento, para que eu viva.

A PALAVRA JUSTA. Quando a Bíblia diz que Deus é justo (v. 137,142), isso significa que ele é completamente justo e reto; ele jamais explora ou abusa. A Palavra de Deus reflete com perfeição essa mesma justiça (v. 138,144). Isso é difícil para pessoas modernas, que vivem na cultura mais avessa à autoridade da história do mundo. Muita coisa na Palavra parece injusta na superfície, uma exploração até. Contudo, esse é o testemunho de milhões de pessoas — e da própria Palavra: se você confiar na Palavra de Deus, "provando-a" no crisol da sua vida ao longo dos anos (v. 140), descobrirá que ela não só é verdadeira (v. 142) como também prazerosa (v. 143). Passará então a amá-la (v. 140).

Oração: Senhor, houve um tempo em que muitas coisas em tua Palavra me pareciam duras e severas demais. À medida que o tempo foi passando, no entanto, elas foram diminuindo. Tua Palavra tem demonstrado ser verdadeira. Abre portas para que eu fale a outros, nesta que é a mais desconfiada de todas as culturas, que a Palavra do Senhor é digna de confiança. Amém.

18 de novembro

Leia Salmos 119.145-152. ¹⁴⁵Clamo de todo o coração: Atende-me, Senhor! Eu guardarei teus decretos. ¹⁴⁶Clamo a ti: Salva-me, para que eu guarde teus testemunhos. ¹⁴⁷Levanto-me antes do amanhecer e clamo; aguardo tuas palavras com esperança. ¹⁴⁸Mantenho-me acordado nas vigílias da noite, para meditar na tua palavra. ¹⁴⁹Senhor, ouve minha voz, conforme teu amor; vivifica-me, conforme tua justiça. ¹⁵⁰Os que me perseguem se aproximam de mim de forma traiçoeira; andam afastados da tua lei. ¹⁵¹Senhor, tu estás perto e todos os teus mandamentos são verdade. ¹⁵²Há muito aprendi dos teus testemunhos que tu os estabeleceste para sempre.

USANDO A PALAVRA. Esses versículos permitem vislumbrar um dia na vida de um homem da Palavra. Ele se levanta antes do amanhecer para orar e esperar na Palavra de Deus (v. 147); tarde da noite, medita em suas promessas (v. 148). O versículo 164 diz que ele louva a Deus sete vezes ao dia por sua Palavra. Muitas ordens monásticas seguem isso literalmente e têm sete momentos definidos todos os dias para oração e leitura. Mas, como o número sete significa completude ou totalidade, verificamos que devemos fazer do estudo da Palavra em atitude de oração uma das prioridades do tempo de que dispomos, nunca algo espremido entre outras coisas.

Oração: Senhor, quando eu terminar esta oração, vou traçar um plano e tomar providências para ler tua Palavra com frequência bem maior. Ajuda-me, a fim de que meu plano não seja nem irrealista nem ambicioso demais para fazer diferença. Amém.

19 de novembro

Leia Salmos 119.153-160. ¹⁵³Atenta para minha aflição e livra-me, pois não me esqueço da tua lei. ¹⁵⁴Defende minha causa e resgata-me; vivifica-me conforme tua palavra. ¹⁵⁵A salvação está longe dos ímpios, pois não buscam teus decretos. ¹⁵⁶Senhor, tuas misericórdias são muitas; vivifica-me conforme teus juízos. ¹⁵⁷Meus perseguidores e adversários são muitos, mas não me desvio dos teus testemunhos. ¹⁵⁸Vi os perversos e me angustiei, porque não guardam tua palavra. ¹⁵⁹Vê como amo teus preceitos; Senhor, vivifica-me conforme teu amor. ¹⁶⁰A soma da tua palavra é a verdade, e cada uma das tuas justas ordenanças dura para sempre.

A doutrina da palavra. O salmista diz que "a soma da tua palavra é a verdade" (v. 160; veja tb. v. 151). Tudo que a Bíblia afirma é verdade. Ela deve ser seguida, independentemente das nossas preferências emocionais, convenções culturais ou opiniões populares. A Palavra de Deus também é eterna (v. 160; veja tb. v. 152). Nada do que a Bíblia diz pode ficar ultrapassado. Não precisamos modernizá-la, corrigi-la ou complementá-la. Certamente a Palavra é mais do que um simples livro de declarações verdadeiras. É o modo de conhecer a Deus e seu amor que nos fortalece (v. 159). Mas esse encontro baseia-se nos comprometimentos doutrinários com a total inspiração e autoridade da Bíblia. Se não pudermos confiar no que ela diz sobre Deus, não podemos conhecer o Deus que ela nos revela.

Oração: Senhor, meus avós viveram em uma época em que tua Palavra era respeitada, mas ignorada. Vivo em uma época em que ela é atacada e mutilada. Torna-me capaz de defender a verdade da tua Palavra para mim mesmo e, quando oportuno, para outros. Amém.

20 de novembro

Leia Salmos 119.161-168. ¹⁶¹Príncipes perseguem-me sem motivo, mas meu coração teme tuas palavras. ¹⁶²Alegro-me com tua palavra, como quem acha grande despojo. ¹⁶³Odeio e detesto a falsidade, mas amo tua lei. ¹⁶⁴Sete vezes ao dia eu te louvo por tuas justas ordenanças. ¹⁶⁵Os que amam tua lei têm grande paz, e ninguém os fará tropeçar. ¹⁶⁶Senhor, espero na tua salvação e cumpro teus mandamentos. ¹⁶⁷Obedeço aos teus testemunhos e os amo imensamente. ¹⁶⁸Obedeço aos teus preceitos e testemunhos, pois todos os meus caminhos são conhecidos por ti.

A palavra entesourada. O salmista teme as palavras de Deus (v. 161). Ele se dedica com tenacidade às Escrituras porque estabelece uma associação correta muito íntima da Palavra com seu autor. Se Deus é a fonte de vida, então sua Palavra dará vida; se Deus é inteiramente verdadeiro, então a Palavra não pode errar. E, se Deus é glorioso, a Bíblia é um tesouro. "Alegro-me com tua palavra, como quem acha grande despojo" (v. 162). "Despojo" é o que os soldados recebiam após uma dura batalha. Aprender e digerir a Palavra de Deus requer uma luta. Devemos lutar contra nossa agenda cheia, a mente distraída, o coração obstinado e a opinião e o desdém do mundo. Mas, se vencemos, o resultado é ouro puro.

Oração: Senhor, de fato tua Palavra "é como uma mina bem profunda, e joias ricas e raras se escondem em suas imensas profundezas para todo aquele que a quiser sondar".[8] Dá-me a energia para estudar tua Palavra que vem de um profundo senso do valor que encontrarei nela. Amém.

21 de novembro

LEIA **Salmos 119.169-176.** ¹⁶⁹SENHOR, chegue a ti o meu clamor; dá-me entendimento conforme tua palavra. ¹⁷⁰Chegue minha súplica à tua presença; livra-me conforme tua palavra. ¹⁷¹Que meus lábios proclamem louvor, pois me ensinas teus estatutos. ¹⁷²Que minha língua celebre tua palavra, pois todos os teus mandamentos são justos. ¹⁷³Tua mão esteja pronta para me socorrer, pois escolhi teus preceitos. ¹⁷⁴SENHOR, anseio por tua salvação; tua lei é meu prazer. ¹⁷⁵Que eu viva para te louvar; ajudem-me tuas ordenanças. ¹⁷⁶Desgarrei-me como uma ovelha perdida; vem buscar teu servo, pois não me esqueço dos teus mandamentos.

A PALAVRA PODEROSA. O salmo 119 está nos dando várias orientações sobre o que fazer com as Escrituras. Devemos lê-las, aprendê-las e compreendê-las — para meditar nelas, memorizá-las e segui-las. Devemos reservar tempo para fazê-lo nesta manhã e à noite sem falta. Mas tudo isso é vão a menos que Deus o busque à medida que você lê sua Palavra (v. 176). A Palavra de Deus é viva e eficaz, penetrante e apta a curar como o bisturi de um cirurgião (Hb 4.12,13). Se você não tem certeza da confiabilidade da Bíblia — ou se tem amigos que não têm essa certeza —, dedique-se apenas a lê-la. Mesmo que não acredite que uma faca é afiada, se ela o for, será capaz de cortá-lo.

Oração: Senhor, eis o maravilhoso espelho "que aprimora os olhos do espectador: o manancial que purifica o que mostra. Quem pode tornar seu louvor encantador demais?"⁹ Que poder de curar e de moldar ele tem! Que eu me entregue com entusiasmo à Palavra. Amém.

22 de novembro

Leia **Salmos 120**. ¹Na minha angústia clamei ao Senhor, e ele me respondeu. ²Senhor, livra-me dos lábios mentirosos e da língua enganadora. ³O que te será dado ou acrescentado, língua enganadora? ⁴Flechas agudas do guerreiro, com brasas vivas! ⁵Ai de mim, que vivo em Meseque e habito entre as tendas de Quedar! ⁶Há muito tempo moro com os que odeiam a paz. ⁷Sou pela paz; mas, até quando falo, eles insistem na guerra.

EXÍLIO. Esse é o primeiro de quinze "Cânticos de degraus" entoados por aqueles que subiam ao monte Sião para as festas anuais.[10] O salmista busca a paz, mas aqueles ao seu redor só querem conflito com ele e sua fé (v. 7). Trata-se do "ressentimento de um modo de vida contra seu oposto [...] para o qual não há boa vontade, sem capitulação ou conversão, capaz de resolver".[11] Nessa situação, a Bíblia proíbe tanto as concessões (2Co 6.14ss) quanto a retaliação (Rm 12.14-21). O salmista deixa a vingança para Deus (v. 3,4), mas, mesmo quando os crentes servem pacificamente seus vizinhos, podem atrair hostilidade (1Pe 2.12). Portanto, seguimos nosso Senhor, que também foi um homem de paz em uma cultura belicosa (1Pe 2.21-25).

Oração: Senhor, parte meu coração, e muitas vezes a minha paciência, quando, apesar das minhas propostas de paz, alguém permanece em implacável oposição. E eu vivo em uma cultura onde muitos acham que a indignação constante e irada é uma virtude moral. Senhor, peço tua ajuda para continuar a amar e oferecer respeito àqueles que estão contra mim e contra aquilo em que acredito. Amém.

23 de novembro

Leia Salmos 121. ¹Elevo meus olhos para os montes; de onde vem o meu socorro? ²Meu socorro vem do Senhor, que fez os céus e a terra. ³Ele não permitirá que teus pés vacilem; aquele que te guarda não se descuida. ⁴É certo que o guarda de Israel não se descuidará nem dormirá. ⁵O Senhor é quem te guarda; o Senhor é tua sombra ao teu lado direito. ⁶O sol não te prejudicará de dia, nem a lua de noite. ⁷O Senhor te protegerá de todo mal; ele protegerá a tua vida. ⁸O Senhor protegerá a tua saída e a tua entrada, desde agora e para sempre.

SOCORRO. Em busca de ajuda, o salmista olha para os montes (v. 1), que poderiam ser tanto um local de refúgio quando um esconderijo para os inimigos. Os montes, no entanto, não são nada (como ameaça ou ajuda) comparados com o socorro do Senhor, aquele que os fez (v. 2). O que é o socorro de Deus? É o refrigério espiritual ("sombra," v. 5) por meio de sua presença. É Deus nos capacitando a evitar os escorregões ou o pecado (v. 3; cf. Sl 73.2). Meio quilo de pecado pode nos machucar mais do que uma tonelada de sofrimento. O pecado é capaz de endurecer nosso coração de modo que percamos tudo, mas o sofrimento, se corretamente trabalhado, pode nos tornar mais sábios, felizes e profundos.

Oração: Senhor, minha vida está cheia de pressões que parecem o sol brilhando forte e exaurindo-me de toda força. Mas vivi experiências em que teu sorriso, percebido em oração, foi como uma sombra fresca ou uma brisa refrescante para o meu coração. Dá-me a graça de conhecer-te mais como minha sombra e socorro. Amém.

24 de novembro

Leia **Salmos 122**. ¹Alegrei-me quando me disseram: Vamos à casa do Senhor. ²Ó Jerusalém, nossos pés estão dentro das tuas portas! ³Jerusalém, que és construída como uma cidade bem estabelecida, ⁴para onde sobem as tribos, as tribos do Senhor, como testemunho para Israel, a fim de render graças ao nome do Senhor. ⁵Ali estão os tribunais de justiça, os tribunais da casa de Davi. ⁶Orai pela paz de Jerusalém, prosperem os que te amam! ⁷Haja paz dentro de teus muros e prosperidade em teus palácios. ⁸Por amor aos meus irmãos e amigos, direi: Haja paz em ti. ⁹Por amor à casa do Senhor, nosso Deus, buscarei teu bem.

igreja. As pessoas que compareciam às festividades anuais se aproximavam de Jerusalém com alegria (v. 1). O povo amava a cidade e orava por seu progresso (v. 6,7). Jerusalém era para os antigos judeus o que a igreja representa para os crentes em Cristo. Quando passamos a crer em Cristo, tornamo-nos cidadãos da Jerusalém celestial (Hb 12.22-24; Fp 3.20). A manifestação dessa cidade celestial (e futura) é a contracultura da igreja cristã, uma sociedade onde o mundo pode enxergar a vida humana vivida de acordo com a vontade de Deus. Pelo evangelho, raças e nações diferentes são "... bem estabelecida[s]" (v. 3; cf. Ef 2.11-22). Pessoas que jamais se dariam bem fora da igreja se amam dentro dela. Devemos buscar refúgio na igreja com alegria; a Bíblia desconhece por completo a religião solitária.

Oração: Senhor, eu te louvo pelo que a igreja *poderia* ser — uma sociedade humana alternativa que mostra ao mundo tua glória. Mas confesso que faço parte do que a igreja *é*, uma comunidade cheia de defeitos, longe de refletir teu caráter. Dá-me o entendimento e o amor de que necessito para me tornar parte da solução, não do problema. Amém.

25 de novembro

Leia **Salmos 123**. ¹Tu, que habitas nos céus, a ti elevo meus olhos. ²Assim como os olhos dos servos atentam para a mão de seu senhor, e os olhos da serva, para a mão de sua senhora, também nossos olhos estão atentos ao Senhor, nosso Deus, até que ele se compadeça de nós. ³Tem misericórdia de nós, Senhor, tem misericórdia de nós, pois estamos fartos de tanto desprezo. ⁴Estamos cansados de tanta zombaria dos arrogantes e do desprezo dos soberbos.

foco. Os crentes sentem a dor do desprezo do mundo (v. 3,4). Como evitar que adotemos a visão do mundo ou que nos tornemos ressentidos e retraídos? Devemos erguer os olhos para Deus (v. 1). Isso é mais do que simplesmente "dar uma olhada". Denota um olhar firme, reflexivo, adorador (v. 1,2), cheio de anseio e desejo (Mt 6.23; cf. Js 7.21). O salmista fixa o foco tanto de sua atenção quanto dos anseios de seu coração em Deus em oração (v. 2). Ele passa a ser como um criado doméstico, treinado para reagir a cada indicação do desejo do seu senhor (v. 2). Resumindo, o salmista supera todas as distrações, voltando-se para o principal interesse de sua vida: conhecer a Deus por experiência própria e servi-lo em obediência. Ore esse salmo todos os dias até Deus lhe mostrar sua misericórdia.

Oração: Senhor, vivo em uma sociedade que sofre de "deficit de atenção". Uma coisa atrás da outra entra em meu campo de visão e desaparece. Oh, ensina-me a concentrar-me em ti. Que eu sempre te tenha em mente durante o dia. E ajuda-me a olhar demorada e amorosamente para ti em oração. Amém.

26 de novembro

Leia Salmos 124. ¹Se o Senhor não estivesse ao nosso lado, Israel que o diga: ²Se o Senhor não estivesse ao nosso lado, quando os homens se levantaram contra nós, ³eles nos teriam engolido vivos, quando se enfureceram contra nós; ⁴as águas nos teriam encoberto, e a torrente teria passado sobre nós; ⁵sim, as águas impetuosas teriam passado sobre nós! ⁶Bendito seja o Senhor, que não nos entregou, como presa, aos dentes deles. ⁷Como um pássaro, escapamos do laço dos que caçam passarinhos; o laço se rompeu, e nós escapamos. ⁸Nosso socorro está no nome do Senhor, que fez os céus e a terra.

ALIANÇA. Quatro vezes (v. 1,2,6,8) Deus é chamado de "Senhor", o Deus que estabelece uma aliança conosco pela graça. Essa palavra incomum quer dizer que seu amor está "preso a nós" em um compromisso sem fim. Desse modo, ele é sempre *por* nós (v. 1,2). Mas o salmista não podia ver o que nós vemos. Deus está sempre do nosso lado, pois em Cristo nossos pecados não podem nos colocar debaixo de condenação (Rm 8.1,34,35). Assim, nem "tribulação, ou angústia, ou perseguição, ou fome, ou privação, ou perigo, ou espada [...] [poderão] nos separar do amor de Deus, que está em Cristo Jesus, nosso Senhor" (Rm 8.35,39). Como o criador do céu e da terra (por meio de Cristo) é o nosso socorro, não temeremos (v. 8). Quem poderia ser contra nós (Rm 8.31)?

Oração: Senhor, tu és um Deus que guardas tua aliança. Teu filho prometeu nos salvar, e nem o próprio inferno, abatendo-se sobre ele com toda força, foi capaz de impedi-lo de guardar sua promessa. Faz-me como ele então. "Toma o meu querer, meu Deus, seja teu e não mais meu. Toma tudo que há em mim: teu serei até o fim."[12] Amém.

27 de novembro

Leia Salmos 125. ¹Os que confiam no Senhor são como o monte Sião, que não pode ser abalado, mas permanece para sempre. ²Como os montes em volta de Jerusalém, assim está o Senhor em volta do seu povo, desde agora e para sempre. ³O cetro da impiedade não prevalecerá sobre a terra dos justos, para que estes não estendam as mãos para cometer injustiça. ⁴Ó Senhor, faze o bem aos bons e aos de coração íntegro. ⁵Mas os que se desviam para os caminhos tortuosos, o Senhor os castigará, juntamente com os malfeitores. A paz esteja sobre Israel!

PERSEVERANÇA. Na Antiguidade, não havia posição mais segura para uma cidade, em termos militares, do que estar rodeada por montes. Confiar em Deus é como estar dentro de uma fortaleza de montanhas (v. 2). Como? A confiança em Deus proporciona um ponto de observação superior. Ajuda-nos a enxergar nosso próprio pecado e a ver que a maldade só compensa no curto prazo. A confiança em Deus também é o caminho para, com o tempo, termos um panorama do próprio Deus de tirar o fôlego. Ver o Senhor sobre um alto e sublime trono transformou permanentemente a visão que Isaías tinha de tudo (Is 6.1-8). Mais do que qualquer outra coisa, confiar em Deus significa conectar-se com a única pessoa que permanecerá para sempre. E isso significa que você permanecerá também (v. 1). Em um mundo em que tudo parece mudar e nada subsiste, fixe a mente nisso.

Oração: Senhor, as mudanças e transformações incessantes da vida são exaustivas para mim. Mas tu não mudas, e és o lugar da minha morada. Ajuda-me a sossegar meu coração por meio dessa verdade. "Pois suas misericórdias, elas permanecem. Sempre fiéis, sempre seguras."[13] Amém.

28 de novembro

Leia Salmos 126. ¹Quando o Senhor trouxe os cativos de volta a Sião, ficamos como quem sonha! ²Então nossa boca se encheu de riso, e nossa língua, de cânticos de alegria. E se dizia entre as nações: O Senhor fez grandes coisas por eles. ³Sim, o Senhor fez grandes coisas por nós, e por isso estamos alegres. ⁴Senhor, restaura nossos cativos, assim como renovas as correntes no Neguebe. ⁵Os que semeiam em lágrimas colherão com cânticos de júbilo. ⁶Aquele que sai chorando a plantar a semente voltará com cânticos de júbilo, trazendo consigo seus feixes.

RESTAURAÇÃO. Israel teve períodos de grande fecundidade e vitalidade espiritual (v. 1-3) marcadas pela alegria (v. 2). Mas as comunidades de fé com frequência têm períodos de "Neguebe", tempos de grande aridez espiritual. (O Neguebe era uma terra seca e desértica.) Às vezes uma enchente do Espírito de Deus desce poderosa e repentinamente, como as torrentes de tempestades sobre os montes distantes, e a comunidade é restaurada de modo drástico (v. 4). Mas há também um caminho mais lento de restauração. Os que "semeiam em lágrimas" (v. 5,6) são aqueles que oram e choram diligentemente pelos próprios pecados e também pelo povo sem fé. Na agricultura real, a semeadura não exibe frutos imediatos. Mas a oração e o serviço fiéis acabarão dando frutos. O deserto se converterá em jardim (Is 35.1,2).

Oração: Senhor, oro por minha igreja, meu país e por diversas pessoas que amo — para que recebam poder e renovação espirituais. Ajuda-me a descansar em teu tempo, sabendo que minhas lágrimas em oração são como sementes que se converterão em realidade na vida daqueles por quem me importo. Amém.

29 de novembro

Leia **Salmos 127**. ¹Se o Senhor não edificar a casa, em vão trabalham os que a edificam; se o Senhor não proteger a cidade, em vão vigia a sentinela. ²Inútil vos será levantar de madrugada, repousar tarde, comer o pão de dores, pois ele o supre aos seus amados enquanto dormem. ³Os filhos são herança do Senhor, e o fruto do ventre é a sua recompensa. ⁴Como flechas na mão de um guerreiro, assim são os filhos da mocidade. ⁵Bem-aventurado o homem que com eles enche sua aljava; quando enfrentarem os inimigos numa disputa, não serão envergonhados.

DESCANSO. Em última análise, prosperidade e segurança não são realizações nossas, mas presentes de Deus (v. 1). Por isso a sobrecarga de trabalho, a preocupação e o desgaste são tolices e equívocos (v. 2). Portanto, filhos prósperos e felizes são obra de Deus (v. 3-5). Pais que parecem "pairar" sobre os filhos o tempo todo e se envolver demais em suas vidas não têm como assegurar-lhes a saúde e a felicidade. A menos que o Senhor entre na vida deles, toda a nossa vigilância será vã. Entregar nossos filhos a Deus é o único modo que temos de guardá-los. Se você sabe que aquele que o ama sem falhas tem o comando completo da história, será capaz de dormir bem (v. 2). E, se você *está* sobrecarregado de trabalho e com excesso de estresse, tem se esquecido de quem é Deus. Jesus foi muito direto ao dizer: "... sem mim nada podeis fazer" (Jo 15.5).

Oração: Senhor, reconhecer que minhas realizações são presentes teus tem um sabor meio agridoce. A princípio, arde porque me humilha. Mas depois é muito doce e produz grande paz. Nada depende de mim, e nunca dependeu. Que eu trabalhe duro, com essa perspectiva libertadora afastando a pressão que, de forma pecaminosa, ponho sobre mim mesmo. Amém.

30 de novembro

Leia Salmos 128. ¹Bem-aventurado todo aquele que teme o Senhor e anda em seus caminhos! ²Pois comerás do trabalho das tuas mãos; serás feliz, e tudo te irá bem. ³Em tua casa, tua mulher será como a videira frutífera, e teus filhos, como brotos de oliveira ao redor da tua mesa. ⁴Assim será abençoado o homem que teme o Senhor. ⁵O Senhor te abençoe de Sião, para que vejas a prosperidade de Jerusalém todos os dias da tua vida ⁶e vejas os filhos de teus filhos. A paz esteja sobre Israel!

Família. Um cônjuge amoroso e filhos em fase de crescimento são grande bênção (v. 3,4). Mas o pecado no coração e o mal no mundo desestruturaram a vida da família humana. Muitos querem ter uma família e não conseguem, e muitos que a têm desejam uma família bastante diferente. Também há pessoas que sofrem abusos terríveis dentro da família. Jesus disse que sua família não consistia em parentes biológicos: "Aquele, pois, que fizer a vontade de Deus, esse é meu irmão, irmã e mãe" (Mc 3.35). A igreja deve não apenas apoiar e recuperar as famílias como também encontrar uma forma de se tornar a família de Deus em que qualquer pessoa, casada ou solteira, com filhos ou sem, possa crescer em amor.

Oração: Senhor, muitos de nós hoje nos relacionamos com as pessoas na igreja como parceiros de consumo em vez de irmãos e irmãs. Vamos até lá participar de cultos religiosos, não para vivermos juntos nossa vida comum, como uma família. Muda meu modo de pensar; ajuda-me a ajudar minha igreja a se tornar uma família Amém.

1.º de dezembro

Leia Salmos 129. ¹Muitas vezes me oprimiram, desde minha mocidade; Israel que o diga: ²Muitas vezes me oprimiram, desde minha mocidade; todavia não prevaleceram contra mim. ³Os lavradores araram sobre minhas costas; abriram longos sulcos. ⁴Mas o Senhor é justo, ele rompeu as cordas dos ímpios. ⁵Retrocedam envergonhados todos os que odeiam Sião. ⁶Sejam como o capim dos telhados, que seca antes de florescer ⁷e não enche a mão do ceifeiro, nem os braços do que ata os feixes. ⁸Não digam os que passam: A bênção do Senhor seja sobre vós; nós vos abençoamos em nome do Senhor.

opressão. O salmista fala sobre escravos com as costas marcadas por chicotadas (v. 3) que foram libertos por Deus (v. 4). "O Senhor executa a justiça e defende todos os oprimidos" (Sl 103.6); ele odeia os governantes do mundo que agem como tiranos (Lc 22.25-27), por isso o poder deles é sempre temporário (v. 5). Assim, devemos trabalhar pela justiça social no mundo. Mas os cristãos podem ler isso em outro nível. Houve alguém que voluntariamente entregou as costas aos torturadores (Is 50.6), por cujas feridas e chicotadas somos sarados (Is 53.5). Quando encontramos pessoas que se opõem ao evangelho ("que odeiam Sião", v. 5), devemos seguir Jesus promovendo a derrota do mal pelo perdão e o amor (Rm 12.14-21; 1Pe 2.22-24) e convidando-as a se arrependerem (Ez 18.30-32).

Oração: Senhor, vieram com "espadas e pedaços de pau" (Mt 26.47) e te açoitaram. "Com paus e varas te buscaram, como um ladrão, tu que és o Caminho, o alívio verdadeiro; A verdade maior para eles, que são sua maior dor."¹ Obrigado por seres verdadeiro para mim naquela hora e por me curares com tuas chicotadas. Amém.

2 de dezembro

Leia Salmos 130. ¹Senhor, das profundezas clamo a ti. ²Senhor, escuta minha voz; estejam teus ouvidos atentos às minhas súplicas. ³Senhor, se atentares para o pecado, quem resistirá, Senhor? ⁴Mas o perdão está contigo, para que sejas temido. ⁵Espero no Senhor, minha alma o espera; em sua palavra eu espero. ⁶Espero pelo Senhor mais do que os guardas pelo amanhecer, sim, mais do que os guardas esperam pela manhã! ⁷Ó Israel, coloca a esperança no Senhor! Pois no Senhor há amor fiel, e nele há plena redenção; ⁸ele remirá Israel de todas as suas maldades.

PERDÃO. O que devemos a um Deus que nos dá tudo que temos e nos mantém vivos a cada segundo? Devemos amar e servir somente a ele. Mas *ninguém* faz isso, portanto ninguém poderá "resistir" no dia do juízo baseado em seu registro de pecados (v. 3; cf. Rm 3.10). Esperar pela misericórdia de Deus pode parecer desanimador, como o insone que anseia pela manhã que parece nunca chegar (v. 6). Mas aqui está o evangelho: "Ele *próprio* redimirá Israel de todas as suas culpas" (v. 8, NVI). Jesus é o próprio Deus, morrendo para salvar seu povo do pecado cometido. O perdão e a misericórdia de Deus geram um alegre temor e maravilhamento que reveste nossa vida de poder (v. 4). A manhã chegou!

Oração: Senhor, eu te agradeço pela alegria do perdão. Lembro-me da surpresa que me causou. Minha culpa era como uma dor crônica de baixa intensidade. Quando foi removida, percebi que me exaurira a vida de alegria e confiança. Faz com que eu me lembre do meu perdão para que eu tenha um coração leve e rápido em desfrutar da vida e de outras pessoas. Amém.

3 de dezembro

Leia Salmos 131. ¹Senhor, meu coração não é arrogante, nem meus olhos são altivos; não busco coisas grandiosas e maravilhosas demais para mim. ²Na verdade, acalmo e sossego minha alma; como uma criança desmamada nos braços da mãe, assim é minha alma, como essa criança. ³Ó Israel, põe tua esperança no Senhor, desde agora e para sempre.

CONTENTAMENTO. Pode ser que haja um desejo descontrolado por grandeza e realização (v. 1). "E procuras coisas magníficas para ti mesmo? Não as busques..." (Jr 45.5). Essa busca egoísta cria grande desassossego e insatisfação — mas o salmista deixou tudo para trás. Um filho que mama no peito, nos braços da mãe, está plenamente consciente do leite que ela pode oferecer e haverá de se contorcer e chorar se ele lhe for negado. Um filho que foi desmamado (v. 2), no entanto, e não mais precisa do peito, fica contente só de *estar* com a mãe, desfrutando de sua proximidade e amor sem querer mais nada. Com grande frequência nos aproximamos de Deus apenas pelo que ele pode dar, em vez de simplesmente descansarmos em sua presença. Faça *isso* agora, por meio da Palavra e da oração, em nome de Jesus.

Oração: Pai, tu me dizes para te apresentar minhas necessidades. Mas ajuda-me também a descansar em tua presença, contente e alegre pelo simples fato de estar contigo. Dá-me de vez em quando esse nível de proximidade e amor. Necessito muito dele. Amém.

4 de dezembro

LEIA Salmos 132.1-10. ¹SENHOR, lembra-te de Davi, de todas as suas aflições; ²de como jurou ao SENHOR e fez voto ao Poderoso de Jacó, dizendo: ³Não entrarei na casa em que moro, nem deitarei na cama em que durmo; ⁴não darei sono aos meus olhos, nem repouso às minhas pálpebras, ⁵até que eu encontre um lugar para o SENHOR, uma morada para o Poderoso de Jacó. ⁶Ouvimos dizer que a arca estava em Efrata, e a encontramos no campo de Jaar. ⁷Entremos nos seus tabernáculos; prostremo-nos diante do estrado de seus pés. ⁸Levanta-te, SENHOR, entra no lugar do teu repouso, tu e a arca do teu poder. ⁹vistam-se de justiça teus sacerdotes, e exultem de júbilo teus santos. ¹⁰Por amor de Davi, teu servo, não rejeites o teu ungido.

PROXIMIDADE. Davi prometeu levar a Arca da Aliança (o "estrado" dos pés do Senhor, v. 7; cf. 1Cr 28.2) para Jerusalém e construir uma casa para Deus (v. 7; cf. 2Sm 7.1-17). Não se tratava de mera manobra política. No versículo 5 Davi se recorda do Senhor como o Deus "de Jacó", que lutou com o patriarca, mas lhe deu a enorme bênção que ele buscara a vida inteira (Gn 32.29). Davi quer Deus por perto, a qualquer custo, a fim de conhecer a bênção do Senhor em seu coração. E o texto nos conta que estabelecer uma casa para Deus em Jerusalém custou a Davi grandes "aflições" (v. 1). Nós também deveríamos pagar qualquer preço para nos aproximarmos de Deus, lembrando-nos daquele que fez uma promessa como a de Davi e suportou custo infinito para se aproximar de nós (Hb 10.5-10).

Oração: Senhor, antigamente as pessoas precisavam viajar até Jerusalém para conhecer tua presença no templo. Eu te louvo porque hoje, por meio de Jesus, podemos nos aproximar a qualquer hora e em qualquer lugar. Confesso que negligencio esse dom, comprado por um preço infinito. Ajuda-me a aproximar-me de ti e então, por favor, aproxima-te de mim. Amém.

5 de dezembro

Leia Salmos 132.11-18. **¹¹**O Senhor jurou a Davi com verdade e não se desviará dela: Colocarei um dos teus descendentes sobre o teu trono. **¹²**Se teus filhos guardarem minha aliança e meus testemunhos, que eu lhes ensinarei, os filhos deles também se assentarão para sempre no teu trono. **¹³**Porque o Senhor escolheu Sião; preferiu-a para sua habitação, dizendo: **¹⁴**Este é para sempre o lugar do meu repouso; aqui habitarei, pois assim eu quis. **¹⁵**Abençoarei ricamente suas provisões; fartarei de alimento seus necessitados. **¹⁶**Vestirei de salvação seus sacerdotes; e seus santos exultarão de júbilo. **¹⁷**Farei brotar ali o poder de Davi; farei resplandecer a lâmpada do reinado do meu ungido. **¹⁸**Cobrirei seus inimigos de vergonha; mas sobre ele resplandecerá sua coroa.

GARANTIA. A ênfase desse salmo é no juramento do Senhor, que ele não pode deixar de manter. Deus prometeu que um descendente de Davi traria a presença de Deus ao mundo de uma maneira que Davi dificilmente seria capaz de imaginar (v. 11; cf. 2Sm 7.11-16). Jesus, o Davi maior, veio de fato e trouxe a presença de Deus a nossas vidas — tornando-*nos* seu local de habitação (1Pe 2.4-10). Somos sua casa não porque trabalhamos e fizemos por merecer, mas porque fomos escolhidos pela graça (v. 13). Você não extrairá nenhum consolo de sua salvação se não tiver certeza de que a possui. A promessa de Deus nos assegura que ele jamais nos deixará.

Oração: Senhor, como prometeste, "A alma que em Cristo buscou repousar a seus inimigos não vou entregar. Embora o inferno a queira abalar, jamais, jamais eu a hei de abandonar".[2] Peço que teu Espírito fale essa verdade ao meu coração (Rm 8.16). Amém.

6 de dezembro

Leia Salmos 133. ¹Como é bom e agradável os irmãos viverem em união! ²É como o óleo precioso sobre a cabeça, que desce para a barba, a barba de Arão, e desce sobre a gola das suas vestes; ³como o orvalho do Hermom, que desce sobre os montes de Sião. Ali o Senhor ordena a bênção e a vida para sempre.

UNIDADE. A unidade do povo de Deus junta opostos, simbolizados pelo alto Hermom, no norte rural, e a pequena colina de Sião, no sul urbano (v. 3). Se o orvalho do Hermom caísse sobre Sião seria um milagre — e o mesmo vale para o laço sobrenatural que reúne no Senhor pessoas muito diferentes quanto a cultura, raça e classe. A unidade e o amor que ele nos dá é como o óleo precioso da antiguidade (v. 2), deixando as pessoas perfumadas e atraentes a nós que, do contrário, as dispensaríamos ou rejeitaríamos. Portanto, "com paciência, suportando-vos uns aos outros em amor, [procurem] cuidadosamente manter a unidade do Espírito no vínculo da paz" (Ef. 4.2,3).

Oração: Senhor, o mundo nos conhecerá por nosso amor uns pelos outros, atravessando barreiras raciais e culturais que dividem o resto da raça humana. No entanto, a igreja com frequência se parece demais com o mundo nesse aspecto. Ensina-me a ajudar a igreja a ser o corpo diversificado e unido que foi feita para ser. E permita-me fazer isso de uma maneira despretensiosa. Amém.

7 de dezembro

Leia Salmos 134. ¹Bendizei o Senhor, todos vós, seus servos, que de noite servis na casa do Senhor! ²Erguei as mãos para o santuário e bendizei o Senhor! ³De Sião te abençoe o Senhor, que fez os céus e a terra!

ADORAÇÃO. Os peregrinos enfim chegam a Jerusalém e vão ao templo. Eles veem os sacerdotes e cantores levíticos louvando à noite (v. 1; cf. 1Cr 23.30). Talvez quem trabalhasse no "turno da noite" recebesse pouca atenção ou reconhecimento público. No entanto, por serem capazes de orar e louvá-lo em sua presença, tinham "uma só [coisa] [...] necessária" (Lc 10.42). Embora trabalhassem em relativa obscuridade, Deus os abençoava, como faz com todos que são fiéis ao seu chamado. Portanto, a maior de todas as coisas é viver na presença dele, sempre cantando para ele com o coração agradecido (Ef 5.19,20), mas lembrando que só podemos fazê-lo "de Sião", o lugar de sacrifício de sangue pelos pecados. Hoje isso significa nos lembrarmos do sangue derramado por Jesus (Hb 10.1-22).

Oração: Senhor, quero adorar-te conscientemente o dia todo. Então eu veria todas as coisas boas como uma dádiva do teu coração, e todas as coisas más como um teste da tua mão. Por favor, dá-me centralidade em Deus instante a instante. Amém.

8 de dezembro

Leia Salmos 135.1-12. ¹Aleluia! Louvai o nome do Senhor! Louvai-o, servos do Senhor, ²vós que servis na casa do Senhor, nos átrios da casa do nosso Deus. ³Louvai o Senhor, pois o Senhor é bom; cantai louvores ao seu nome, porque ele é bondoso. ⁴Pois o Senhor escolheu Jacó para si, e Israel, para sua propriedade. ⁵Pois sei que o Senhor é grande e que o nosso Senhor está acima de todos os deuses. ⁶O Senhor faz tudo o que deseja, no céu e na terra, nos mares e em todos os abismos. ⁷Faz subir as nuvens das extremidades da terra; faz os relâmpagos para a chuva; tira os ventos dos seus reservatórios. ⁸Foi ele quem feriu os primogênitos do Egito, tanto dos homens como dos animais; ⁹quem realizou sinais e prodígios no meio de ti, ó Egito, contra o faraó e seus servos; ¹⁰quem atacou muitas nações e matou reis poderosos: ¹¹Siom, rei dos amorreus, e Ogue, rei de Basã, e todos os reinos de Canaã; ¹²e deu a terra deles como herança, como herança para Israel, seu povo.

O DEUS A SER LOUVADO. Por que devemos louvar a Deus? Devemos louvá-lo porque *ele* é bom (v. 3). Mas também porque isso *é* bom, traz-nos prazer real (v. 3), pois atende a nossos anseios e a nossa natureza criada mais fundamentais. E devemos louvá-lo porque, por incrível que pareça, em sua graça ele *nos* acha bons. Considera-nos seu tesouro (v. 4), uma afirmação profundamente reconfortante. Por fim, devemos louvá-lo porque ele opera todas as coisas para o bem (v. 6; cf. Rm 8.28). Você está rodeado por seu amor!

Oração: Senhor, eu te louvo porque, seja o que for que tu desejes, é bom — pois tu és bom. E te louvo porque isso não é nenhuma afronta à minha liberdade, mas, sim, o esteio dela. Não posso, em última análise, arruinar minha vida, porque tu estás no comando e porque tu me amas. Amém.

9 de dezembro

Leia Salmos 135.13-21. ¹³Ó Senhor, teu nome permanece para sempre; e tua memória, Senhor, por todas as gerações. ¹⁴Pois o Senhor julgará o seu povo e se compadecerá dos seus servos. ¹⁵Os ídolos das nações são prata e ouro, obra de mãos humanas; ¹⁶têm boca, mas não falam; têm olhos, mas não veem; ¹⁷têm ouvidos, mas não ouvem; nem há fôlego algum em sua boca. ¹⁸Tornem-se semelhantes a eles aqueles que os fazem e todos os que neles confiam. ¹⁹Bendizei o Senhor, casa de Israel, bendizei o Senhor, casa de Arão! ²⁰Bendizei o Senhor, casa de Levi, bendizei o Senhor, vós, que temeis o Senhor! ²¹De Sião seja bendito o Senhor, que habita em Jerusalém! Aleluia!

DEUSES QUE NÃO DEVEM SER LOUVADOS. Esses versículos sobre idolatria reproduzem o ensino do salmo 115 (veja o devocional de 23 de outubro). Ídolos costumam ser coisas boas convertidas em coisas de importância suprema porque nos voltamos para elas para nos dar o significado e a segurança que só podem vir de Deus. Como fazemos para "descartar" nossos ídolos? Sempre que você vir seu coração nas garras de algum tipo de tentação, ansiedade ou ataque de raiva, pergunte: meus sentimentos estão sendo causados por uma esperança desordenada de que algo me dê aquilo que só Jesus pode dar? Como Cristo me dá de maneira muito mais plena, graciosa e apropriada justamente aquilo que estou buscando em outro lugar?

Oração: Senhor, nunca serei capaz de amar-te como devo enquanto não me livrar dos amores concorrentes. Purifica meu coração para que ele se regozije em ti acima de todas as coisas. Oh, como amarei muito melhor e com mais sabedoria todas as outras pessoas e coisas na minha vida se eu te amar acima de tudo! Amém.

10 de dezembro

Leia **Salmos 136.1-9**. ¹Rendei graças ao Senhor, pois ele é bom, e seu amor dura para sempre. ²Rendei graças ao Deus dos deuses, pois seu amor dura para sempre. ³Rendei graças ao Senhor dos senhores, pois seu amor dura para sempre. ⁴Ao único que faz grandes maravilhas, pois seu amor dura para sempre; ⁵àquele que fez os céus com entendimento, pois seu amor dura para sempre; ⁶àquele que estendeu a terra sobre as águas, pois seu amor dura para sempre; ⁷àquele que fez os grandes luminares, pois seu amor dura para sempre; ⁸o sol para governar o dia, pois seu amor dura para sempre; ⁹a lua e as estrelas para comandarem a noite, pois seu amor dura para sempre;

TEOLOGIA ENALTECIDA. Cada versículo desse salmo aponta para verdades em alguma outra parte da Bíblia. No entanto, a teologia sadia não é um fim em si mesma, mas deve ser convertida em louvor. Nem a obediência isolada é suficiente. Uma conformidade ética sem adoração fervorosa significa que você entregou sua vontade para Deus, mas não seu coração. Observe também que esse louvor não é solitário. O salmo nos oferece um vislumbre de como muitos dos salmos eram entoados responsivamente na congregação de adoração. Portanto, você não deve se dar por satisfeito com o conhecimento bíblico e a sã doutrina, mas converter tudo isso em adoração que abranja todo seu coração e vida. E não deve se deter na espiritualidade individual e privada, mas conhecer a Deus na assembleia e obedecer a ele como parte de toda uma comunidade.

Oração: Senhor, na tua presença há plenitude de alegria e prazeres para sempre (Sl 16.11), contudo me dedico mais a minha profissão e até a hobbies do que a aprender a orar. Essas coisas são como brincar em uma poça de lama, sendo que tu preparaste uma mesa para mim cheia de teu amor, paz e alegria. Senhor, ensina-me a orar e mostra-me uma igreja onde eu possa aprender a fazê-lo. Amém.

11 de dezembro

LEIA Salmos 136.10-16. ¹⁰àquele que feriu os primogênitos do Egito, pois seu amor dura para sempre; ¹¹e que tirou Israel do meio deles, pois seu amor dura para sempre, ¹²com mão forte e braço estendido, pois seu amor dura para sempre; ¹³àquele que dividiu o mar Vermelho em duas partes, pois seu amor dura para sempre; ¹⁴e fez Israel passar pelo meio dele, pois seu amor dura para sempre; ¹⁵mas afundou no mar Vermelho o faraó com o seu exército, pois seu amor dura para sempre; ¹⁶àquele que conduziu o seu povo pelo deserto, pois seu amor dura para sempre...

AS MARAVILHAS DO SEU AMOR. "Seu amor dura para sempre" se repete. Mas por que "amor"? Sua justiça e poder não duram também? Nenhum desses atributos de Deus pode ser compreendido sem os demais. Mesmo assim, Paulo dá a entender que, embora a grandeza de Deus possa ser logicamente deduzida a partir do mundo criado (Rm 1.20), o *amor* de Deus é uma completa surpresa e maravilha. Olhando para o coração do homem e para a história, você jamais concluiria que Deus nos ama. Mas ama! Paulo pede ajuda para assimilar não a justiça de Deus, mas "a largura, o comprimento, a altura e a profundidade desse amor [...] de Cristo" (Ef 3.18,19). O amor de Deus é seu traço mais impressionante, e, da mesma forma, o amor deveria ser a marca mais evidente de seus seguidores (Jo 13.35). É a sua?

Oração: Senhor, a marca do cristão é o amor, portanto eu deveria ser conhecido como uma pessoa amorosa não só pelos amigos, mas também pelos conhecidos. Confesso não ser esse o caso. Com teu Espírito, vá eliminando as razões para isso — minha sobrecarga de trabalho, meu orgulho e, sim, meu medo de ficar vulnerável demais. Amém.

12 de dezembro

Leia Salmos 136.17-26. ¹⁷... àquele que feriu grandes reis, pois seu amor dura para sempre; ¹⁸e causou a morte de reis famosos, pois seu amor dura para sempre; ¹⁹a Siom, rei dos amorreus, pois seu amor dura para sempre; ²⁰e a Ogue, rei de Basã, pois seu amor dura para sempre. ²¹E deu a terra deles por herança, pois seu amor dura para sempre; ²²sim, por herança a Israel, seu servo, pois seu amor dura para sempre. ²³Àquele que se lembrou de nós em nossa humilhação, pois seu amor dura para sempre; ²⁴e nos libertou de nossos inimigos, pois seu amor dura para sempre. ²⁵Àquele que alimenta todos os seres vivos, pois seu amor dura para sempre. ²⁶Rendei graças ao Deus dos céus, pois seu amor dura para sempre.

NOSSA HUMILHAÇÃO. O amor de Deus foi tão grande que ele assumiu nossa condição de humilhados (v. 23) em Jesus Cristo. Medite nesse amor por meio de um poeta que imagina Jesus falando da cruz:

Ó vós que passais, contemplai e vede; o homem roubou o fruto,
    mas eu devo subir na árvore;
árvore de vida para todos, exceto para mim: houve algum dia
    dor como a minha?

"Cura-te a ti mesmo, Médico; desce daí." Ah! Foi o que
    fiz, quando deixei minha coroa
e o sorriso do pai por vós, para sentir-lhe o cenho fechado: houve
    algum dia dor como a minha?

Ao não curar a mim mesmo, nisso consiste toda a salvação,
    a que agora resistis;
vossa segurança em minha enfermidade subsiste: houve algum
    dia dor como a minha?[3]

Oração: Senhor, teu amor permanece, mas eu oscilo demais. Ó Espírito Santo, faz a mim o que esse salmo está tentando fazer a mim. Infunde implacavelmente a verdade do teu amor em meu coração até que ele se inflame de amor — o amor que devo e quero sentir. Amém.

13 de dezembro

Leia Salmos 137. ¹Às margens dos rios da Babilônia nos assentamos e choramos, recordando-nos de Sião. ²Nos salgueiros que lá havia, penduramos nossas harpas, ³pois aqueles que nos levaram cativos nos pediam canções; e os que nos oprimiam pediam que os alegrássemos: Cantai-nos um dos cânticos de Sião. ⁴Mas como entoaremos o cântico do Senhor em terra estrangeira? ⁵Ó Jerusalém, que a minha mão direita se atrofie, se eu me esquecer de ti. ⁶Que minha língua se prenda ao céu da boca, se não me lembrar de ti, se eu não preferir Jerusalém à minha maior alegria. ⁷Senhor, lembra-te dos edomitas, do dia de Jerusalém, pois eles diziam: Arrasai-a, arrasai-a até os alicerces. ⁸Filha da Babilônia, que serás destruída; feliz aquele que te retribuir o mal que fizeste a nós; ⁹feliz aquele que pegar teus filhos e esmagá-los contra a pedra.

os cânticos de sião. Na Babilônia, os exilados buscavam a paz da cidade (Jr 29.4-7), mas quando os captores lhes pediram que cantassem salmos como entretenimento, eles se recusaram (v. 2-4). Não haveriam de relativizar as afirmações de sua fé. Os cânticos de Sião não são artefatos culturais, e sim *o* relato do plano de salvação de Deus. Seu clamor, pedindo que os opressores (v. 7) recebessem o que tinham dado aos outros (v. 8,9), nos assusta. Mas não devemos tapar os ouvidos para a dor do oprimido do mundo. Observe, mais uma vez, que até esses cantores deixaram o julgamento para Deus (v. 7). Os cristãos também sabem que o Filho de *Deus*, Jesus, tornou-se uma criança que igualmente acabou sendo esmagado pelos opressores (v. 8,9). Ele recebeu o castigo merecido pela injustiça. Portanto, os cristãos conseguem perdoar e orar pela reconciliação.

Oração: Senhor, peço ajuda urgentemente para tua igreja hoje. Cremos na verdade absoluta em um mundo relativista. Somos convidados para "sermos religiosos", mas só segundo os termos da nossa cultura, só se admitirmos que nossa fé não é *a* verdade como revelada por Deus. De que maneira servir a nosso próximo e insistir com amor no evangelho? Ajuda-nos, ó Senhor. Amém.

14 de dezembro

Leia **Salmos 138**. ¹Eu te louvarei de todo o coração; cantarei louvores a ti diante dos deuses. ²Inclino-me para o teu santo templo e louvo o teu nome, por teu amor e fidelidade; pois engrandeceste o teu nome e a tua palavra acima de tudo. ³No dia em que clamei, tu me respondeste e me deste vigor, fortalecendo minha alma. ⁴Todos os reis da terra te louvarão, Senhor, quando ouvirem as palavras da tua boca; ⁵e celebrarão os feitos do Senhor, pois grande é a glória do Senhor. ⁶Embora o Senhor seja sublime, ele atenta para o humilde; mas conhece o arrogante de longe. ⁷Embora eu enfrente angústias, tu me vivificas; estendes a mão contra a ira dos meus inimigos, e a tua mão direita me salva. ⁸O Senhor cumprirá seu propósito para comigo. O teu amor, Senhor, dura para sempre; não abandones as obras das tuas mãos.

ELE ATENTA PARA O HUMILDE. Davi se afasta dos "deuses" — seres e pessoas elevados e poderosos (v. 1). Ele percebe que, embora Deus seja ele próprio elevado e exaltado, está sempre perto do humilde (v. 6) — em dois sentidos. Ele ama o pobre e a viúva (cf. Sl 113.7,8). E entra no coração e na vida apenas dos humildes o suficiente para saber que necessitam de um salvador (Is 57.15; 1Pe 5.6; Mt 5.3). São as pessoas sem recursos que conhecem melhor a generosidade do amor de Deus. Pessoas autossuficientes não procuram Deus com o mesmo desespero, por isso jamais descobrem o amor e o poder divinos em seu benefício.

Oração: Senhor, vivo em uma cultura que conclama à autoafirmação. Todavia, se tu retirasses tua força de sustentação, eu deixaria de existir em um piscar de olhos. Confesso que me esqueço disso e acho que sou eu a manter a mim e ao mundo. Peço que me cures de minha execrável autossuficiência.

15 de dezembro

Leia Salmos 139.1-12. ¹Senhor, tu me sondas e me conheces. ²Sabes quando me sento e quando me levanto; conheces de longe o meu pensamento. ³Examinas o meu andar e o meu deitar; conheces todos os meus caminhos. ⁴Antes mesmo que a palavra me chegue à língua, tu, Senhor, já a conheces toda. ⁵Tu estás ao meu redor e sobre mim colocas a tua mão. ⁶Tal conhecimento é maravilhoso demais para mim; elevado demais para que eu possa alcançá-lo. ⁷Para onde me ausentarei do teu Espírito? Para onde fugirei da tua presença? ⁸Se eu subir ao céu, lá tu estás; se fizer a minha cama nas profundezas, tu estás ali também. ⁹Se tomar as asas da alvorada, se habitar nas extremidades do mar, ¹⁰ainda ali a tua mão me guiará, e a tua mão direita me sustentará. ¹¹Se eu disser: As trevas me encobrirão e a luz ao meu redor se transformará em escuridão; ¹²até mesmo as trevas não serão escuras para ti, mas a noite brilhará como o dia; pois as trevas e a luz são a mesma coisa para ti.

EXAMINAS. Deus sabe tudo (v. 1-6) e existe plenamente em toda parte ao mesmo tempo — ele é *onipresente* (v. 7-12). Isso deveria ser um consolo (v. 10), mas a sensação que passa é mais de ameaça ("Tu estás ao meu redor", v. 5), porque sentimos a necessidade de nos esconder de Deus (Gn 3.7). Em Cristo, no entanto, somos revestidos da justiça de Jesus (Fp 3.9). Quando sabemos disso, suportamos deixar que Deus nos exponha e suprima a visão distorcida que temos de nós mesmos, tão confusa e preconceituosa. Quando alguém que sabemos estar absolutamente comprometido conosco chama a atenção para nossas falhas, embora seja difícil, conseguimos ouvir. O amor que nos sustenta capacita-nos a aceitar a verdade desagradável, e então a perspectiva de crescimento se torna ilimitada. Assim é com Deus.

Oração: Senhor, confesso que, quando as coisas dão errado em minha vida, raras vezes paro para considerar se estás tentando amorosamente me mostrar algo que precisa mudar. Amigos falam a verdade para amigos, mesmo quando dói. Então ajuda-me a estar aberto para tua amizade e crítica. Amém.

16 de dezembro

LEIA Salmos 139.13-24. ¹³Pois tu formaste o meu interior, tu me teceste no ventre de minha mãe. ¹⁴Eu te louvarei, pois fui formado de modo tão admirável e maravilhoso! Tuas obras são maravilhosas, tenho plena certeza disso! ¹⁵Meus ossos não te estavam ocultos, quando em segredo fui formado e tecido com esmero nas profundezas da terra. ¹⁶Teus olhos viram a minha substância ainda sem forma, e no teu livro os dias foram escritos, sim, todos os dias que me foram ordenados, quando nem um deles ainda havia. ¹⁷Ó Deus, como são preciosos para mim os teus pensamentos! Como é grande a soma deles! ¹⁸Se eu os contasse, seriam mais numerosos do que os grãos de areia; se os contasse até o fim, ainda estaria contigo. ¹⁹Quem me dera matasses o perverso, ó Deus, e se afastassem de mim os assassinos, ²⁰homens que se rebelam contra ti, e contra ti se levantam para o mal. ²¹SENHOR, não odeio eu os que te odeiam? Não detesto os que se levantam contra ti? ²²Eu os odeio com ódio absoluto; considero-os verdadeiros inimigos. ²³Sonda-me, ó Deus, e conhece o meu coração; prova-me e conhece os meus pensamentos; ²⁴vê se há em mim algum caminho mau e guia-me pelo caminho eterno.

QUANDO ACORDO. Deus também é *onipotente* (v. 13-18). Isso deve ser um consolo imenso para nós. Não importa o que o futuro traga, Deus está no controle com poder maior que a morte. O salmista diz que Deus jamais soltará nossa mão, não importa quão escuras sejam as trevas (v. 11,12), de modo que, "quando acordo, ainda estou contigo" (v. 18, NIV). Como diz Salmos 17.15, Deus está *tão* comprometido em amor a permanecer sempre conosco que não permitirá nem que a morte nos separe (Rm 8.38,39). Estaremos com ele para sempre.

Oração: Senhor, houve um tempo, confesso, em que a ideia de que meus dias estavam "ordenados" em "teu livro" me parecia limitador. Mas o tempo passa e consigo ver o quanto *nossa* sabedoria é limitada. Minha única esperança se tornou a confiança em tua sabedoria. Eu te louvo por teres me formado de modo tão admirável e maravilhoso! Amém.

17 de dezembro

Leia Salmos 140. ¹Senhor, livra-me dos homens maus; guarda-me dos que são violentos; ²eles tramam maldades no coração e estão sempre provocando guerras. ³Afiam a língua como a serpente; nos seus lábios há veneno de cobra. [Interlúdio] ⁴Senhor, protege-me das mãos dos ímpios; preserva-me dos homens violentos, que planejaram transtornar os meus passos. ⁵Os arrogantes armaram laços e cordas contra mim; estenderam uma rede à beira do caminho; prepararam-me armadilhas. [Interlúdio] ⁶Digo ao Senhor: Tu és o meu Deus; ouve, Senhor, as minhas súplicas. ⁷Ó Senhor, meu Senhor, meu grande libertador, tu protegeste a minha cabeça no dia da batalha. ⁸Senhor, não concedas aos ímpios os seus desejos; não permitas que seu plano perverso se concretize, para que não se orgulhem. [Interlúdio] ⁹Faze recair sobre a cabeça dos que me cercam a maldade dos seus próprios lábios. ¹⁰Caiam sobre eles brasas vivas; sejam lançados em covas profundas, para que não voltem a se levantar! ¹¹Que o caluniador não se estabeleça na terra; que o homem violento seja perseguido pelo mal, até ser exterminado. ¹²Sei que o Senhor defenderá a causa do aflito e o direito do necessitado. ¹³Por certo, os justos louvarão o teu nome, e os íntegros habitarão na tua presença.

TRANSFORME O MUNDO. Davi ora por proteção (v. 1-5). Ao mesmo tempo que toma medidas práticas para se guardar, reconhece que só Deus pode mantê-lo seguro (v. 6-8). Ele pede a Deus para ser ele mesmo e estabelecer justiça na sociedade (v. 11,12), derrotando aqueles que exploram e oprimem. No fim dessa oração, a confiança de Davi cresceu (v. 13). Ele ora para transformar o mundo. Ora para que os planos do explorador e do violento não tenham sucesso e para que o pobre e o menosprezado sejam exaltados — nós devemos orar pela mesma coisa. Ter influência sobre acontecimentos mundiais por meio da oração não é pensamento positivo; influenciamos o curso do que acontece ao suplicar a intervenção de nosso Pai no céu.

Oração: Senhor, ajuda-me a lembrar tua promessa de que não temos porque não pedimos (Tg 4.2). Perdoa-me por pecar contra muitos dos meus amigos deixando de orar em favor deles. Usa minhas orações para fazer coisas boas no mundo. Amém.

18 de dezembro

Leia Salmos 141. ¹Senhor, clamo a ti! Acode-me depressa! Ouve a minha voz, quando clamo a ti! ²Que a minha oração suba como incenso à tua presença, e o levantar das minhas mãos seja como o sacrifício da tarde! ³Senhor, guarda a minha boca; vigia a porta dos meus lábios! ⁴Não permitas que meu coração se incline para o mal, nem que se ocupe de coisas más com aqueles que praticam o mal, nem que eu coma dos seus banquetes! ⁵Fira-me o justo, e isso será sinal de amor; repreenda-me, e será como óleo sobre a minha cabeça, que não há de recusá-lo; mas continuarei a orar contra os feitos dos ímpios. ⁶Eles saberão que as palavras do Senhor são verdadeiras, quando seus juízes forem jogados precipício abaixo. ⁷Os nossos ossos são espalhados à boca da sepultura como a terra quando é lavrada e arada. ⁸Mas os meus olhos te contemplam, Senhor, meu Senhor! Em ti tenho buscado refúgio; não me deixes indefeso! ⁹Guarda-me do laço que me armaram e das armadilhas dos que praticam o mal. ¹⁰Caiam os ímpios nas suas próprias redes, enquanto eu escapo ileso.

FALANDO E OUVINDO. Davi de novo pede socorro, mas dessa vez é por proteção da suscetibilidade de seu coração ao mal (v. 4). Pede que as pessoas boas cobrem suas atitudes, repreendam-no (v. 5). Isso seria "sinal de amor" (v. 5). Convidar e ouvir a crítica é um componente insubstituível da sabedoria (Pv 27.5,6,27; 28.23; 29.5). Ele também pede a Deus: "... guarda a minha boca..." (v. 3). Palavras impensadas não só ferem os outros como também fortalecem as piores partes da nossa natureza (Tg 3.1-12). Nossas palavras devem ser honestas, poucas, sábias, apropriadas e gentis. "... [falar] a verdade em amor..." (Ef 4.15, NIV) reúne tudo isso: o falar corretamente e os amigos dispostos a nos confrontar.

Oração: Senhor, duas coisas eu te peço. Faz de mim um amigo capaz de dizer a verdade em amor. E dá-me amigos dispostos a fazê-lo por mim — exortar-me com amor, mas com sinceridade, a fim de que eu não seja endurecido pelo engano do meu próprio coração (Hb 3.13). Amém.

19 de dezembro

Leia Salmos 142. ¹Com a minha voz clamo ao Senhor; com a minha voz suplico ao Senhor. ²Derramo perante ele a minha queixa; diante dele exponho a minha aflição. ³Quando meu espírito esmorece dentro de mim, tu sabes a vereda que devo seguir. No caminho em que ando prepararam uma armadilha contra mim. ⁴Olha para a minha mão direita e vê; não há quem me conheça; faltou-me refúgio; ninguém se interessa por mim. ⁵Senhor, clamei a ti e disse: Tu és o meu refúgio, a minha herança na terra dos viventes. ⁶Atende ao meu clamor, pois estou muito abatido. Livra-me dos meus perseguidores, pois são mais fortes do que eu. ⁷Tira-me da prisão, e eu louvarei o teu nome. Os justos me rodearão, quando me recompensares.

emoções e oração. Esse salmo e o 57 provêm da mesma experiência — quando Davi se escondeu do rei Saul em uma caverna. Os dois salmos juntos nos mostram como nossas emoções podem oscilar desenfreadas dentro das mesmas circunstâncias e da mesma estrutura de fé em Deus. No salmo 57, Davi enxerga a caverna como um local da proteção de Deus, mas agora ela lhe parece uma armadilha mortal (v. 3,4). Ele não se envergonha de usar o verbo "clamar" três vezes. Suplica a Deus que o ouça, que cuide dele, que veja sua necessidade desesperada e que o resgate. A oração bem-comportada tem seu lugar, mas a oração desesperada, do coração, é algo que Deus honra. E mais, a esperança é reavivada (v. 7).

Oração: Pai, teu Filho não foi um estoico. Ele era um homem de dores, familiarizado com a dor. Chorava constantemente, suspirava e exultava em espírito. Confesso que ou nego minhas emoções, tentando fingir uma boa aparência, ou simplesmente me deixo levar por elas. Mostra-me como apresentá-las de maneira sincera, mas submissa a ti. Amém.

20 de dezembro

Leia Salmos 143. ¹Senhor, ouve a minha oração, dá ouvidos às minhas súplicas! Responde-me conforme tua fidelidade e justiça; ²e não condenes o teu servo, porque ninguém é justo diante de ti. ³Pois o inimigo me perseguiu, derrubou-me e me fez habitar em lugares escuros, a exemplo dos que há muito já morreram. ⁴Por isso, meu espírito esmorece dentro de mim, e meu coração está perturbado. ⁵Lembro-me dos dias do passado; considero todos os teus feitos; medito na obra das tuas mãos. ⁶Estendo-te as minhas mãos; a minha alma, como terra sedenta, tem sede de ti. [Interlúdio] ⁷Senhor, responde-me depressa; o meu espírito desfalece! Não escondas de mim o teu rosto, para que eu não fique como os que descem à cova. ⁸Faze-me ouvir do teu amor pela manhã, pois confio em ti; mostra-me o caminho que devo seguir, pois a ti elevo a minha alma. ⁹Senhor, livra-me dos meus inimigos, pois em ti me refugio. ¹⁰Ensina-me a fazer a tua vontade, pois tu és o meu Deus. Que o teu bom Espírito me guie por caminho plano. ¹¹Vivifica-me, Senhor, por amor do teu nome! Livra-me da tribulação, por amor da tua justiça! ¹²Por teu amor, extermina os meus inimigos e destrói todos os meus adversários, pois eu sou teu servo.

NINGUÉM É JUSTO. Nos salmos, Davi costuma declarar-se "íntegro". A impressão é que ele se achava sem pecado. Nada disso. Davi professava inocência acerca de acusações específicas contra ele. Mas ele sabia que, se Deus fosse julgá-lo por sua vida como um todo, não seria aprovado. Aqui ele confessa que nenhum ser humano é justo diante de Deus, nem mesmo os melhores (v. 2; Rm 3.10-18). Ele não apenas está dizendo que todos pecam, mas também que todos estão perdidos. Mas espere! Como Davi pode pedir a Deus que *não* o leve a julgamento ("Mas não leves o teu servo a julgamento", v. 2, NVI), quando um juiz que justifica o transgressor é uma abominação (Pv 17.15)? Só a cruz revelaria a resposta (1Jo 1.9—2.2).

Oração: Pai, eu te louvo pela beleza da salvação: pelo fato de a justiça ter sido feita, ao mesmo tempo que os pecadores foram redimidos, pelo fato de seres tanto justo quanto justificador daqueles que creem (Rm 3.26). Ajuda-me simplesmente a adorar-te por isso. Amém.

21 de dezembro

LEIA Salmos 144.1-8. ¹Bendito seja o SENHOR, minha rocha, que prepara minhas mãos para a batalha e meus dedos para a guerra! ²Meu refúgio e minha fortaleza, meu alto retiro e meu libertador, escudo em quem me refugio; é ele quem faz o meu povo se sujeitar a mim. ³SENHOR, o que é o homem, para que tomes conhecimento dele, ou o filho do homem, para que o consideres? ⁴O homem é como o vento; seus dias são como a sombra que passa. ⁵SENHOR, abaixa teu céu e desce! Toca os montes para que fumeguem! ⁶Arremessa teus raios e dissipa os adversários; envia as tuas flechas e desbarata-os! ⁷Estende tuas mãos do alto e livra-me; tira-me das águas impetuosas e do poder do estrangeiro, ⁸cuja boca profere mentiras e cuja mão direita é a destra da falsidade.

POR QUE ELE SE IMPORTA? "O homem é como o vento; seus dias são como a sombra que passa" (v. 4). A vida é nefasta, brutal e curta. Então por que Deus chega a nos notar, que dirá amar? (v. 3). Essa pergunta pode ser feita por ceticismo ou assombro. O cético pergunta por que uma força capaz de gerar esse vasto universo teria consideração por seres minúsculos, de curta duração, em um cisco de poeira chamado Terra? Mas, para aqueles que conhecem "meu Deus amoroso" (v. 2, NIV), essa é exatamente a questão. Não *há* um bom motivo para Deus se importar conosco. Mas, por incrível que pareça, ele o faz. Ele não nos ama porque o beneficiamos de alguma forma. Como poderíamos? Ama-nos simplesmente porque nos ama (Dt 7.7). Por isso o louvamos.

Oração: Senhor, eu te louvo pelo fato de que alguém da tua imensurável grandeza não apenas me amaria, mas também se diminuiria infinitamente para entrar no universo que criou, a fim de ser esmagado como um inseto, e tudo por mim. "Amor impressionante, como pode ser que Tu, meu Deus, houvesses de morrer por mim?"⁴ Amém.

22 de dezembro

Leia Salmos 144.9-15. ⁹Ó Deus, cantarei a ti um cântico novo; com a harpa de dez cordas eu te cantarei louvores, ¹⁰sim, a ti, que dás a vitória aos reis e livras teu servo Davi da espada maligna. ¹¹Livra e salva-me do poder do estrangeiro, cuja boca profere mentiras e cuja mão direita é a destra da falsidade. ¹²Que na mocidade os nossos filhos sejam como plantas bem desenvolvidas, e as nossas filhas, como pedras angulares e lavradas de um palácio. ¹³Os nossos celeiros estejam repletos de todo tipo de provisão; as nossas ovelhas se reproduzam aos milhares e dezenas de milhares em nossos campos; ¹⁴os nossos bois transportem riquezas, e não haja assaltos, nem ataques, nem clamores em nossas ruas! ¹⁵Bem-aventurado o povo a quem assim acontece! Bem-aventurado o povo cujo Deus é o Senhor.

Ação de graças. Esse hino marca a libertação de Davi do rei Saul e talvez sua entronização. Também nos mostra como reagir quando Deus nos dá uma grande resposta de oração: com ação de graças. Um espírito agradecido combina humildade (porque você vê a resposta de Deus como puro dom) e com confiança (porque você sabe que um Deus amoroso sempre ouve as orações). Vemos essa ousadia humilde e singular agora permeando a mente e o coração de Davi. A primeira reação dele à resposta de Deus foi perguntar impressionado como Deus poderia até mesmo nos notar (v. 3,4). Mas sua alegria não o leva à acomodação; ele ora com fervor por uma sociedade próspera (v. 12,13) e justa (v. 14). Sua súplica, no entanto, não se converte em ansiedade. Existe grande exuberância ao longo do salmo. Esse é o tecido rico e complexo do caráter de uma vida marcada por grata alegria.

Oração: Senhor, eu te agradeço por haver um número infinito de coisas pelas quais agradecer-te se eu refletir ainda que só por um instante! Ajuda-me agora a reservar esse tempo e a dar-te graças por teus muitos dons que não valorizo. Em seguida, que a gratidão comece a transformar todas as minhas atitudes, em relação a ti, a mim mesmo, aos outros e à vida. Amém.

23 de dezembro

Leia Salmos 145.1-9. ¹Ó Deus, rei meu, eu te exaltarei e bendirei o teu nome para todo o sempre. ²Todos os dias te bendirei e louvarei teu nome para todo o sempre. ³Grande é o Senhor e digno de ser louvado; a sua grandeza é incompreensível. ⁴Uma geração contará à outra das tuas obras e anunciará os teus atos poderosos. ⁵Meditarei no glorioso esplendor da tua majestade e nas tuas obras maravilhosas. ⁶Proclamarão o poder dos teus feitos tremendos, e eu contarei da tua grandeza. ⁷Lembrarão tua grande bondade e celebrarão com alegria a tua justiça. ⁸O Senhor é bondoso e compassivo, demora para irar-se e é grande em amor. ⁹O Senhor é bom para todos, e suas misericórdias estão sobre todas as suas obras.

A GLÓRIA DO SEU AMOR. Quando Moisés pediu: "Rogo-te que me mostres tua glória" (Êx 33.18), Deus proclamou: "O Senhor é bondoso e compassivo, demora para irar-se e é grande em amor" (v. 8; veja tb. Êx 34.5,6). Sim, Deus é absoluto em poder, contudo não há maior manifestação da sua glória do que a compaixão que ele tem por todos. Exasperado, Jonas citou o versículo 8 para Deus porque ele demonstrara compaixão por uma raça que o profeta desprezava (Jn 4.2). O Senhor o repreendeu, dizendo a Jonas que ele não se importava apenas com os ninivitas perversos, mas até com seus animais (4.11), comprovando a verdade do versículo 9. Celebremos sua abundante bondade! (v. 6).

Oração: Senhor, confesso que sou muito parecido com Jonas. Quero que sejas amoroso apenas para com determinadas pessoas. Tenho toda uma conversa fiada sobre "amar todo o mundo", mas na verdade não faço isso. Ensina-me a ser compassivo para com todos que criaste. Ajuda-me a começar sendo paciente com a pessoa na minha vida que tenho dificuldade em amar. Amém.

24 de dezembro

Leia Salmos 145.10-21. **¹⁰**Senhor, todas as tuas obras te louvarão, e os teus santos te bendirão. **¹¹**Falarão da glória do teu reino e confessarão o teu poder, **¹²**para proclamar aos filhos dos homens os teus feitos poderosos e o glorioso esplendor do teu reino. **¹³**O teu reino é eterno; o teu domínio dura por todas as gerações. **¹⁴**O Senhor sustenta todos os que estão para cair e levanta todos os abatidos. **¹⁵**Os olhos de todos esperam em ti, e tu lhes dás provisão a seu tempo; **¹⁶**abres a mão e satisfazes o desejo de todos os viventes. **¹⁷**O Senhor é justo em todos os seus caminhos e bondoso em todas as suas obras. **¹⁸**O Senhor está perto de todos os que o invocam, de todos os que o invocam em verdade. **¹⁹**Ele cumpre o desejo dos que o temem; ouve seu clamor e os salva. **²⁰**O Senhor preserva todos os que o amam, mas destrói todos os ímpios. **²¹**Que a minha boca pronuncie o louvor ao Senhor, e todo ser vivo bendiga o seu santo nome para todo o sempre.

AMOR ESPLÊNDIDO. O amor de Deus é mais rico do que pensamos. Existe o amor universal dele para com *todos* que criou (veja v. 8). Deus também tem um amor redentor por todos aqueles que salva. Ele está perto de uma maneira diferente e elevada em relação a todos que "o invocam em verdade" e que "o temem" (v. 18,19). Sem essa fé salvadora, estaremos perdidos por toda a eternidade (v. 20). Por fim, há o amor anelante de Deus por todos os que se encontram quebrantados e caídos. "O Senhor sustenta *todos* os que estão para cair e levanta *todos* os abatidos" (v. 14, grifo do autor). É um erro dizer que ele ama todos uniformemente ou que existe alguém sobre a terra a quem não ame. O amor de Deus é tão lindo e brilhantemente multifacetado quanto um diamante.

Oração: Senhor, como és tu quem nos alimenta e quem satisfaz nossas necessidades, trabalhos humanos comuns como cultivar o solo, cozinhar e tricotar têm grande dignidade. São meios pelos quais tu amas tua criação. Ajuda-me a sentir essa dignidade a fim de poder realizar as tarefas mais simples para tua glória. Amém.

25 de dezembro

Leia Salmos 146. ¹Aleluia! Ó minha alma, louva o Senhor. ²Louvarei o Senhor durante a minha vida; cantarei louvores ao meu Deus enquanto eu viver. ³Não confieis em príncipes, nem nos filhos dos homens, em quem não há salvação. ⁴Quando lhes sai o espírito, eles voltam ao pó; nesse mesmo dia cessam todos os seus planos. ⁵Bem-aventurado aquele que tem o Deus de Jacó como seu auxílio e cuja esperança está no Senhor, seu Deus, ⁶que fez os céus e a terra, o mar e tudo quanto neles existe, e guarda a verdade para sempre; ⁷que defende os oprimidos e dá alimento aos famintos. O Senhor liberta os encarcerados; ⁸o Senhor abre os olhos aos cegos; o Senhor levanta os abatidos; o Senhor ama os justos. ⁹O Senhor protege os peregrinos e ampara o órfão e a viúva, mas transtorna o caminho dos ímpios. ¹⁰O Senhor reinará para sempre! Ó Sião, o teu Deus reinará por todas as gerações. Aleluia!

LOUVOR POR JUSTIÇA. Os cinco últimos salmos são todos louvor e alegria. Isso nos ensina que "os salmos são uma miniatura da nossa história como um todo, a qual terminará em bênção e deleite ininterruptos."⁵ Ensina-nos também que toda oração de verdade, "havendo empenho suficiente, transforma-se em louvor".⁶ Pode demorar longo tempo ou uma vida inteira, mas toda oração que envolva Deus e o mundo como de fato são acabará em louvor. Esse salmo em particular louva a Deus por assegurar a justiça. Ele se importa com o pobre, o faminto, o encarcerado, o debilitado fisicamente, o cansado de alma, o imigrante e o pai ou a mãe solteiros (v. 7-9). Importou-se tanto que se fez um bebê desamparado, filho de pais pobres. Louvado seja o Senhor!

Oração: Senhor, eu te agradeço porque tu te importaste tanto conosco que te tornaste um mortal vulnerável e morreste para satisfazer as exigências da justiça contra o pecado. Eu te louvo por teu dom indizível neste dia de Natal. Amém.

26 de dezembro

Leia Salmos 147.1-11. ¹Aleluia! Como é bom cantar louvores ao nosso Deus; quão agradável e apropriado é louvá-lo. ²O Senhor edifica Jerusalém e reúne os dispersos de Israel; ³sara os quebrantados de coração e cura suas feridas; ⁴enumera as estrelas, chamando todas pelo nome. ⁵Grande é o nosso Senhor, forte em poder; não há limite para seu entendimento! ⁶O Senhor ampara os humildes e rebaixa os perversos ao nível do chão. ⁷Cantai ao Senhor com ações de graças; cantai louvores ao nosso Deus com a harpa! ⁸Ele é quem cobre o céu de nuvens, prepara a chuva para a terra e faz crescer a vegetação sobre os montes; ⁹dá alimento aos animais e aos filhos dos corvos, quando clamam. ¹⁰Não se agrada da força do cavalo, nem dos músculos do homem. ¹¹O Senhor se agrada dos que o temem, dos que esperam no seu amor.

ELE CHAMA AS ESTRELAS. O número de estrelas ainda é incontável para a ciência humana, mas Deus as conhece pelo nome (v. 4; cf. Is 40.26). Jó fala da criação, "enquanto as estrelas matutinas juntas cantavam e todos os anjos se regozijavam" (Jó 38.7, NVI). O salmo 19 nos conta que, a menos que você o reprima, ainda pode ouvir as estrelas cantando sobre seu criador. "Aos ouvidos da Razão se regozijam todos, e proferem voz gloriosa; entoando para sempre, a reluzir: 'Divina é a mão que nos formou'."⁷ Contudo, esse Deus inimaginável de tão imenso tem *prazer*, alegria e deleite reais quando os seres humanos depositam a esperança da vida em seu amor gracioso (v. 11). Grande é nosso Senhor!

Oração: Senhor, é espantoso que eu possa agradar-*te*. E esse agrado não aumenta nem diminui dependendo do meu desempenho, mas é invariável porque estou em Jesus Cristo (Ef 1.3,4). Que eu comece cada dia a partir do princípio de que "no universo inteiro, os únicos olhos que contam se agradam de mim". Amém.

27 de dezembro

Leia Salmos 147.12-20. ¹²Louva o Senhor, Jerusalém! Louva o teu Deus, Sião! ¹³Pois ele reforça as trancas das tuas portas; abençoa os habitantes que se encontram dentro de tuas muralhas. ¹⁴Ele é quem estabelece a paz para as tuas fronteiras, quem te farta com o mais fino trigo; ¹⁵quem envia pela terra o seu mandamento; a sua palavra corre com grande velocidade! ¹⁶Ele dá a neve como lã, espalha a geada como cinza ¹⁷e faz cair o seu gelo em pedaços. Quem pode suportar o seu frio? ¹⁸Ele manda a sua palavra e os derrete; faz o vento soprar, e as águas correm. ¹⁹Revela a Jacó sua palavra, e a Israel, seus decretos e ordenanças. ²⁰A nenhuma outra nação ele fez isso; elas não conhecem suas ordenanças. Aleluia!

LOUVOR E OBEDIÊNCIA. Um garotinho deixou os brinquedos fora de casa e entrou para estudar piano, usando hinos na sua lição. Quando a mãe o chamou para recolher os brinquedos, ele disse:

— Não posso, estou cantando louvores a Jesus.

Ao que a mãe retrucou:

— Não adianta nada cantar louvores quando se está sendo desobediente.[8]

Deus se agrada não só de palavras de aclamação, mas de pessoas que obedecem a suas leis (v. 19,20; v. 11). Se você tem uma experiência emocional a partir de um culto de adoração, mas não se dispõe a obedecer, significa que o está usando sem se entregar a ele. Os cristãos são salvos pela fé, não pela obediência à lei, mas a lei no mostra como agradar e amar aquele que nos salvou pela graça e como nos assemelharmos a ele.

Oração: Senhor, o comportamento ético sem a adoração repleta de alegria *ou* o louvor exuberante sem a obediência que englobe toda a vida — ambos são cristianismo falsificado. Tenho me desviado para ambas as direções em minha vida. Mantém-me no caminho reto. Eu te ofereço minha vida inteira, mente, vontade e emoções. Amém.

28 de dezembro

Leia Salmos 148.1-6. ¹Aleluia! Louvai o Senhor do alto dos céus, louvai-o nas alturas! ²Louvai-o, todos os seus anjos; louvai-o, todo o seu exército celestial! ³Louvai-o, sol e lua; louvai-o, todas as estrelas reluzentes! ⁴Louvai-o, céu dos céus, e as águas que estão acima do firmamento! ⁵Louvem o nome do Senhor; pois ele deu ordem, e logo foram criados. ⁶Ele também os estabeleceu para todo o sempre; e lhes fixou um limite, que nenhum deles ultrapassará.

O LOUVOR DA CRIAÇÃO. O louvor é direcionado a Deus a partir de tudo que ele fez. Começa no mais alto céu (v. 1-4). Parte do sol, da lua e das estrelas (v. 3), das nuvens e da chuva (v. 4). A segunda metade do salmo incluirá criaturas marinhas, montes, árvores, animais e aves (v. 7-10). O salmista ordena que todos eles louvem ao Senhor, como fazem os habitantes da terra (v. 11-13). Mas o leitor da Bíblia sabe que a criação não humana já está louvando inteiramente a Deus. Toda a natureza entoa glória a Deus; só nós estamos fora de tom. A pergunta é: como podemos ser reconduzidos à grande música?

Oração: Senhor, quando tento louvar-te, posso sentir que estou fora de tom, que sou um músico extremamente incapacitado. Mas "afina meu coração para cantar tua graça"⁹ pela verdade da tua Palavra e pelo mover do Espírito em meu coração. Amém.

29 de dezembro

Leia Salmos 148.7-14. ⁷Louvai o Senhor, vós que estais na terra, monstros marinhos e todos os abismos; ⁸o fogo e o granizo, a neve e o nevoeiro; o vento tempestuoso que escuta a sua palavra; ⁹os montes e todas as colinas; as árvores frutíferas e todos os cedros; ¹⁰os animais selvagens e todo o gado; os animais que rastejam e as aves; ¹¹os reis da terra e todos os povos; os príncipes e todos os juízes da terra; ¹²os moços e as moças; os velhos e as crianças! ¹³Louvem todos o nome do Senhor, pois só o seu nome é exaltado; a sua glória está acima da terra e do céu. ¹⁴Ele também dá força ao seu povo e recebe o louvor de todos os seus santos, dos filhos de Israel, povo que lhe é chegado. Aleluia!

O LOUVOR QUE UNE. Vemos extremos reunidos em louvor (v. 10-12): animais selvagens e reis, jovens e velhos. "Rapazes e senhoritas, senhores e bebês."[10] Como é possível fazer os humanos acompanharem a música? "Ele também dá força ao seu povo" (v. 14), um libertador poderoso. O evangelho nos diz que se trata de Jesus (Lc 1.69), que nos leva até Deus (v. 14). Quando sua alma, pela graça, começa a louvar a Deus, você entra em harmonia com o restante do universo, que também está cantando. Sua voz redimida contribui com acordes únicos e se soma à irresistível beleza. O louvor nos une também uns aos outros. Aqui está "o único laço potencial entre os extremos da raça humana: a alegre preocupação com Deus".[11] Louvado seja o Senhor!

Oração: Senhor, glorifica-te perante o mundo e exerce teu poder de unir os extremos da humanidade na igreja de Jesus Cristo. Une as raças, as classes, os gêneros, as tribos — todos em louvor. Tu começaste essa boa obra; leva-a agora à sua conclusão em Jesus Cristo. Amém.

30 de dezembro

Leia **Salmos 149.** ¹Aleluia! Cantai ao Senhor um cântico novo, e o seu louvor na assembleia dos santos! ²Alegre-se Israel naquele que o fez; regozijem-se os filhos de Sião no seu Rei. ³Louvem seu nome com danças; cantem a ele louvores com harpa e tamborim. ⁴O Senhor se agrada do seu povo; ele coroa os mansos com a salvação. ⁵Exultem de glória os santos, cantem de alegria nos seus leitos. ⁶Os altos louvores de Deus estejam nos seus lábios, e na sua mão, a espada de dois gumes, ⁷para exercerem vingança sobre as nações e castigo sobre os povos; ⁸para prenderem os seus reis com cadeias, e os seus nobres, com correntes de ferro; ⁹e executem sobre eles a sentença escrita. Esta será a honra para todos os santos. Aleluia!

O LOUVOR DOS REDIMIDOS. O povo de Deus o louva porque ele o tornou seu povo (v. 2,3) e porque Deus o honra e dele se agrada (v. 4,5) — embora não o mereça (v. 4). Sabendo disso, somos enviados mundo afora a fim de promover a causa de Deus. Para os israelitas, isso significou declarar guerra literal contra as nações que rejeitaram Deus (v. 6-9). Mas a espada cristã é o evangelho da Palavra de Deus, que penetra as defesas do coração ao evangelho (Hb 4.12). Vencemos pelo sangue de Cristo e pelo testemunho do que ele tem feito em nossa vida (Ap 12.11). A alegria do evangelho, sabendo quão honrados e amados somos em Cristo (v. 5), prepara-nos para essa missão.

Oração: Senhor, "Os meus pés, ó vem tomar, e formosos vem tornar. Toma a minha voz, ó Rei: só por ti eu cantarei. Os meus lábios vem tomar: enche-os, Deus, do teu falar".[12] Amém.

31 de dezembro

Leia Salmos 150. ¹Aleluia! Louvai a Deus no seu santuário; louvai-o no firmamento, obra do seu poder! ²Louvai-o por seus atos poderosos; louvai-o segundo a excelência da sua grandeza! ³Louvai-o ao som da trombeta; louvai-o com saltérios e harpas! ⁴Louvai-o com danças e tamborins; louvai-o com instrumentos de cordas e com flautas! ⁵Louvai-o com címbalos sonoros; louvai-o com címbalos retumbantes! ⁶Todo ser que respira louve o Senhor. Aleluia!

UMA ETERNIDADE DE LOUVOR. Os salmos são, afinal, uma miniatura da vida. Toda experiência possível, se levada em oração ao Deus que realmente é presente, está destinada a acabar em louvor. A confissão leva à alegria do perdão. Os lamentos conduzem a um descanso mais profundo nele, em prol da nossa felicidade. Se pudéssemos louvar a Deus com perfeição, nós o amaríamos de maneira absoluta e então seria plena a nossa alegria. Os novos céus e a nova terra são perfeitos porque todos e tudo glorificam a Deus completamente e, portanto, dele desfrutam para sempre. O salmo 150 nos oferece um vislumbre desse futuro inimaginável. Portanto, louve-o em toda parte (v. 1), por tudo (v. 2) e de todas as maneiras (v. 3-5). "Todo ser que respira louve o Senhor" (v. 6).

Oração: Tu tens me dado tanto. Dá-me uma coisa mais — um coração que te louva. "Não agradecido quando me agrada; como se tuas bênçãos tivessem dias de folga: mas um coração cuja batida possa ser o teu louvor."[13] Amém.

NOTAS DOS DEVOCIONAIS

Janeiro

[1] Derek Kidner, *Psalms 1—72: an introduction and commentary* (Leicester: InterVarsity, 1973), p. 53 [edição em português: *Salmos 1—72: introdução e comentário*, tradução de Gordon Chown, Série Cultura Bíblica (São Paulo: Vida Nova, 1980)].

[2] John Newton, "Approach, my soul, the mercy seat", in: *Olney hymns* (London: W. Oliver, 1779), n. 12, disponível em: http://www.hymntime.com/tch/htm/a/p/p/approach.htm, acesso em: 5 jan. 2017.

[3] Ibidem.

[4] Ibidem.

[5] Kidner, *Psalms 1—72*, p. 113.

Fevereiro

[1] C. S. Lewis, "The weight of glory" (sermão, Church of St. Mary the Virgin, Oxford, June 8, 1942), disponível em: http://www.verber.com/mark/xian/weight-of-glory.pdf, acesso em: 7 jan. 2017 [edição em português: *Peso de glória*, tradução de Isabel Freire Messias (São Paulo: Vida Nova, 1993)].

[2] Kidner, *Psalms 1—72*, p. 121.

[3] Newton, "Approach, my soul, Thy mercy seat".

[4] Adaptado de Thomas Cranmer, "Second collect for Good Friday", in: C. Frederick Barbee; Paul F. M. Zahl, orgs., *The collects of Thomas Cranmer* (Grand Rapids: William B. Eerdmans, 2006), p. 48.

[5] Kidner, *Psalms 1—72*, p. 111.

[6] Ibidem, p. 133.

[7] Lewis, "Weight of glory".

[8] Kidner, *Psalms 1—72*, p. 140.

[9] De Thomas Cranmer, "The collect for the second Sunday in Advent", in: Barbee; Zahl, *Collects of Thomas Cranmer*, p. 4.

[10] Kidner, *Psalms 1—72*, p. 128.

[11] Adaptado de Thomas Cranmer, "Collect for the fourth Sunday after Easter", in: Barbee; Zahl, *Collects of Thomas Cranmer*, p. 58.

[12] Tom LeCompte, "The disorient express", *Air and Space*, September 2008, disponível em: http://www.airspacemag.com/military-aviation/the-disorient-express-474780/, acesso em: 9 jan. 2017.

Março

[1] C. S. Lewis, *Reflections on the Psalms* (San Diego: Harcourt Brace, 1964), p. 94 [edição em português: *Lendo os Salmos*, tradução de Jorge Camargo (Viçosa: Ultimato, 2015)].

[2] Última frase adaptada de John Newton, "How sweet the name of Jesus sounds", in: *Olney hymns*: "Weak is the effort of my heart,/ and cold my warmest thought;/ But when I see Thee as Thou art,/ I'll praise Thee as I ought" ["Frágil é o esforço do meu coração,/ e frio meu pensamento mais caloroso;/ mas quando te vir como és,/ louvar-te-ei como devo."]

[3] George Herbert, "Love (III)", *George Herbert and the seventeenth-century religious poets* (New York: W. W. Norton, 1978), disponível em: http://www.poetryfoundation.org/learning/poem/173632, acesso em: 9 jan. 2017.

[4] Kidner, *Psalms 1—72*, p. 155-6.

[5] Ibidem, p. 158. Veja tb. Sinclair B. Ferguson, *The whole Christ: legalism, antinomianism, and gospel assurance: why the marrow controversy still matters* (Wheaton: Crossway, 2016) (a ser publicado por Vida Nova).

[6] Lewis, "Weight of glory".

[7] A comparação dos paradoxos de Paulo em 2Coríntios com essa parte do salmo 37 vem de Kidner, *Psalms 1—72*, p. 169-70.

[8] Newton, "How sweet the name of Jesus sounds".

[9] George Herbert, "Discipline", in: *The temple* (1633).

[10] Newton, "Approach, my soul, the mercy seat".
[11] Kidner, *Psalms 1—72*, p. 157.
[12] De John Newton, "We were once as you are", in: *The works of John Newton*, (1824) (reimpr. Banner of Truth, 1985), vol 3, p. 572.
[13] Kidner, *Psalms 1—72*, p. 179.

Abril

[1] Isaac Watts, "Ó Deus, eterno ajudador", in: *Hinário para o culto cristão* (Rio de Janeiro: JUERP, 1992), hino 38.
[2] C. S. Lewis, *Perelandra* (New York: Macmillan, 1965), p. 121-2 [edição em português: *Perelandra*, tradução de Waldea Barcellos (São Paulo: WMF Martins Fontes, 2011)].

Maio

[1] J.R. R. Tolkien, *The return of the king* (New York: Del Ray Books, 1986), p. 209 [edição em português: *O retorno do rei*, tradução de Lenita Maria Rimoli Esteves; Almiro Pisetta (São Paulo: Martins Fontes, 1994)].
[2] Kidner, *Psalms 1—72*, p. 201.
[3] Ibidem, p. 207.
[4] Alec Motyer, "The Psalms", in: D. A. Carson et al., org., *The new Bible commentary: 21st century edition* (Downers Grove: Intervarsity, 1994), p. 523.
[5] Tremper Longman, *Psalms: an introduction and commentary* (Downers Grove: IVP Academic, 2014), p. 242.
[6] James Proctor, *It is finished*, hino.
[7] Para saber mais sobre o que significa contemplar a Cristo pela fé de tal modo que envolva plenamente os afetos do coração, veja John Owen, "Meditations and discourses on the glory of Christ", in: W. Goold, org., *Works of John Owen* (Edinburgh: Banner of Truth, 1965), vol. 1, p. 274-461.
[8] Kidner, *Psalms 1—72*, p. 227.
[9] Kidner, *Psalms 1—72*, p. 252.
[10] John Newton, "Begone unbelief", in: *Olney hymns*.
[11] Ibidem.
[12] Título de um livro sobre confissão de pecados de Søren Kierkegaard.
[13] C. S. Lewis, "A word about praising", in: *Reflections on the Psalms* (New York: Harcourt Brace, 1958), p. 95 [edição em português: *Lendo os salmos*, tradução de Jorge Camargo (Viçosa: Ultimato, 2015)].
[14] J. R. R. Tolkien, *The two towers* (New York: Del Ray Books, 1986), p. 327 [edição em português: *As duas torres*, tradução de Lenita Maria Rimoli Esteves; Almiro Piseta (São Paulo: Martins Fontes, 1994)].
[15] Kidner, *Psalms 1—72*, p. 238.
[16] Veja George Herbert, "Time", in: John Tobin, org., *George Herbert: the complete English poems* (London: Penguin Books, 1991), p. 114. Herbert trata do tempo e da morte:

E em tua bênção és bendito;
pois onde eras antes
um algoz na melhor das hipóteses,
és agora um jardineiro, e mais,
um porteiro a escoltar-nos a alma
além dos mais distantes astros e polos.

[17] Kidner, *Psalms 1—72*, p. 263.

Junho

[1] John Newton, "Letter VII to the reverend mr. R___", in: *The works of the reverend John Newton* (New York: Robert Carter, 1847), p. 337.
[2] Kidner, *Psalms 1—72*, p. 28.
[3] C. S. Lewis, ed., *George MacDonald: an anthology* (New York: HarperCollins Paperback, 2001), p. 44.

⁴George Herbert, "Praise (2)", in: Tobin, *George Herbert*, p. 137.

⁵Elisabeth Elliot, in: David Howard, "The intrepid missionary Elisabeth Elliot", *Wall Street Journal*, June 25, 2015.

⁶Adaptado de Thomas Cranmer, "Collect for the twelfth Sunday after Trinity", in: Barbee; Zahl, *Collects of Thomas Cranmer*, p. 92.

⁷Motyer, "Psalms", in: Carson, *New Bible commentary*, p. 530.

⁸John Newton, *Letters of John Newton* (London: Banner of Truth Trust, 1960), p. 179.

⁹Adaptado de Thomas Cranmer, "Collect for the fifth Sunday after Trinity", in: Barbee; Zahl orgs., *Collects of Thomas Cranmer*, p. 78.

¹⁰Helen H. Lemmel, *Turn your eyes upon Jesus*, hino, tradução de Fabiano Silveira Medeiros.

¹¹Augustine, *Confessions*, tradução para o inglês de R. S. Pine-Coffin (London: Penguin Classics, 1961), livro 2, caps. 4-8 [edição em português: Agostinho, *Confissões*, tradução de Frederico Ozanam Pessoa de Barros (Rio de Janeiro: Ediouro, 1993)].

¹²Ibidem, livro 4, p. 61.

¹³Adaptado de George Herbert, "Joseph's coat", in: Tobin, org., *George Herbert*, p. 137.

¹⁴Elisabeth Elliot, "Epilogue II", in: *Through the gates of splendor*, 40. ed. anual (Tyndale, 1996), p. 267 [edição em português: *Através dos portais do esplendor: a história que chocou o mundo, mudou um povo e inspirou uma nação* (São Paulo: Vida Nova, 2013)].

¹⁵Veja Longman, *Psalms*, p. 242: "Com a vinda de Cristo, não há mais necessidade de um lugar santo especial, pois o próprio Jesus era a presença de Deus (Jo 1.14), e, depois de subir ao céu, ele enviou o Espírito Santo, que habita em nosso meio".

¹⁶Adaptado de *The poems of Robert Herrick: a selection from Hesperides and noble numbers* (s.l.: BiblioLife, 2012), p. 379.

¹⁷Thomas Cranmer, "Collect for the first Sunday after Trinity", in: Barbee; Zahl, *Collects of Thomas Cranmer*, p. 70.

Julho

¹William Cowper, "Walking with God", in: *Olney hymns*. Veja tb. http://cyberhymnal.org/htm/o/f/oforaclo.htm, acesso em: 31 jan. 2017.

²Adaptado de Cowper, "Walking with God".

³Charlotte Elliott, *O Jesus make thyself to me*, hino.

⁴Derek Kidner, *Psalms 73—150: an introduction and commentary* (Downers Grove: InterVarsity, 1975), p. 324-5 [edição em português: *Salmos 73-150. introdução e comentário*, tradução de Gordon Chown, Série Cultura Bíblica (São Paulo, Vida Nova, 1981)].

⁵Kidner, *Psalms 73—150*, p. 327.

⁶Longman, *Psalms*, p. 52.

⁷Westminster Shorter Catechism: "P. 1. Qual o propósito principal do homem? R. O propósito principal do homem é glorificar a Deus e dele desfrutar para sempre" [edição em português: *O breve catecismo de Westminster* (São Paulo: Cultura Cristã, 2016)].

⁸Kidner, *Psalms 73—150*, p. 313.

⁹George Herbert, "Discipline", in: Helen Wilcox, org., *The English poems of George Herbert* (Cambridge: Cambridge University Press, 2007), p. 621.

Agosto

¹John Newton, "Glorious things of thee are spoken", hino baseado no salmo 87, in: *Olney hymns*.

²Charlotte Elliott, *O Jesus make thyself to me*, hino.

³John Newton, "The resurrection and the life", in: *Olney hymns*.

⁴John Newton, "Let us love and sing and wonder", in: *Olney hymns*.

⁵George Herbert, "Virtue", in: Tobin, *George Herbert*, p. 81.

⁷George Herbert, "Avarice", Tobin, *George Herbert*, p. 70.

⁸Kidner, *Psalms 73—150*, p. 374.

⁹Charles Wesley, *Jesus, lover of my soul*, hino.
¹⁰Kidner, *Psalms 73—150*, p. 380.
¹¹Kidner, *Psalms 73—150*, p. 349.
¹²Newton, "How sweet the name of Jesus sounds", publicado com o título "The name of Jesus", in: *Olney hymns*. Tradução extraída de "Quão suave é teu nome, Jesus", in: *Salmos e hinos com músicas sacras* (Rio de Janeiro: Igreja Evangélica Fluminense, 1990), hino 186.
¹³John Newton, "Dagon before the Ark".
¹⁴Newton, "How sweet the name of Jesus sounds". Veja nota em 3 de setembro.

Setembro

¹George Herbert, "Antiphon (1)", in: Tobin, *George Herbert*, p. 47.
²Kidner, *Psalms 73—150*, p. 359.
³Motyer, "Psalms", in: Carson, *New Bible commentary*, p. 551.
⁴Samuel Rutherford, *The letters of the rev. Samuel Rutherford* (New York: Robert Carter and Brothers, 1863), p. 40, 166.
⁵Motyer, "Psalms", in: Carson, *New Bible commentary*, p. 552.
⁶Johnathan Edwards [1722], The "Miscellanies": (itens a-z, aa-zz, 1-500) (WJE Online vol. 13), item a) "Of holiness". Edwards descreve uma experiência espiritual comum: no auge dos louvores que entoamos a Deus, sentimos que montes, oceanos e árvores "cantam" também (Sl 19.1-5).
⁷Robert Grant, *O worship the King*, hino.
⁹Joseph Addison, *The spacious firmament*, hino.
¹⁰Citação de uma palestra que ouvimos (Tim e Kathy Keller) Elisabeth Elliot apresentar no Gordon-Conwell Seminary em 1974.
¹¹Isaac Watts, "Ao contemplar a rude cruz", in: *Hinário para o culto cristão* (Rio de Janeiro: JUERP, 1992), hino 127.
¹²Ibidem.

Outubro

¹*Superman: o retorno* (2006), Warner Bros. Pictures, dirigido por Bryan Singer.
²Josiah Conder, *'Tis not that I did choose thee*, hino.
³David Lapp, "Do scary statistics change people's behavior?", *Family Studies*, June 16, 2015, disponível em: http://family-studies.org/do-scary-statistics-change-peoples-behavior, acesso em: 8 fev. 2017.
⁴Essa questão não pode ser plenamente respondida neste espaço conciso. Para começar a explorar o tema, veja Tremper Longman; Daniel G. Reid, "When God declares war", *Christianity Today*, October 28, 1996, e Tremper Longman, "The God of war", *Christianity Today*, May 1, 2003.
⁵Kidner, *Psalms 73—150*, p. 418-9.
⁶Charles Wesley, *And can it be?*, hino.
⁷Kidner, *Psalms 73—150*, p. 420.
⁸"Recuamos não diante do fato de [Davi] ter orado, mas do realismo com que exprimiu suas orações. Quando qualquer medida de hostilidade perturba nossa vida confortável, nós despertamos para dizer: 'Senhor, ajuda-me a amar meus inimigos como Jesus ensinou, e, por favor, lida com eles para mim'. O salmista foi mais realista: como Deus 'lidará com o problema' a não ser das maneiras que tem revelado em sua Palavra? Os falsos acusadores devem receber o que se propuseram conseguir (Dt 19.16-19, cf. 2 com 6); aqueles que desobedecem não têm direito de posse sobre a terra (Dt 4.1, cf. 8); os pecadores trazem desastre sobre seus descendentes (Êx 34.7, cf. 9-12). Se nos refugiamos na irrealidade com uma petição geral em que o salmista se arrisca em expressar realismo bíblico, devemos pelo menos estar cientes do que estamos fazendo. Mas nosso recolhimento é compreensível e está de acordo com a advertência de Paulo (Ef 4.26) de que a ira admissível é quase vizinha do pecado. J. L. McKenzie (*American Ecclesiastical Review*, III, 1944, p. 81-96) pergunta se 'os salmos imprecatórios não são um modelo, não pelo nível mais baixo de perfeição, mas por serem elevados demais para [...] os imitarmos sem risco'." Motyer "Psalms", in: Carson et al., org., *New Bible commentary*, p. 551.

⁹John Newton, "Father, forgive them", in: *Olney hymns*.

¹⁰Ernest W. Shurtleff, *Lead on o King eternal*, hino.

¹¹Veja o livro de Ray Bradbury, *Something wicked this way comes* (New York: Avon Reprint, 2006) [edição em português: *Algo sinistro vem por aí*, tradução Jorge Luiz Calife (Rio de Janeiro: Bertrand Brasil, 2006)], bem como o filme de 1983 de mesmo nome, lançado no Brasil sob o título *No templo das tentações*, estrelado por Jonathan Pryce. A lista desta página diz respeito aos personagens do filme, que não são idênticos aos do livro. Observe a citação a W. B. Yeats incluída por Bradbury no frontispício do livro: "O homem está apaixonado, e ama o que se desvanece", e compare com o ensinamento do salmo 115 sobre ídolos.

¹²Adaptado de John Newton, "I asked the Lord", in: *Olney hymns*.

¹³Kidner, *Psalms 73—150*, p. 409.

¹⁴George Herbert, "Easter", in: Tobin, *George Herbert*, p. 37.

¹⁵Ibidem.

¹⁶Sigo aqui a interpretação de Motyer, "Psalms", in: Carson, *New Bible commentary*, p. 565.

Novembro

¹Kidner, *Psalms 73—150*, p. 421.

²Conder, *'Tis not that I did choose Thee*, hino.

³Motyer, "Psalms", in: Carson, "*New Bible commentary*", p. 569.

⁴J. Newton; Richard Cecil, *The works of John Newton* (London: Hamilton, Adams, 1824), vol 1., p. 141.

⁵George Herbert, "The Holy Scriptures (1)", in: Tobin, *George Herbert*, p. 52.

⁶Motyer, "Psalms", in: Carson, *New Bible commentary*, p. 570.

⁷Timothy Ward, *Words of life: Scripture as the living and active Word of God* (Downers Grove: IVP Academic, 2009), p. 177 [edição em português: *Teologia da revelação: as Escrituras como palavras de vida* (São Paulo: Vida Nova, 2017)].

⁸Edwin Hodder, *Thy Word is like a garden, Lord*, hino.

⁹Herbert, "Holy Scriptures (1)", in: Tobin, *George Herbert*, p. 52.

¹⁰Tremper Longman, *How to read the Psalms* (Downers Grove: InterVarsity, 1988), p. 44-5; veja também Kidner, *Psalms 1—72*, p. 43.

¹¹Kidner, *Psalms 73—150*, p. 430.

¹²Frances R. Havergal, *Toma a minha vida, ó Deus*, hino, tradução de Fabiano Silveira Medeiros.

¹³John Milton, *Let us with a gladsome mind*, hino.

Dezembro

¹George Herbert, "The sacrifice", in: Tobin, *George Herbert*, p. 24.

²Adaptado de anônimo, *Firme fundamento*, hino, tradução de Fabiano Silveira Medeiros.

³George Herbert, "The sacrifice", in: Tobin: *George Herbert*, p. 29,30. Observe que a "árvore" é a cruz. Ela é a árvore de vida para nós por ter sido uma árvore de morte para ele.

⁴Charles Wesley, *And can it be?*, hino.

⁵Kidner, *Psalms 73—150*, p. 483.

⁶Peterson, *Answering God*, p. 128.

⁷Joseph Addison, *The spacious firmament*, hino.

⁸História extraída de uma palestra que nós (Tim e Kathy Keller) ouvimos Elisabeth Elliot apresentar no Gordon-Conwell Seminary em 1974.

⁹Robert Robinson, "Fonte és tu de toda bênção", in: *Hinário para o culto cristão* (Rio de Janeiro: JUERP, 1992), hino 17.

¹⁰William Billings, *O praise the Lord of heaven* (baseado no salmo 148), hino.

¹¹Kidner, *Psalms 73—150*, p. 488.

¹²Frances R. Havergal, *Toma a minha vida, ó Deus*, hino, tradução de Fabiano Silveira Medeiros.

¹³George Herbert, "Gratefulness", in: Tobin, *George Herbert*, p. 114.